DIE GRIECHISCHE WELT

0 50 100 150 200 250 300 km

HELLENIKA

Ein Begleitbuch für die griechische Lektüre

Unter Mitwirkung von
Dr. Walter Freund
Dr. Georg Gartmann
Dr. Hans von Geisau
Dr. Theodor Hermes
Dr. Clemens Willeke

herausgegeben von
Prof. Dr. Heinrich Krefeld

Cornelsen

Einbandentwurf: Nierhaus + Estenfelder, Frankfurt am Main (Das Titelbild zeigt die Tetradrachme von Taf. XII.)
Graphiken: Dieter Bönninghaus, Dortmund
Technische Zeichnungen: Oskar Schmidt, Neu-Isenburg

7. Auflage – 3. Druck 1997
Alle Drucke dieser Auflage können im Unterricht
nebeneinander verwendet werden.

Satz: Fränkische Gesellschaftsdruckerei, Würzburg
Druck: Druckerei Parzeller, Fulda
ISBN 3-454-73100-3
Bestellnummer 731003

VORWORT

Die HELLENIKA verdanken ihre Entstehung der Anregung vieler Kollegen, die die RES ROMANAE im Unterricht benutzen. Dieser Anregung liegt die Erkenntnis zugrunde, daß auch dem Griechischunterricht nur dann der gewünschte Erfolg beschieden sein wird, wenn unsere Schüler grundlegendes Sachwissen über die Welt der Griechen besitzen. Viele Werke der griechischen Literatur lassen sich zwar von ihrem zeitlichen Hintergrunde leichter lösen als die literarischen Werke der Römer, verstehen können unsere Schüler sie jedoch erst dann, wenn sie deren geistesgeschichtlichen Standort erfaßt haben. Hierzu bedarf es der Hilfe. Diese wird in Zukunft deshalb besonders dringend benötigt, weil nach der Neuordnung der Oberstufe unserer Gymnasien die Antike im Stoffplan unserer Fächer weniger stark berücksichtigt werden wird als bisher. Das zwingt uns, im altsprachlichen Unterricht das orientierende Lehren und Lernen in der rechten Weise zu pflegen.

Dieser Gesichtspunkt bestimmte die Auswahl der Sachgebiete und die Art der Darstellung in den HELLENIKA. Die äußere Anlage entspricht der in den RES ROMANAE bewährten. Im Vergleich zu diesem Werke wurden allerdings mehr Abbildungen und Zeichnungen der bildenden Kunst und der Architektur der Griechen aufgenommen. Das gebot nicht nur die besondere Leistung der Griechen auf diesen Gebieten ihres Schaffens, sondern auch die Absicht, dem Lehrer eine Hilfe für die Kunstbetrachtung zu bieten. Denn er wird nicht mehr darauf verzichten wollen, die griechische Kunst in seinen Unterricht einzubeziehen.

Die HELLENIKA werden auch den Schulen dienlich sein, an denen kein Griechisch gelehrt wird. Hier können sie, wie an den altsprachigen Gymnasien, zur Orientierung bei der lateinischen Lektüre herangezogen werden, zumal da sie die RES ROMANAE an vielen Stellen unmittelbar ergänzen. Darüber hinaus werden sie ein willkommenes Hilfsmittel sein in den Fächern Geschichte bzw. Gemeinschaftskunde, Philosophie und Deutsch. Gerade in diesen Fächern kann man viele Fragen nur dann annähernd sachgerecht behandeln, wenn unsere Schüler unter bestimmten Gesichtspunkten ihr Wissen von der grundlegenden Leistung der Griechen vertieft und erweitert haben.

Ein ausführliches Register ergänzt die Inhaltsübersicht. Die Literaturangaben weisen auf die benutzte und weiterführende Literatur hin. Für Schüler besonders geeignete Werke, vornehmlich solche aus den billigen Reihen verschiedener Verlage, sind durch ein * hervorgehoben.

Bei der Umsetzung der Eigennamen lehnten wir uns den griechischen Wörtern so weit wie möglich an. Eine allseits befriedigende Lösung läßt sich nicht leicht finden.

Der Verlag hat für die Ausstattung auch dieses Werkes kein Opfer gescheut. Hierfür sei ihm herzlich gedankt! Mein Dank gilt ferner Herrn Oberstudiendirektor a. D. Dr. Hermann Hoßfeld, Dortmund, der auch diesmal die Korrektur sehr gern mitgelesen hat.

Alle Kolleginnen und Kollegen, die die HELLENIKA im Unterricht benutzen, bitte ich, auch im Namen meiner Mitarbeiter, recht herzlich um Verbesserungsvorschläge.

Rheine, am Neujahrstag 1963 — Heinrich Krefeld

VORWORT ZUR 6. AUFLAGE

Die vorliegende 6. Auflage der HELLENIKA ist gegenüber der 5. im Text unverändert. Lediglich das Literaturverzeichnis wurde überarbeitet. Den Querverweisen auf die RES ROMANAE liegt die neubearbeitete 14. Auflage dieses Werkes zugrunde.

Zur Verwendung des Buches im Unterricht verweise ich auf meinen Aufsatz in der „Anregung", Zeitschrift für die Höhere Schule, Heft 3/1966, S. 173–175.

Rheine, im Mai 1984 — Heinrich Krefeld

INHALTSÜBERSICHT

4. Kapitel

DIE LITERATUR *von Hans von Geisau*

5. Kapitel

DIE PHILOSOPHIE *von Georg Gartmann*

6. **Kapitel**

DIE KUNST *von Theodor Hermes*

Anhang

MÜNZEN, MASSE, GEWICHTE; ZEITRECHNUNG

Nachweis der Fotos: Foto Witzel, Essen: I o (Besitzer: Stadt Essen; Urheberrecht: Mellwitz, Archäologisches Institut Athen) — Bildarchiv Foto Marburg: I u, III o, VI u, VII o, VII u r, VIII u, X o r, X u l — N. V. Uitgeversmaatschappij Elsevier, Amsterdam: II o (übernommen aus: Bildatlas der klassischen Welt. Gütersloher Verlagshaus Gerd Mohn, Gütersloh) — Dir. G. P. Stevens, Athen: II u — Photo Kentrup, Dortmund: III u r - Hirmer Verlag, München: IV, V o, VI o, VII u l — Ehem. Staatl. Museum Berlin: V u — Archives Photographiques, Caisse Nationale des Monuments Historiques, Paris: VIII o r, IX o l, XII u r — Staatl. Antikensammlung, München: VIII o l, IX u, X o l — Alinari, Florenz: IX o r, X u r, XI o, XII u l — Staatl. Museen, Berlin: XI u, XII o l, XII o r – Leo Graf Lanckoroński, Frankfurt: XII o m.

DIE POLIS

Die Bedeutung der Polis. Das Wort des **Aristoteles,** der Mensch sei ein πολιτικὸν ζῷον (Politika 1253 a 2–3), wird im allgemeinen so aufgefaßt, als habe Aristoteles sagen wollen, der Mensch sei ein für die (staatliche) Gemeinschaft bestimmtes Wesen. Wenn wir aber die Aussage näher überprüfen, erhält sie den wesentlich konkreteren Sinn: „Es ist die dem Menschen eigentümliche Bestimmung, in einer πόλις zu leben." Aristoteles hat hier eine griechische Grundvorstellung ausgesprochen. Das wird dadurch bestätigt, daß die gesamte Staatstheorie der Griechen sich ausschließlich mit dieser Form des Staates befaßt, die wir nur höchst unzulänglich als „Stadtstaat" bezeichnen; anders aufgebaute Staatsgebilde, z. B. der griechische Stammesstaat (s. S. 10) oder die orientalischen, später hellenistischen Großreiche, blieben von der systematischen Untersuchung ausgeschlossen.

Die weltgeschichtliche Bedeutung der Polis wird bereits darin sichtbar, daß wir staatliche Verhältnisse und Aktionen sowie staatsbürgerliches Verhalten kaum beschreiben können, ohne uns dabei der vom Wort „Polis" abgeleiteten Worte „Politik" und „politisch" zu bedienen. Das heißt aber, daß hier im eigentümlich griechischen Staatswesen, dem ersten Staat der Welt, der auf **Freiheit und Bürgerpflicht** gegründet war, ein Großteil der Verhaltensweisen und Institutionen ausgebildet und zum ersten Male begrifflich erfaßt worden ist, die heute unsere politische Wirklichkeit ausmachen, von der Demokratie bis zur Ochlokratie, von der Monarchie bis zur Tyrannis.

Warum jedoch der Grieche, wie das Wort des Aristoteles zeigt, die Polis als die menschliche Lebensform schlechthin ansah, macht der Verlauf der griechischen Geschichte verständlich. Er lehrt, daß nahezu alles, was wir mit dem Begriff **griechische Kultur** zusammenfassen, in seiner Entstehung an die Polisgemeinschaft gebunden ist, die Tragödie und die Komödie ebenso wie die große Architektur und Plastik, Götterkulte und agonales Spiel wie Geschichtsschreibung und Philosophie. Die Polis ist in ihrer Blütezeit also fast die alleinige Trägerin der griechischen Kultur gewesen; sie hat den griechischen Geist zu seinen größten Leistungen nach Homer geführt. Schließlich stellte die Polis die spezifische Lebensform des Griechentums in ungriechischer Welt dar, räumlich bis nach Asien, zeitlich bis in den spätesten Hellenismus hinein. Hieraus ergibt sich für uns die Frage nach Entstehung und Wesen dieser staatlichen Gemeinschaftsform.

I. DER STAAT DER MYKENISCHEN ZEIT

Entstehung. Die eigentlich griechische Geschichte nimmt ihren Anfang mit der nach 2000 beginnenden **Einwanderung indogermanischer Stämme** in den südlichen Teil der Balkanhalbinsel. Spätestens gegen Ende des 15. Jh. hat diese Einwanderungswelle Kreta erreicht.

Die von Norden eindringenden Indogermanen stießen auf eine zivilisatorisch höherstehende Vorbevölkerung – die Griechen nannten diese später Pelasger oder Karer –, die großenteils in befestigten städtischen Siedlungen lebte. Vieles übernahmen die neuen Herren von den Unterworfenen, die zahlreichen Namen auf -nthos und -ssos wie Korinthos, Zakynthos, Parnassos, Kephissos, die Bezeichnungen für das Meer, θάλαττα, für die städtische Siedlung, ἄστυ, für den Herrscher, ἄναξ und βασιλεύς, ferner manchen Götternamen (s. S. 31 f.).

Aus der Verschmelzung der indogermanischen Einwanderer mit der älteren „ägäischen" Bevölkerung, die kulturell in engster Verwandtschaft zu Kleinasien stand, erwuchs etwa seit 1600 eine neue Kultur, die wir nach einem der ersten Fundorte, dem 1874–76 von Heinrich Schliemann ausgegrabenen Mykenai, als **mykenisch** bezeichnen. Heute kennen wir allein auf dem griechischen Festland etwa 600 Orte aus mykenischer Zeit. Der eigentliche Name des eingewanderten Volkes scheint **Achaier** gewesen zu sein, eine Bezeichnung, die z. B. noch Homer häufig für die Gesamtheit der vor Troja liegenden Griechen verwendet (wie er auch ihre Heimat als Ἀχαιΐς bezeichnet: Land der Achaier).

Innerer Aufbau. Die eindruckvollsten Zeugen der mykenischen Zeit sind heute noch die gewaltigen Herrenburgen in Mykenai und Tiryns; ähnliche Palastanlagen sind u. a. für Athen, Argos, Pylos in Messenien und Theben nachgewiesen (s. S. 122f). Der Palast bildete das Zentrum des Staates. Hier residierte der gottähnliche **Priesterkönig** (wanax), hier lebte eine relativ große Beamtenschaft, die über alle Lebensgebiete genaue Aufzeichnungen führte. Eine adlige, vom König abhängige Vasallenschicht bildete den obersten Stand, darunter folgten Bauern, Handwerker und Sklaven. Alle Schichten wurden zusammengehalten durch die Dienstleistungen, die sie dem Palast entrichteten, und durch die Geschenke, die vom Palast kamen; Geschenke und Gegengeschenke verbanden auch die Königreiche untereinander. Es ist allerdings fraglich, ob es außer auf Kreta, der Peloponnes – hier um die Zentren Mykenai und Pylos – und in Boiotien zu flächenmäßig ausgedehnteren Machtbildungen gekommen ist.

Einen Nachklang dieser staatlichen Organisationsform treffen wir bei **Homer** in der oberköniglichen Stellung Agamemnons, ferner in dem wiederholten Hinweis darauf, daß zur Herrschaft von Pylos neun Orte gehörten (Il. 2, 491–94; Od. 3, 6–8). Auch die gottähnliche Stellung des Königs hat noch ihre Nachwirkung bei Homer in den Attributen, die dem Herrscher beigelegt werden: δῖος, διογενής, διοτρεφής usw.

Beziehungen zum Orient. Die herausgehobene Stellung des Herrschers, die Verwendung der Schrift für die Verwaltung, die ständische Aufgliederung der Bevölkerung und die Arbeitsteilung in der Vielfalt der Berufe (u. a. werden auf Tontäfelchen Priester, Ärzte, Goldschmiede, Zimmerleute, Schmiede, Töpfer, Köche, Kornmesser genannt) stellen diese Staaten in eine Reihe mit den kleinasiatischen Königreichen der gleichen Zeit. Tatsächlich sind lebhafte kulturelle Austauschbeziehungen innerhalb der Welt des östlichen Mittelmeeres für diese Zeit (wie auch schon für das 3. Jahrtausend) nachgewiesen.

Der Palast von Phaistos z. B. zeigt starke Ähnlichkeiten mit Palastbauten im vorderen Orient. Aus dem Semitischen entlehnen die Griechen offenbar mit der Sache auch die Bezeichnung des Untergewandes, Chiton. In hethitischen Texten wird mehrfach Ahhijawa (das Achaierland) genannt. Die Schrift dieser Zeit ist in Kreta auf der Grundlage einer von ägyptischen Hieroglyphen abgeleiteten Schrift entwickelt worden (s. S. 57).

Untergang. Eine zweite große Einwanderungswelle indogermanischer Stämme, die um 1200 einsetzende sog. **Dorische Wanderung,** machte der mykenischen Kultur und ihren Staatsbildungen ein Ende. Nachdem Theben schon im 13. Jh. zerstört worden war, wurden der Palast von Pylos und die Häuser außerhalb der Burg von Mykenai um 1200 niedergebrannt; die Burg von Mykenai fiel um 1100, etwa gleichzeitig wurden auch Tiryns, Argos und Sparta zerstört oder verfielen. **Athen** ist nach Ausweis archäologischer Funde nicht unmittelbar betroffen worden (s. S. 17f.); auch einige andere mykenische Stätten wie Argos und Jolkos blieben weiterhin bewohnt.

Besiedlung der kleinasiatischen Westküste. Teils durch die Ausweichbewegung der Achaier (jetzt als Aioler und Ioner), teils im Nachdrängen der Dorier wurden die Inselwelt der Ägäis, der Westrand Kleinasiens und die Insel Zypern besetzt. Milet, Priene, Ephesos bildeten die ersten griechischen Siedlungen in der 2. Hälfte des 11. Jh., um 1000 wurden Chios und Erythrai erreicht, im 10. Jh. Lesbos. An einigen dieser Orte mögen schon vorher mykenische Siedlungen bestanden haben; so ist z. B. für Milet eine bedeutende Stadtanlage mykenischer Zeit durch Ausgrabungen nachgewiesen worden.

II. DAS WERDEN DER POLIS

DIE VORAUSSETZUNGEN

Die Frage, warum Griechenland seit der großen Wanderung des 12./11. Jh. in so zahlreiche kleine politische Einheiten zersplittert erscheint, ist von der Forschung noch nicht eindeutig beantwortet. Immerhin lassen sich mehrere Gründe deutlich erkennen.

Wandlung des Königtums. Die Wanderungszeit hat das übergreifende Priester- und Heerkönigtum der mykenischen Zeit beseitigt (auch in dem nicht unmittelbar betroffenen Athen, wo der bisherige Königspalast zum Athene-Tempel wurde). Die Rangminderung des Königtums zeigte sich schon darin, daß der Herrscher nicht mehr den Titel wanax führte, sondern basileus hieß, wie der adlige Ortsvorsteher der mykenischen Zeit.

Die Burg. Die Griechen kamen als Stämme in ihre neue Heimat. Dort, wo der Stamm einen sehr weiten Raum einnahm (wie insbesondere die Ioner und Dorier), zerbrach der Zusammenhang des Stammes schnell, so daß sich die Möglichkeit neuer politischer Organisationsformen ergab. In der unruhigen Wanderungszeit lag es nahe, sich im Schutz der Burg eines adligen Herrn anzusiedeln und diese so zu einem militärisch-politischen wie auch religiösen Mittelpunkt werden zu lassen. Auf diese Weise entstanden zahlreiche neue Besiedlungszentren.

Eine Burg hieß seit der mykenischen Zeit Polis. Erst später, als dieses Wort auch für die städtische Siedlung angewandt wurde, die man bis dahin ausschließlich mit dem Wort Asty bezeichnet hatte, unterschied man die meist höher gelegene Burg als **Akro-Polis.**

Das Land. Die Auflösung der ursprünglichen Stammesverbände wurde gefördert durch den Oasencharakter des Fruchtlandes. Immer wieder trennen unfruchtbare Höhenzüge, Sümpfe und zahllose Meeresarme die kleinen Parzellen des fruchtbaren Bodens, die eine Besiedlung ermöglichen. Auch die kleinasiatische Küste zeigt diese Struktur; die griechischen Niederlassungen erfaßten hier immer nur den fruchtbaren Alluvialboden an den Trichtermündungen der aus dem Landesinnern kommenden Flüsse, die dazwischenliegenden Kalkgebirgszonen blieben in den Händen der vorgriechischen Bevölkerung. So drängte schon die geographische Zerlegung Griechenlands in Kleinsträume zur Bildung kleinerer Gemeinschaften; wo sich diese gegen eine ungriechische Umwelt behaupten mußten, trat noch der äußere Zwang zu engem Zusammenschluß hinzu.

Küste und See. Die zahlreichen an der Küste gelegenen Griechengemeinden konnten besser zur See als zu Lande die Verbindung untereinander aufrechterhalten. Schon dadurch wie durch die Tatsache, daß zwar die meisten Siedlungen wirtschaftlich autark waren, viele jedoch über den eigenen Bedarf hinaus spezielle Güter hervorbrachten (z. B. Attika Oliven und Töpferwaren, Melos und Paros Marmor), waren sie auf See und Handel verwiesen. Das erforderte ein Mindestmaß an gesetzlichen Regelungen und überwachenden Behörden sowie die ständige Unterhaltung von Hafenanlagen und einer Flotte, d. h. Leistungen, die nur von einer Gemeinschaft vollbracht werden konnten.

Diese Siedlungsgemeinschaften im ägäischen Raum wurden also von ihrer geographischen, wirtschafts- und machtpolitischen Situation zur Ausbildung staatlicher Funktionen genötigt. Diese verstärkten ihrerseits wiederum das Zusammengehörigkeitsbewußtsein und förderten das staatliche wie auch das religiös-kulturelle Leben. Wie entscheidend gerade die in den letzten zwei Punkten angeführten Faktoren gewirkt haben, geht daraus hervor, daß die Entwicklung der Polis vom **ägäischen Raum** ausging. Hier, d. h. in Ionien (so bezeichnete man inzwischen die gesamte griechisch besiedelte Küste Kleinasiens), auf den Inseln der Ägäis und in den östlichen, dem Meer zugewandten Landschaften des Festlandes hat sich bereits **um 800** die **Polis** als autonome politische Einheit ausgebildet. Aus diesem Raum stammt auch die erste erhaltene Verfassungsurkunde, ein Inschriftenstein (κύρβις) auf Chios aus der Zeit um 600. In den relativ geschlossenen Landschaften Nord-, West- und Mittelgriechenlands dagegen erhielt sich bis in das 4. Jh. der ursprüngliche Typus des **Stammesstaates** mit feudalistischem Gesellschaftsaufbau und dörflicher Siedlungsweise.

DIE ZEIT HOMERS

Die Welt der homerischen Dichtung. Soweit in Ilias und Odyssee nicht Erinnerungen an die mykenische Periode weiter wirken (s. S. 8), wird in beiden Dichtungen ein Bild der Welt Homers selbst erkennbar, d. h. der griechischen Welt des 8. Jh. In ihr scheint sich ein innerer Zwiespalt aufzutun; denn Homer schildert einerseits die Welt eines streitbaren und ahnenstolzen **Adels**, der sein Leben auf der Jagd und in Wettkämpfen, Kriegs- und Beutezügen verbringt, andererseits (vor allem in den Phaiakenbüchern der Odyssee) die typische **Polis** mit Häfen, Agora und Befestigungsmauer. Dieser scheinbare Widerspruch löst sich bei genauerem Zusehen auf.

Adelskultur, Adelsherrschaft und Stadt. Vom 9. bis weit in das 7. Jh. hinein herrscht eine vom Adel geprägte Kultur. Ihren sinnfälligsten Ausdruck hat sie wohl in den **Olympischen Spielen** (776 erstmals bezeugt, aber sicher älter) gefunden. Hier konnte sich der junge Adlige im Agon als ἄριστος bewähren, wie es Glaukos vor Troja ausgesprochen hat (Il. 6, 208): „αἰὲν ἀριστεύειν καὶ ὑπείροχον ἔμμεναι ἄλλων"; hier kam auch die **panhellenische Verflechtung** des Adels zur Geltung, und neue Bande der Gastfreundschaft und Verschwägerung wurden geknüpft. Eine feste **Standesethik** verband die einzelnen Angehörigen dieser Schicht.

Dieser Adel des ägäischen Raumes, durch agrarischen Großbesitz wirtschaftlich aus der übrigen Bevölkerung herausgehoben, bildete jedoch in der Regel keinen auf dem Lande lebenden Junkerstand, sondern konzentrierte sich in der Stadt und wurde Träger des städtischen **Gemeinwesens.** Er besetzte die Priesterstellen, bekleidete die öffentlichen Ämter und stellte den Rat; er hatte – das war die stärkste Stütze seiner Macht – das Gerichtswesen in der Hand und nutzte es zur Ausbildung einer den eigenen Interessen dienenden Klassenjustiz. Gestützt auf die Gefolgschaft höriger Hintersassen war es ihm gelungen, sowohl die Heeresversammlung aller Freien zurückzudrängen (wie in Sparta) als auch die königliche Gewalt schrittweise einzuschränken (wie in Sparta und Argos, wo sie formal noch bis ins 3. bzw. 5. Jh. bestand) oder völlig zu beseitigen (wie in Athen).

Die von Homer gezeichneten Verhältnisse auf Scheria vermitteln einen guten Einblick in diesen Vorgang: König Alkinoos geht zu einer Beratung, zu der ihn die Edlen der Phaiaken gerufen (!) haben; diese werden bereits gleich ihm βασιλῆες genannt.

Wandel in den Städten. Diese Adelsherrschaft, nach außen hin ein selbständiges staatliches Gebilde, war unter dem Gesichtswinkel der inneren Verhältnisse noch nicht die

Polis, aber deren Vorstufe. Nach und nach nahm die städtische Siedlung an politischer und wirtschaftlicher Bedeutung zu; sie wurde das **Zentrum,** wo regiert wurde und wo die Agora sich aus der gelegentlichen Versammlung zum dauernden Markt entwickelte. Dabei wurde die bisherige wirtschaftliche Isolierung der adligen Gutswirtschaft ebenso allmählich untergraben wie die ständische Abgeschlossenheit der Adelsschicht überhaupt.

Eine **neue Kampfordnung** begünstigte die fortschreitende Aushöhlung der Adelsherrschaft. Um 700 ging man zur Taktik der geschlossenen **Hoplitenphalanx** über: nicht mehr der adlige Einzelkämpfer entschied die Schlacht, sondern die Masse der zu Fuß kämpfenden Schwerbewaffneten. Diese militärische Gewichtsverlagerung mußte eine innerstaatliche nach sich ziehen: jedes Mitglied der Phalanx forderte gleichen Anteil am staatlichen Leben.

DAS ZEITALTER DER KOLONISATION

Bedeutung und Wesen. Die Kolonisation verbreitete die im Ägäis-Raum ausgebildete Form der autonomen staatlichen Gemeinschaft über die Küsten des Schwarzen Meeres, nach Sizilien und Unteritalien, vereinzelt auch nach Nordafrika und Ägypten (s. Karte auf dem hinteren Vorsatz nach Taf. XII). Sie trug damit entscheidend dazu bei, die Polis zur eigentlich griechischen Lebensgemeinschaft zu erheben, äußerlich durch die zahlenmäßige Vermehrung der selbständigen staatlichen Gebilde (allein von Milet sind mehr als 80 Neugründungen ausgegangen), innerlich durch die im Wesen kolonialer Neubildungen liegende Möglichkeit, das innerstaatliche Leben freiheitlicher zu gestalten.

Der Wagemut, der die Kolonisation ermöglichte, wird in den Abenteuererzählungen der gleichzeitig entstandenen **Odyssee** sichtbar. Sie ist charakteristischer Ausdruck der Haltung, die sich das Unbekannte erschließt: 770 erfolgte mit der Gründung von Pithekusai (Ischia) das erste weite Ausgreifen nach Westen; um 750 setzte die Kolonisation voll ein; erst nach zwei Jahrhunderten erlahmte sie. Die Führung hatte der Adel, die Masse der Kolonisten entstammte dem landsuchenden Bauerntum.

Gründe. Einige Kolonien wie Byzanz oder das ägyptische Naukratis sind gewiß als Handelsstützpunkte gegründet worden. In den meisten Fällen aber trieben **Übervölkerung** und **Landhunger,** daneben soziale und politische Gegensätze zur Auswanderung, schließlich in Ionien die Absicht, der persischen Herrschaft auszuweichen.

Vorgang. Hatte sich eine auswanderungswillige Gruppe gefunden, holte man in Delphi den Rat des Gottes ein und bestimmte – meist von seiten der Gemeinde, die die Schiffe stellte – den Führer des Zuges, den Oikisten. Zur Ansiedlung wählte man solche Plätze, die den Anbau der vertrauten Kulturpflanzen (Getreide, Wein, Oliven) erlaubten und zugleich Hafenmöglichkeiten boten, also, wie schon bei der Besiedlung der kleinasiatischen Küste, die fruchtbaren Alluvialböden an den Flußmündungen. Stieß man auf eine fremde Bevölkerung, wurde diese entweder vertrieben oder unterworfen. In letzterem Falle bebauten die Siedler den Boden nicht selbst, sondern ließen ihn durch die Unterworfenen bestellen. Ihnen gegenüber nahmen sie dann die Stellung einer herrschenden Adelsschicht ein (z. B. in Syrakus und Kyme).

Die neugegründete **Kolonie** (ἀποικία) übernahm von ihrer **Mutterstadt** die religiösen Kulte, die verfassungsrechtlichen Einrichtungen, das Privatrecht, das Kalendersystem und manches andere. Sie blieb auch meist mit der Mutterstadt in einem Verhältnis gegenseitiger Treue und Anhänglichkeit verbunden, aber nur ausnahmsweise führte das zu politischer Abhängigkeit: Mit jeder Kolonie entstand grundsätzlich ein neues selbständiges Gemeinwesen.

Spätere Gründungen. Auch nach dem Ende der großen Kolonisation um 550 hat der Grieche nicht aufgehört zu kolonisieren. So wurde i. J. 443 Thurioi in Unteritalien, 436 Amphipolis auf der Chalkidike gegründet. Eine neue Kolonisationswelle brachte das Zeitalter des Hellenismus (s. S. 28).

III. DIE REIFE POLIS

GRUNDZÜGE

Personalverband. Die Polis, die sich im Laufe des 6. und 5. Jh. zur vollen Demokratie entwickelte, war der **Staat der Politen,** d. h. nicht das Gebiet (wie „Frankreich") und nicht ein abstrakter Begriff (wie „Commonwealth") gaben dem Griechen die Vorstellung vom Staatsganzen, sondern die freien Männer, die den Staat trugen. Deshalb konnte der athenische Befehlshaber Nikias seinen Soldaten und Matrosen in Sizilien zurufen: „Ihr seid die Polis, wo immer ihr euch befindet!" Die Polis war also in erster Linie ein Verband von Personen: wenn z. B. vom Staat Athen oder Theben die Rede ist, heißt es οἱ Ἀθηναῖοι, οἱ Θηβαῖοι.

Religiöse Gemeinschaft. Wenn der Staat vor allem als Vereinigung von Personen gesehen wird, muß sein Wirken zum Ausdruck der Ganzheit der Person werden. Das bedeutet u. a., daß ihm auch die Gestaltung des menschlichen Grundverhältnisses Mensch-Gottheit zufällt. Die griechische Polis war daher auch **Kultgemeinschaft.** Die Gemeinsamkeit sippenmäßiger oder lokaler Unterabteilungen der Gesamtgemeinde (Phratrien, Phylen, Demen) äußerte sich in der gemeinsamen Verehrung eines Heroen, die Gemeinschaft des Staates übte den Kult der großen Staatsgottheiten in allgemeinen Götterfesten; deren Leitung lag bezeichnenderweise nicht in den Händen von Priestern, sondern bei den Amtsträgern der Polis (s. S. 36).

Von hier aus wird verständlich, warum die Leugnung der Götter ein todeswürdiges Verbrechen darstellen konnte: dadurch wurde eine wesentliche Seite aus dem Kosmos der Polis herausgebrochen und ihre Grundlage angetastet. Wer konnte die Sicherheit des Eides noch verbürgen, der als Amtseid, Richtereid, Bürgereid den demokratischen Staat sicherte, wenn die Existenz der Schwurgötter bestritten wurde?

Nomos. Der Inbegriff der in der Polis verwirklichten staatsbürgerlichen Freiheit war nicht die individuelle Zügellosigkeit, sondern der Gehorsam gegenüber dem Nomos. Dieser war Herr des griechischen Staates, vor ihm hatte der Grieche eine größere Scheu als der Perser vor dem Großkönig, wie Herodot sagt (7, 104). Darin liegt nur scheinbar ein Widerspruch. Die Herrschaft des Gesetzes bedeutet, daß nicht die Willkür eines einzelnen oder einer Gruppe regiert, sondern der Wille der Gesamtheit: Gesetze kann nur die **Volksversammlung** beschließen, und die **ungeschriebenen Gesetze** bilden die Summe dessen, was als rechte göttliche Ordnung gilt.

Der Nomos beschränkte sich nämlich nicht darauf, eine praktische Regelung der Verhältnisse darzustellen, also eigentlich nur das schon Übliche in rechtlich exakte Formen zu kleiden. Er erhob vielmehr den Anspruch, das Richtige schlechthin herausgefunden zu haben und somit verpflichtende ethische Norm zu sein. Darin lag später, in der Zeit einer rationalen Aufklärung, auch eine Gefahr. Da die Vorstellung vom Richtigen sich naturgemäß wandelte, erschien auch der Nomos als ein nur relativer Wert. So kam es in den griechischen Poleis zu einem häufigen grundsätzlichen Wechsel der Staatsordnung, der in seiner letzten Konsequenz die Achtung vor der Verfassung überhaupt beseitigen mußte.

Verfassung. Drei Faktoren gestalteten das Leben der entwickelten Polis: **Volksversammlung, Rat, Beamte.** Die Beamten waren Amtsträger des Staates, die (anfänglich unbesoldet) für eine begrenzte Frist, meist für ein Jahr, gewählt oder auch ausgelost wurden. Fachliche Vorbildung war nicht vorgeschrieben; es gab auch keine feste Ämterlaufbahn. Die letzte Entscheidungsgewalt über sämtliche Fragen lag bei der Versammlung aller Bürger. Darin wird ein grundlegender Unterschied zu modernen Verfassungen sichtbar: die Polis kennt kein Repräsentativsystem (in dem eine gewählte Versammlung das souveräne Volk repräsentiert und dessen Gesetzgebungsrechte stellvertretend ausübt: Parlament), sondern nur die **direkte Demokratie.** Das lag vor allem in ihrem Wesen als Personalverband begründet.

Wenn das Wort πολιτεία Bürgerschaft, Bürgerrecht und außerdem Verfassung bezeichnet, so ist damit auf die Tatsache hingewiesen, daß der Staat auf dem Verteilungsmodus des Bürgerrechtes ruhte. Die Art der Verfassung (Aristokratie, Oligarchie, Demokratie) bestimmte sich also nach der Zahl derer, die als Vollbürger am Staatsleben teilhaben konnten. Das Ringen um die richtige Verteilung des Bürgerrechtes hat den größten Teil der inneren Geschichte aller Poleis ausgemacht. Aber auch die vollentwickelte Demokratie kannte noch Bevölkerungsgruppen, die keine vollen Bürgerrechte genossen: die (vom öffentlichen Leben ausgeschlossenen) Frauen, minderberechtigte Schutzbürger (Metöken oder Periöken), Sklaven.

Staatsgebiet und Bevölkerung. Als Personalverband war die Polis an sich unabhängig vom Eigentum an einem Staatsgebiet und von dessen Lage. Themistokles konnte drohen, die Athener würden ihre Polis nach Italien verlegen (Herodot 8, 62); manche Polisgemeinschaft siedelte auf einem Boden, der ihr nicht gehörte und für den sie Abgaben zahlen mußte (z. B. Trapezunt, dessen Gebiet Sinope gehörte). Im allgemeinen jedoch gehörte zur Polis ein bestimmtes Landgebiet, dessen städtischen Mittelpunkt eben die Polis darstellte. Dieses Gebiet bildete infolge der Kleinräumigkeit Griechenlands zumeist eine überschaubare Einheit (s. S. 9f.).

Von dem **Staatsgebiet Athens,** das ganz Attika umfaßte (2650 qkm), und **Spartas** (Lakedaimon und Messenien, zusammen ca. 8400 qkm) abgesehen, erreichte im Mutterland kaum eine Polis 1000 qkm, viele blieben unter 100: **Korinth** hatte 880, Samos 470, Aigina 85, Delos 5 qkm. Manche Landschaft oder Insel, die wir als Einheit ansehen, besaß auf Grund ihrer geographischen Zergliederung mehrere Poleis, z. B. Boiotien (2580 qkm) zehn bis zwanzig, Lesbos (1750 qkm) sechs, Keos (155 qkm) vier. Im **Kolonialgebiet** waren die Verhältnisse auch hierin großzügiger, Syrakus hatte 4700, Himera 1200 qkm (zum Vergleich einige moderne Kleinstaaten: Luxemburg 2600, San Marino 61, Monaco 22 qkm). Obwohl für die am Meer gelegenen Städte als weitere Ernährungsbasis die vor dem Polisgebiet liegenden Fischgründe hinzutraten, war durch die Kargheit des Bodens und die Enge des Staatsgebietes der **Bevölkerungszahl** eine natürliche Grenze gesetzt. Daher lag die Zahl der Bürger vielfach unter 5000, mehr als 20 000 besaßen nur die „Großstädte" Athen, Syrakus und Akragas.

Zwischenstaatliche Beziehungen. Dem politischen Autonomie- und dem wirtschaftlichen Autarkiewillen der Polis stand stets die Notwendigkeit gegenüber, zu anderen Poleis Verbindungen aller Art aufzunehmen. Ständige „diplomatische Vertretungen" gab es jedoch nicht, man verkehrte von Fall zu Fall durch Gesandtschaften miteinander; deren Verhandlungsergebnisse bedurften der Bestätigung durch die Bürgerversammlungen der jeweiligen Städte.

Überstaatliche Zusammenschlüsse. Solche gab es sowohl als **kultische** wie als **politische Verbände.** Musterbeispiel des ersten Typs war die alte, wohl noch in die mykenische Zeit herabreichende **Pyläisch-Delphische Amphiktyonie.**

Ursprünglich besaß sie ihr Zentrum im Demeterheiligtum von Anthela (in der Nähe der Thermopylen), später im Apollonheiligtum von Delphi. Zunächst kultische Genossenschaft zur Verehrung der Gottheit, wirkte sie auch auf die Verhältnisse der Staaten untereinander ein: während der Festzeiten herrschte Gottesfriede; eine dem Bunde angehörende Polis im Kriege zu zerstören, auszuhungern oder ihr das Wasser abzuschneiden, war verboten. Gegen die Polis, die diesen Bestimmungen zuwiderhandelte oder das Heiligtum schädigte, wurden sämtliche Mitglieder der Amphiktyonie aufgeboten („Heiliger Krieg"). Jedes der 12 Mitglieder (auch Sparta und Athen gehörten dazu) führte zwei Stimmen in dem zweimal jährlich tagenden Rat (**Synhedrion**).

Als bedeutendste **politische Verbindungen** sind zu nennen die griechische „Eidgenossenschaft" von 481, die gegen die bevorstehende persische Invasion gebildet wurde, der peloponnesische Bund, den Sparta durch Einzelabkommen mit anderen Staaten in der Peloponnes in der zweiten Hälfte des 6. Jh. begründet hatte, sowie der erste (478–404) und der zweite (377–338) attische Seebund.

SPARTA

Eigenart. Sparta stellt in seiner staatlichen Gestaltung eine Sondererscheinung dar. Es ist wegen seiner kargen Strenge und Einseitigkeit in Antike und Neuzeit viel bewundert und geschmäht worden. Wohl auf Grund der Geschlossenheit seiner Staatsgesinnung, die nirgendwo ihresgleichen hatte, bezeichnete man es schon in der Antike ganz selbstverständlich als Polis, obwohl das äußere Bild von der gewohnten Erscheinungsform völlig abwich: in vier, später fünf unbefestigten Dörfern (Obai) wohnten die **Spartiaten,** die Herrenschicht des lakedaimonischen Staates. Ihre Staatsordnung war im Grunde die in feste Formen gegossene Organisation des im Kriege befindlichen Stammes der Wanderungszeit. Zur Ausbildung dieses ganz auf **kriegerische Einsatzbereitschaft** abgestellten Militärstaates sah man sich nach der Eroberung von Lakedaimon und Messenien gezwungen; die Aufgabe, dieses ausgedehnte Gebiet zu behaupten, wäre sonst kaum zu lösen gewesen, da die Zahl der Spartiaten in der Frühzeit höchstens 10 000, seit Ende des 6. Jh. kaum noch 5000 Wehrfähige betrug.

Entstehung. In der antiken Tradition wurde die spartanische Verfassung auf den Gesetzgeber Lykurgos und die berühmte Verfassungsurkunde, die sogenannte „große Rhetra" (angeblich ein delphischer Spruch), zurückgeführt. In Wirklichkeit ist sie das Ergebnis einer langen Entwicklung.

Als die dorischen Scharen um 1000 Lakedaimon überfluteten, konnten sich die Achaier (s. S. 8) nur in wenigen Siedlungen behaupten; das übrige Gebiet wurde erobert, seine Bevölkerung unterworfen. Die Eroberer verteilten das Land in Landlosen von je 30 ha; das Eurotastal wurde den vornehmen spartanischen Herren zugesprochen, während die weniger fruchtbaren Randzonen an die Masse der übrigen Eroberer fielen (**Periöken:** Umwohner). Die vordorische Bevölkerung war durchweg in den Stand von staatseigenen Hörigen, **Heloten** genannt, herabgedrückt worden. Während sich das Leben der dorischen Herrenschicht in Sparta konzentrierte, bebauten die Heloten die Landlose dieser Spartiaten, die sich ganz dem Krieg, der Jagd, sportlichen Übungen und öffentlichen Aufgaben widmen konnten. Die Gliederung der lakedaimonischen Bevölkerung in Spartiaten, Periöken und Heloten geht also auf die Verhältnisse der Erobererzeit zurück.

Im **8. Jh.** führte die Zunahme des Herrenvolkes zu drückender Landnot. Während die meisten Poleis den Ausweg der Kolonisation wählten, schritt Sparta zur **Eroberung.** Es nahm das jenseits des Taygetos gelegene Fruchtland Messeniens in Besitz und machte seine Bewohner ebenfalls zu Heloten. Ein gewaltiger Helotenaufstand in Messenien um die Mitte des 7. Jh., die seitdem bestehende Furcht vor dessen Wiederholung und das Zusammenschmelzen der Zahl der Vollbürger zwangen Sparta in der Folgezeit zur äußersten **Konzentration** seiner Kräfte, zumal es im NO auch einen auswärtigen Gegner hatte, Argos, dem es schließlich die Landschaft Kynuria abrang. Das führte seit Ende des 7. Jh. zu einer **Umgestaltung des Staatswesens,** die allein auf Selbstbehauptung der dünnen Herrenschicht abzielte: Man schätzt, daß um 500 den 4000 bis 5000 Spartiaten etwa 40 000 bis 60 000 Periöken und 140 000 bis 200 000 Heloten gegenüberstanden.

Diese innenpolitische Lage bestimmte auch die **Außenpolitik.** Sparta spielte zwar auf Grund seiner militärischen Überlegenheit unangefochten die führende Rolle innerhalb des Peloponnesischen Bundes, hat aber nie die politische Selbständigkeit der Bündner, die nur zur Heeresfolge verpflichtet waren, angetastet. Ein Ausgreifen außerhalb der Peloponnes vermied es möglichst; z. B. schlug es 499 das Hilfegesuch der im Aufstand gegen Persien stehenden kleinasiatischen Griechen ab.

Staatsordnung. Der lakedaimonische Staat erscheint um 500, insgesamt betrachtet, als **Oligarchie.** Die herrschende Gruppe der Spartiaten war jedoch in sich demokratisch organisiert; als ὅμοιοι (Gleiche) bezeichneten sie sich selbst, ursprünglich wohl auf Grund der Gleichheit ihrer Landlose.

Dementsprechend lag die Souveränität bei der **Apella,** der in regelmäßigen Abständen zusammentretenden Versammlung dieser Vollbürger. Trotzdem befand sie sich in einer gewissen Abhängigkeit, ursprünglich vom Königtum und der Gerusia, später vom Ephorat. Sie hatte weder das Recht, selbst Gesetze und Anträge einzubringen, noch die Möglichkeit, die ihr vorgelegten Vorschläge zu debattieren, sondern konnte diese nur einfach annehmen oder ablehnen. Die Abstimmung erfolgte durch Zuruf, wobei die Lautstärke (!) entschied. Die Hauptaufgaben der Apella bestanden in Genehmigung oder Ablehnung von Kriegserklärung, Friedens- und Bündnisverträgen sowie in der Wahl der Geronten und Ephoren.

Die **Gerusia,** der Rat der Alten, ist aus dem von den Häuptern des Adels gebildeten Beirat des Königs hervorgegangen. In historischer Zeit wurden die 28 Geronten vom Volk aus den über 60 Jahre alten, durch Vornehmheit und Ansehen ausgezeichneten Spartiaten auf Lebenszeit gewählt. Diese Gerusia, zu der als weitere Mitglieder die beiden Könige gehörten, beriet die Anträge, die der Apella vorgelegt wurden, kontrollierte die laufenden Regierungsgeschäfte und war der Gerichtshof für schwere Verbrechen.

Die fünf auf ein Jahr gewählten **Ephoren,** die ursprünglich wahrscheinlich sakrale Aufgaben wahrzunehmen hatten (Himmelsbeschauer), wurden, während das Königtum zurückgedrängt wurde, spätestens seit dem 7. Jh. die eigentliche Regierungsbehörde. Sie führten die Außenpolitik und die Verwaltung, besaßen richterliche und polizeiliche Gewalt und konnten sogar von den Königen Rechenschaft fordern. Nach dem Namen eines der Ephoren wurde das Jahr benannt.

Das **Doppelkönigtum,** erblich in den beiden Häusern der Agiaden und Eurypontiden, stellt eine Ausnahmeerscheinung in der griechischen Welt dar; seine Entstehung ist dunkel. Von der ursprünglichen Obergewalt waren den beiden gleichzeitig regierenden Königen im wesentlichen nur die Teilnahme an der Gerusia, bestimmte religiös-kultische Funktionen und die Führerschaft des Heeres im Kriege geblieben. Anscheinend konnten auch nur sie die Periöken aufbieten. Nachdem es i. J. 506 zwischen den beiden im Felde stehenden Königen zu Zwistigkeiten gekommen war, wurde immer nur ein König allein (oft allerdings in Begleitung von zwei Ephoren) mit der Heerführung betraut.

Unter oder eigentlich neben dem souveränen Volk (δᾶμος) der Spartiaten standen die **Periöken.** Sie waren meistens Bauern auf freiem Besitz, ihre zahlreichen Siedlungen besaßen ein gewisses Maß an kommunaler Selbstverwaltung. Obwohl sie gleich den Spartiaten als Lakedaimonier bezeichnet wurden, mit diesen zusammen im Kriege als Schwerbewaffnete dienten und persönlich frei waren, genossen sie keinerlei politische Rechte, nicht einmal das der Teilnahme an der Apella. Doch setzte man sie in zunehmendem Umfang als Offiziere und Beamte ein, je mehr die herrschende Schicht zahlenmäßig zusammenschmolz.

Die **Heloten** wurden als eine Art Staatssklaven den Spartiaten zur Bewirtschaftung ihrer Güter zugeteilt, etwa 5–6 je Landlos. Sie waren an diese Scholle gebunden und hatten an den spartanischen Herrn einen Großteil des Bodenertrags abzuliefern (in Messenien z. B. die Hälfte des Gesamtertrages). Ihre Rechtlosigkeit ging so weit, daß in der sog. Krypteia die jungen Spartiaten zur Übung ihrer Kriegstüchtigkeit regelmäßig dazu angehalten wurden, die Heloten zu berauben und zu fangen; ein dabei vorkommender Mord an einem Heloten blieb straflos.

Erziehung und Lebensform. Die Erziehung und die Lebensform der spartanischen Herrenschicht waren von frühester Jugend an auf die Ausbildung einer aus Kriegern bestehenden Gemeinschaft ausgerichtet. Eine private Sphäre fehlte fast völlig. Diese **Agoge** formte den Spartiaten, aber auch nur er wurde ihrer teilhaftig: Periöken und Heloten waren von der spartanischen Staatserziehung ausgeschlossen.

Von Geburt an gehörte der Spartiate dem Staat; dessen Organe entschieden, ob er als zu schwächlich ausgesetzt oder aufgezogen werden sollte. Mit sieben Jahren wurde er der auf dem Landgut lebenden Mutter genommen und in Sparta mit anderen Altersgenossen unter der Aufsicht älterer Jungen erzogen. Als Vierzehnjähriger wurde er in die Klasse der Eirenes, zwanzigjährig in die Gemeinschaft der Krieger aufgenommen, der von nun an sein Leben gehörte. Die **Erziehung** bis zu diesem Zeitpunkt hatte sich der härtesten Formen bedient: Schlafen auf bloßem Schilf, blutige körperliche Züchtigungen zur Abhärtung, Wettkämpfe und kriegerische Übungen, die mit völliger Erschöpfung und schweren Verletzungen endeten. Ein wichtiges Erziehungselement, das die Heranwachsenden an die älteren Krieger band, bildete häufig die Knabenliebe. Eine eigentlich geistige Ausbildung gab es nicht, doch wurden die jungen Spartiaten außer zu unbedingter Pflichterfüllung, Tapferkeit und Genügsamkeit auch zu knapper Redeweise („lakonische Kürze"), bescheidenem Auftreten und Ehrfurcht vor dem Alter erzogen. Auch die Mädchen trieben gymnastische Übungen.

Als **Krieger** verbrachte der Spartiate die überwiegende Zeit seines Lebens in lagerartigem Zusammenleben in Sparta selbst. Handel, Gewerbe, selbst der Landbau war ihm untersagt; Spiel, Jagd und Kampf galten als einzige manneswürdige Tätigkeiten. Den Lebensunterhalt lieferte die Arbeit der Heloten, die Mahlzeiten wurden gemeinsam in Tischgenossenschaften der Spartiaten eingenommen (συσσίτια). Wer den (Natural-)Beitrag zu den Syssitien infolge Verarmung nicht mehr entrichten konnte, verlor seine Rechte als Vollbürger und sank in die Zahl der Minderen (ὑπομείονες) hinab.

In seinem ganzen Zuschnitt zeigt sich dieses Leben mehr als karg. Um das Prinzip der **Autarkie** voll zu verwirklichen, verzichtete man auf alle Annehmlichkeiten, die das eigene Land nicht bieten konnte, die man also hätte einführen müssen. Fremde, die neue Bedürfnisse wecken oder Handel treiben konnten, hielt man weitgehend fern und vertrieb von Zeit zu Zeit diejenigen, die sich trotzdem niedergelassen hatten. Der Besitz von Gold- oder Silbermünzen, wie sie das übrige Griechenland prägte, war verboten; für den inneren Verkehr bediente man sich schwerfälligen Eisengeldes (s. S. 140). Götterfeste bildeten den einzigen Anlaß, bei dem das **Chorlied** zu Wort kam. Im übrigen schloß man sich auch von dem kulturellen Leben Griechenlands ab, damit nicht durch neue Gedanken der „Kosmos" des Staates gefährdet werde: Weder individuelle Lyrik, noch Tragödien, noch Geschichtsschreibung, noch Philosophie, noch Architektur oder Plastik von Rang hat Sparta hervorgebracht.

Der Geist Spartas. „Nicht würde ich von jemandem als einem Manne reden, mögen ihm auch Schnelligkeit der Füße und Tüchtigkeit im Ringen eigen sein, wenn er nicht wagte, dem blutigen Tod ins Auge zu schauen und im Kampfe zu streiten nahe am Feind. Das ist ἀρετή, das ist unter den Menschen der beste und edelste Kampfpreis für einen jungen Mann; das ist edel und im Interesse der Polis und des Volkes in seiner Gesamtheit, wenn ein Mann durch die Feinde schreitend bei den Vorkämpfern ausharrt. Wenn er selbst unter den Vorkämpfern fällt, verliert er zwar sein Leben, aber er verherrlicht die Stadt, das Volk und seinen Vater. Ihn beklagen zugleich Jugend und Alter, in tiefem Schmerz beweint ihn die ganze Polis, und sein Grab und seine Kinder stehen bei den Menschen in Ehren . . ." In diesen Worten des Dichters **Tyrtaios** (fr. 9), die er der spartanischen Phalanx in den schweren Kämpfen gegen die Messenier im 7. Jh. zuruft, drückt sich vielleicht am reinsten das Wesen Spartas aus: Die höchste Vollendung (ἀρετή) erreicht der Mann im Einsatz für die Gemeinschaft der Polis bis zum Tode.

Man hat oft den spartanischen Staat mit dem dorischen Tempel verglichen. Im ionischen Tempel ist die Säule ein formal sehr selbständiges Architekturglied mit starkem ästhetischem Eigenwert: durch eine Basis grenzt sie sich vom Unterbau ab, den Schaft krönt ein reiches Kapitell, das mehr dazu dient, die Säule als individuelle Einheit abzuschließen als ihre Tragefunktion zu kennzeichnen. Im dorischen Tempel dagegen wächst die Säule ohne Basis unmittelbar aus dem Unterbau heraus, um als kräftige Stütze das Gebälk zu tragen; das schmucklose Kapitell verdeutlicht die Tragefunktion (s. S. 126). Ohne Ausbildung individueller Eigenheiten ist die Säule also völlig dem Gesamtorganismus des wuchtig-strengen dorischen Tempels untergeordnet. Das entspricht genau der Stellung des einzelnen in Sparta, dem reinsten dorischen Staatswesen.

Eunomia. Trotz dieser ungeheuren Einseitigkeiten, die jede geistige Bewegung und jede Weiterentwicklung verhinderten, bewunderte man in Griechenland Sparta wegen seiner Eunomie, d. h. wegen der Tatsache, daß seine Gesetze von einem einheitlichen Prinzip beherrscht waren und offenbar infolge dieser inneren Geschlossenheit allgemeinen Gehorsam fanden. Zwar war das Ideal des Spartiaten geistig sehr eng, aber die spartanischen Ordnungen erreichten jahrhundertelang, daß dieses Ideal bei dem einzelnen Spartiaten lebendige Wirklichkeit wurde. Darin aber erfüllte sich für den Griechen der Sinn eines Gesetzes, daß es als schöpferische Macht die Wirklichkeit nach seiner Norm gestaltete.

ATHEN

Bedeutung. Noch mehr als Sparta hat Athen die Aufmerksamkeit von Zeitgenossen und Nachwelt auf sich gezogen. Es kann kaum auf einem Zufall beruhen, daß sogar zwei Darstellungen seiner Verfassung, von Pseudo-Xenophon (s. S. 85) und von Aristoteles, auf uns gekommen sind – während von den rund 150 Verfassungen anderer Poleis, die Aristoteles gesammelt hatte, keine erhalten blieb – und daß Herodot und Thukydides sich so ausführlich mit der Geschichte Athens beschäftigen.

Athen, das in archaischer Zeit an Bedeutung weit hinter Sparta zurückstand, hat in einer Entwicklung, die im 6. Jh. einsetzte und sich nach den Perserkriegen vollendete, die **reifste Form der Polis** geschaffen. Die auf der Gleichheit aller Bürger vor dem Gesetz ruhende Demokratie fand ihre vollendetste Durchbildung. Zugleich entfaltete sich das künstlerische und geistige Leben zu solcher Blüte, daß hier nicht nur die Polis ihre besondere Eigenart voll ausprägte, sondern darüber hinaus der Grieche sich seiner Leistung im gedanklichen Nachvollzug bewußt wurde, sich mit ihr und mit sich selbst kritisch auseinandersetzte und dabei zu bleibenden Erkenntnissen vorstieß.

Athen war dadurch **Bildungsstätte Griechenlands** (Thukydides 2, 41) geworden. Seine Bedeutung als Mittelpunkt griechischen Geisteslebens überdauerte sowohl den Untergang der autonomen griechischen Poleis wie auch den Zerfall des römischen Universalreiches. Als der oströmische Kaiser Justinian aus christlichem Übereifer 529 n. Chr. die athenischen Philosophenschulen verbot und die letzten Platoniker vertrieb, bildete dieses Ereignis den sichtbaren Ausdruck des weltgeschichtlichen Vorgangs, daß die gesamte antike Geisteshaltung und ihr höchster Wert, das sich selbst genügende, selbständige Individuum (σῶμα αὐταρκές, Thukydides 2, 41), einer neuen Wertordnung, der Glaubenswelt des Christentums, hatten weichen müssen.

Die Frühzeit

Die Einheit Attikas. Die Athener des 5. Jh. behaupteten von sich, **autochthon** zu sein, d. h. von jeher in Attika zu wohnen. Darin äußerte sich das Bewußtsein davon, daß die dorische Wanderung Attika nicht überschwemmt hatte, so daß sich hier die **achä-**

ische Bevölkerung (s. S. 8) in ungestörter Siedlungskontinuität hatte behaupten können. Die dorische Wanderung hat aber insofern Athens Entwicklung beeinflußt, als die Zuwanderung vieler achäischer Flüchtlinge, die sich im Schutz der Akropolis ansiedelten, den Burgherren der Akropolis ein entscheidendes Übergewicht über die übrigen Siedlungen der Landschaft Attika verlieh. So gelang es in einem vom 10. bis zum 8. Jh. währenden Prozeß, von hier aus die Gemeinden Attikas zu einem Gesamtstaat zusammenzufassen.

Der Synoikismos. Die spätere Sage schrieb die Schaffung des attischen Einheitsstaates einem gewaltigen Synoikismos (Zusammenfassung in einer Polis) unter König **Theseus** zu. In Wirklichkeit hatten die **Herrscher auf der Akropolis** nach und nach die Burgherren der übrigen attischen Gemeinden zur Übersiedlung nach Athen veranlaßt, schließlich auch den Priesterstaat von Eleusis eingegliedert. Zugleich erhielten die wichtigsten Götterkulte dieser Siedlungen, z. B. die Artemis von Brauron und der Dionysos von Eleutherai, in Athen Kultstätten und Feste, die Eleusinischen Mysterien wurden Teil des attischen Staatskultes. Ganz Attika war Bürgerland geworden. Die bis dahin selbständigen Orte bildeten fortan Demen, d. h. lokale Untergliederungen des Gesamtstaates. In Athen zentralisierte sich das politische, religiöse und wirtschaftliche Leben.

Adelsherrschaft. Die Übersiedlung der adligen Herren Attikas nach Athen führte zur allmählichen **Zurückdrängung des Königtums** zugunsten des Adels. Im J. 683/2 wurde es ersetzt durch den auf ein Jahr gewählten **Archon,** dem für die militärischen Aufgaben ein Polemarch, für die Rechtsprechung ein Kollegium von sechs Thesmotheten beigegeben wurde; die sakralen Obliegenheiten fielen einem weiterhin als Basileus bezeichneten, aber ebenfalls jährlich gewählten Beamten zu. Der herrschende Adel teilte also die bisher einheitliche Regierungsgewalt auf, um keine königsähnliche Stellung eines einzelnen aufkommen zu lassen. Als Rat und als oberster Gerichtshof fungierte die Versammlung der Häupter der Adelsgeschlechter, die nach dem Ort ihres Zusammentretens, dem Areshügel, **Areopag** genannt wurde (ἡ ἐξ Ἀρείου πάγου βουλή).

Drakon. Wohl i. J. 624 zeichnete der dem Adel angehörende Drakon auf Drängen der unteren Volksschichten, die sich durch willkürliche Rechtsprechung des Adels bedrückt fühlten, das bestehende Recht auf. Außerdem soll er den Kreis der Vollbürger erweitert haben, indem er allen die Mitwirkung bei der staatlichen Willensbildung einräumte, die sich als Hopliten (Schwerbewaffnete) ausrüsten konnten. So wurde aus der reinen Adelsherrschaft die auf Öffentlichkeit des Rechts gegründete **Hoplitenpolis.**

Besitzverhältnisse um 600. Drakons Reformen hatten die bestehenden Besitzverhältnisse nicht angetastet. Der größte Teil des attischen Bodens befand sich in den Händen adliger Großgrundbesitzer; die Mehrzahl der Bauern lebte in drückendster **Hörigkeit,** die teils altüberkommen, teils infolge wachsender Landnot und Verschuldung in den letzten Generationen entstanden war: viele freie Bauern hatten ihr Land einem Herrn verpfänden müssen. Ein Sechstel des Bodenertrages mußten die Hörigen als Pacht entrichten. Für den Fall der Zahlungsunfähigkeit bestimmte das attische Schuldrecht die Versklavung der Person und der Familie des Schuldners. Dadurch waren viele Hörige in die **Leibeigenschaft** ihrer Herren geraten, z. T. sogar als Sklaven ins Ausland verkauft worden.

Das Athen Solons

Solons Idee der Polis. Für das Jahr 594/3 wurde ein Angehöriger des früheren Königsgeschlechts der Medontiden, namens Solon, zum Versöhner (διαλλακτής) mit großen Vollmachten gewählt, weil infolge der unerträglichen sozialen Verhältnisse ein Aufstand des Demos gegen den Adel drohte. Zudem brauchte Athen für seine auf die Gewinnung von Salamis und einer Stellung am Hellespont gerichtete Außenpolitik die Phalanx eines gutbewaffneten Bürgerheeres. „Dieses den Athenern einzuprägen, treibt mich mein Herz, daß die meisten Leiden für eine Polis von der Gesetzlosigkeit herrühren, daß aber eine gute Verfassung alles ordnet und gerechte Verhältnisse schafft; sie setzt ein Ende den Gewalttaten und dem zornigen, schrecklichen Streit." Das sind Solons eigene Worte (fr. 3, 30 ff.). Etwa 300 Jahre später urteilte Aristoteles (Staat der Athener 11, 2) über ihn: „Obwohl er im Bündnis mit einer der beiden Gruppen absolute Macht hätte erlangen können – es stand ihm sogar frei zu wählen, auf welche er sich stützen wollte –, zog er es vor, sich bei beiden verhaßt zu machen, indem er das Vaterland rettete und ihm die besten Gesetze gab." So wurde Solon der „erste Staatsmann auf dem Boden Europas, der diesen Namen verdient" (H. Bengtson).

Bauernbefreiung. Solon legte zunächst die Grundlage für ein auf der **Bürgerfreiheit** ruhendes Staatswesen, indem er in der sog. Seisachtheia (Lastenabschüttelung) die Hörigkeit beseitigte. Das „Leihen auf den Körper", durch das sie hätte wieder aufleben können, wurde verboten, die Hypothekensteine auf den Äckern, welche die Angabe der jeweiligen Lasten trugen, wurden entfernt, das Land ging in den Besitz der freien Bauern über. Schließlich setzte Solon für den Grundbesitz eine Höchstgrenze fest, um das Aufsaugen des mittleren und kleineren Bauernstandes zu verhindern.

Neue Staatsordnung. Auf dieser Grundlage errichtete Solon eine neue Verfassung. Er machte die bisherige **Wehrverfassung,** die das Aufgebot in Reiter, Hopliten und Leichtbewaffnete unterteilte, zur Grundlage einer **politischen,** auf dem Besitz beruhenden **Gliederung in vier Klassen** mit abgestuften staatsbürgerlichen Rechten. Den Berechnungsmaßstab bildete der Bodenertrag; das Vermögen der (noch wenig zahlreichen) Bürger, deren Einkommen auf Handel oder Gewerbe beruhte, wurde entsprechend umgerechnet. Damit fiel das Vorrecht des Adels zugunsten einer Einteilung nach dem Besitz **(Timokratie),** d. h. nach der Leistungsfähigkeit für die Gesamtheit. So erwartete man von den Reicheren (Besitz von drei Talenten oder mehr), daß sie besondere Staatsausgaben wie Ausrichtung von Götterfesten, öffentliche Speisungen, Ausrüstung von Kriegsschiffen aus ihrem Vermögen bestritten (λειτουργίαι). Die Angehörigen der untersten Einkommensklasse (weniger als 200 Scheffel Getreide Jahresertrag), die Theten, die sich die kostspielige Hoplitenausrüstung nicht leisten konnten und daher im Kriege als Leichtbewaffnete nur eine untergeordnete Rolle spielten, waren von sämtlichen Ämtern ausgeschlossen.

Verfassungsorgane. Das Archontat und das Schatzmeisteramt blieben der obersten Klasse der Fünfhundertscheffler vorbehalten. Zur **Volksversammlung** (ἐκκλησία) und zum **Volksgericht** (ἡλιαία), das als Berufungsinstanz den höchsten Gerichtshof bildete, wurden die Bürger aller Einkommensklassen zugelassen. Als weiteres Gegengewicht gegen den adligen Areopag schuf Solon, da die Volksversammlung naturgemäß nur selten zusammentreten konnte, einen **Rat** (βουλή) von 400 Mitgliedern: Aus jeder der vier Phylen (alte, auf der Geschlechtereinteilung beruhende Verbände, in die das Gesamtvolk gegliedert war) wurden 100 Bürger der drei oberen Klassen für den Rat erlost; dieser bereitete die Verhandlungen der Volksversammlung vor und führte die laufenden Geschäfte. Auch der Areopag blieb nicht ausschließlich in der Hand des alten Adels, da alle Archonten nach Ablauf ihres Amtsjahres in ihn eintraten.

Wirtschaftliche Maßnahmen. Durch eine Münzreform, die das einheimische Geldwesen dem herrschenden ionischen anglich, öffnete Solon Attika dem großen Handel. Ferner förderte er den Ölexport und das Handwerk, letzteres u. a. durch die Bestimmung, daß niemand im Alter Unterstützung von seinen Söhnen fordern dürfe, der sie nicht ein Handwerk habe lernen lassen.

Bürgerpflicht. Der Grundgedanke des solonischen Reformwerkes offenbart sich in zwei weiteren Anordnungen. Die erste bestand in der Einführung der **Popularklage,** d. h. jedermann, nicht nur ein Verwandter wie bisher, konnte Anklage erheben, wenn er glaubte, daß jemandem Unrecht geschehen sei. Zweitens erließ Solon das Gesetz, daß bei schweren Auseinandersetzungen innerhalb der Bürgerschaft jeder Bürger für die eine oder andere Gruppe Partei ergreifen müsse, wenn er nicht seine Bürgerrechte verlieren wolle (Atimie). Hierin kommt zum Ausdruck, daß jeder Staatsbürger für die Verwirklichung der δίκη, des Rechtes, und für alles Geschehen in der Polis verantwortlich ist, nicht nur einige Amtsträger oder eine dünne Schicht. So hatte das gesamte Gesetzgebungswerk den Nutzen der Allgemeinheit und damit die Existenz der Polis über den Vorteil des einzelnen gestellt: Der Adel mußte auf einen Teil seines Besitzes und seines Einflusses verzichten, die unteren Schichten auf ihre Forderung nach völliger Neuaufteilung des Bodens; Handel und Gewerbe wurden politisch gleichgestellt und in ihrer Entwicklung gefördert.

Die reife Demokratie des perikleischen Zeitalters

Der Weg zur Demokratie

Die Entwicklungsstufen. Solons Werk war die Grundlage der Verfassungsentwicklung Athens, keineswegs ihr Abschluß. Drei Männer bezeichnen die entscheidenden Stufen dieses Prozesses: Peisistratos, Kleisthenes und Themistokles; mit ihren Namen verbinden sich die Epochen der Tyrannis, der Verfassungsreform von 508/7 und der Perserkriege.

Peisistratos. Aus den sozialen Auseinandersetzungen der Jahrzehnte nach Solon ging in Athen die **Tyrannis** hervor, die nicht auf gesetzmäßigem Wege zustande gekommene Alleinherrschaft, eine Erscheinung, die seit der Mitte des 7. Jh. schon in anderen Poleis aufgetreten war, z. B. in Korinth und Milet. Erstmals 561/0 zur Macht gelangt, beherrschte Peisistratos von 546/5 bis zu seinem Tode i. J. 528/7 Attika, gestützt auf seine Leibwache und eine zahlreiche Anhängerschaft aus den ärmeren Schichten, deren wirtschaftlichen Aufstieg er eifrig förderte (u. a. durch den Ausbau des Hafens Piräus und durch Darlehen zum Erwerb eines eigenen Hofes). Athen erlebte einen kulturellen und wirtschaftlichen Aufschwung.

Von seinem glanzvollen Hof, an den er Dichter aus ganz Griechenland berief, gingen starke kulturelle Anregungen aus. Er vollendete den Athenatempel auf der Akropolis und gestaltete die großen **Götterfeste** zu Repräsentationen der Polisgemeinschaft; die Chorspiele des Dionysosfestes wurden zum Wettstreit der **Tragödien** erweitert; in die Panathenäen wurden Rezitationen aus den homerischen Dichtungen aufgenommen und damit ein bisher der Adelserziehung vorbehaltenes Gut der Allgemeinheit zugänglich gemacht. Die Töpferkunst (s. S. 132) entfaltete sich ebenfalls stark; attische Gefäße wurden ebenso nach Italien wie an die Küsten des Schwarzen Meeres exportiert.

Kleisthenes. Im Jahre 510/9 vertrieben die Alkmeoniden, eine während der Tyrannis verbannte Adelsfamilie, im Bunde mit Sparta den Tyrannen Hippias, einen Sohn des Peisistratos. Bald darauf gestaltete der Alkmeonide Kleisthenes den Aufbau des Staates demokratischer. Er ließ die Theten zum Rat zu und zerschlug die vier alten Stammesphylen, auf denen die Macht des Adels beruhte. An ihre Stelle setzte er 10 neue Phylen, die zu je einem Drittel aus städtischen Bezirken, Binnenland und Küstengebiet zusammengesetzt und nach einem attischen Heroen benannt wurden.

Infolge dieser Einteilung stellte jede Phyle einen Querschnitt durch die gesamte Bevölkerung Attikas dar; da zudem Athen der naturgegebene Mittelpunkt für die räumlich so weit getrennten Teile einer Phyle war, trug die Neuordnung wesentlich zur Einheit der Bevölkerung und ihrer Bindung an Athen bei. Jede **Phyle** gliederte sich in etwa zehn **Demen**, die einen eigenen Demenheros besaßen. Die Demen bildeten die unterste Selbstverwaltungseinheit; oft fügte seitdem der Athener als Herkunftsbezeichnung den Demennamen seinem Eigennamen hinzu (z. B. Θουκυδίδης Ὀλόρου Ἁλιμούσιος: Thukydides, Sohn des Oloros, aus dem Demos Halimus).

Um eine Wiederkehr der Tyrannis auszuschließen, wurde der **Ostrakismos** (Scherbengericht) eingeführt. Man befragte jährlich die Volksversammlung, ob sie einen für die Verfassung gefährlich erscheinenden Bürger verbannen wolle. Wurde die Frage bejaht durch Abgabe von mehr als 6000 Tonscherben, so mußte derjenige, dessen Name am häufigsten auf den Tonscherben erschien, für zehn Jahre außer Landes gehen, ohne Schaden an Ehre oder Vermögen.

Ostrakon aus dem Jahre 471/0
Umschrift in jüngerem Attisch:
Θεμισθοκλῆς Νεοκλέους ἴτω

Themistokles. Den Ausgangspunkt für Athens Machtentfaltung im 5. Jh. bildete die **Flotte;** ihr Schöpfer war Themistokles. Seitdem er 493 zum Archon gewählt worden war, drängte er auf den Bau von Kriegsschiffen, um den Persern zur See entgegentreten zu können. Deren Angriff mußte man erwarten, nachdem der (von Athen geringfügig unterstützte) **Ionische Aufstand** (499/4), die Erhebung der kleinasiatischen Griechen gegen den Großkönig, zusammengebrochen war. Zunächst blieb Themistokles ohne Erfolg, zumal der erste Perserfeldzug unter Datis und Artaphernes i. J. 490 bei **Marathon** an der athenischen Hoplitenphalanx scheiterte. Erst nach dem Tode des Miltiades (489), des Siegers von Marathon, wurde die Bahn für Themistokles frei.

Eine **Verfassungsreform** i. J. 487/6 brachte eine weitere Demokratisierung. Das Archontat, jetzt auch den Rittern (der zweiten Vermögensklasse, s. S. 19) zugänglich, wurde abgewertet, da es nicht mehr durch Wahl, sondern durch Auslosung unter vorgewählten Kandidaten vergeben wurde. Der Polemarch, noch bei Marathon Oberbefehlshaber, verlor seine wichtigsten Befugnisse an die zehn in den Phylen gewählten **Strategen.**

Im Jahre 482 begann der **Flottenbau.** Als der Perserkönig Xerxes selbst i. J. 480 gegen Griechenland zog, waren 180 Trieren fertig, eine Flotte, wie sie kein anderer griechischer Staat besaß. Der Seesieg von **Salamis** 480, dem 479 der Landsieg von Plataiai folgte, und die Befreiung der kleinasiatischen Griechen durch die kombinierte Land- und Seeschlacht von Mykale bestätigten die Richtigkeit des Flottenbaus. Die **Befestigung Athens,** 479/8 von Themistokles begonnen, mit der Verbindung von Stadt und (ebenfalls befestigten) Häfen (Piräus und Phaleron) durch die „Großen Mauern" 445 von Perikles vollendet, machte die Stadt zu einer gewaltigen Land- und Seefestung. Als Sparta von der weiteren Kriegführung gegen Persien zurücktrat (der Krieg endete erst 449 mit dem Frieden des Kallias), schlossen sich 478/7 eine Reihe ionischer und aiolischer Poleis sowie zahlreiche Inselstädte der Ägäis zum **Delisch-Attischen Seebund** zusammen: Athen hatte die Hegemonie; auf Delos trat die Bundesversammlung zusammen, im dortigen Apollon- und Artemisheiligtum befand sich die Bundeskasse. Athen war damit zur zweiten Schutz- und **Führungsmacht Griechenlands** aufgestiegen.

Innenpolitisch mußte diese Entwicklung weitreichende Folgen haben. Die Behauptung der Polis gegen das Perserreich war die **Leistung aller Bürger.** Erstmalig hatten auch die Theten, schon als Arbeiter für den Bau der Flotte wichtig, vollwertigen Kriegsdienst geleistet: die Bemannung der zahlreichen Kriegsschiffe wäre ohne sie nicht möglich gewesen.

Die Pentekontaetie

Kulturelle Blüte. Den Zeitraum von der Befreiung Griechenlands von den Persern bis zum Tode des **Perikles** (429) nennt man die Pentekontaetie, die glücklichen 50 Jahre. In dieser Zeit entwickelte sich Athen zum **Mittelpunkt des griechischen Geisteslebens.** Hier führten in jedem Jahr an den Dionysien Aischylos, Sophokles und Euripides ihre Tragödien auf; die Komödie karikierte Politiker und sonstige bekannte Persönlichkeiten Attikas; Herodot schrieb seine Geschichte der Perserkriege; die Hauptvertreter der Sophistik strömten in Athen zusammen. Die in den Perserkriegen zerstörte Akropolis wurde, seitdem Perikles die Kasse des Seebundes von Delos nach Athen überführt hatte (454), aus den Beiträgen der Bündner herrlich erneuert.

Machtstellung. Daneben wuchs Athens Macht weiter. Unter Perikles standen dauernd (mit Ausnahme der Wintermonate) 60 Trieren bemannt im Dienst, 300 weitere lagen im Piräus. Die Grundlage dieser Macht, der **Seebund**, der nach und nach die ganze Ägäis mit über 400 Poleis umfaßte, wurde mit rücksichtsloser Härte zur Herrschaft über die Bündner ausgestaltet. Athen griff häufig in ihre inneren Verhältnisse ein und beanspruchte in wichtigen Fällen die oberste Gerichtsbarkeit. Nur noch einige größere Poleis wie Chios stellten selbst Schiffe, die übrigen leisteten ihren Beitrag in Form von Geldzahlungen, die, da Athen allein über ihre Verwendung entschied, den Charakter von Untertanentributen annahmen. Austritt aus dem Bund bestrafte Athen als Abfall mit härtesten Maßnahmen bis zur völligen Enteignung und Vertreibung der Bewohner (wie 446 auf Euboia). Vielfach ließ sich Athen von den Bündnern Ackerland abtreten, um damit seine ärmeren Bürger als sog. Kleruchen (κλῆρος: Landlos, ἔχειν: innehaben) zu versorgen.

Wohlstand. Nutznießer dieser Entwicklung und zugleich eine ihrer Triebfedern war die breite Masse des Volkes. Athen erlebte in dieser Zeit einen starken Anstieg des allgemeinen Reichtums und der **Bevölkerungszahl.** Man schätzt die Zahl der athenischen **Bürger** für 480 auf etwa 30 000 (mit Familie 100 000), der **Metöken** (s. S. 26) auf 5000 (mit Familie 12 000), der **Sklaven** auf 40 000; bis etwa 432 wuchs die Zahl der Bürger auf 45 000 (mit Familie 150 000), die der Metöken auf 15 000 (mit Familie 35 000), die der Sklaven auf 110 000. Den deutlichsten Beweis für den steigenden Wohlstand liefert das Anwachsen der **Hoplitenzahl.** Während die Zahl der Bürger um die Hälfte gestiegen war, hatte sich das Hoplitenheer, 479 etwa 10 000 Mann, bis zum Ausbruch des Peloponnesischen Krieges verdoppelt, d. h. zahlreiche Theten waren in die dritte Vermögensklasse (s. S. 19) der Zeugiten aufgestiegen.

Das Heer. Den Kern des attischen (wie jedes griechischen) Heeres bildete die tiefgestaffelte **Hoplitenphalanx** (acht und mehr Glieder). Die Ausrüstung des Hopliten bestand aus Helm, Panzer (Leder oder Leinen mit Metallbeschlag), Beinschienen, großem Schild, Kurzschwert und Handspeer (s. Taf. VI). Weniger bedeutend war daneben die (seit Mitte des 5. Jh. etwa 1000 Mann zählende) **Reiterei** (s. Taf. V), die die gleiche Ausrüstung wie das Hoplitenheer ohne den Schild (dafür aber einen Metallpanzer) trug, und die **Leichtbewaffneten,** die nur über Fernwaffen wie Wurfspeere und Bogen verfügten (zahlenmäßig wohl den Hopliten nahekommend, aber offenbar nie voll aufgeboten). Seit dem Peloponnesischen Krieg gab es außerdem die aus Thrakien übernommene Waffengattung der **Peltasten,** die mit einem kleinen Lederschild (πέλτη), Langschwert, Handspeer und Wurfspeeren ausgerüstet waren und sich durch bewegliche Kampfweise auszeichneten.

Der Katalog der wehrpflichtigen Hopliten umfaßte die Mannschaft vom 18. bis 60. Lebensjahr. Davon wurden die beiden jüngsten Jahrgänge in Attika ausgebildet, die zehn ältesten vorwiegend als Besatzungstruppe eingesetzt. Die Phalanx gliederte sich in Phylen, d. h. in die Aufgebote der politischen Phylen (s. S. 20), unter je einem gewählten **Taxiarchen,** die Phyle wiederum in mehrere Lochoi unter Lochagen. Ebenso war die Reiterei nach Phylen geordnet; je fünf Abteilungen standen unter einem **Hipparchen.** Die Leichtbewaffneten waren nicht als reguläre Truppe organisiert. Den Oberbefehl führte ein **Stratege** (bei bedeutenderen Unternehmen auch mehrere gemeinsam). Der Tagessold des Hopliten betrug im Peloponnesischen Krieg eine Drachme, später nur zwei Obolen; außerdem erhielt er Verpflegungsgeld.

Die Flotte. Der normale Schiffstyp war die **Triere,** d. h. ein Schiff mit drei Ruderreihen auf jeder Seite (s. Abb.). Die Länge betrug 35 bis 38 Meter, die Breite 4,5 Meter, der Tiefgang etwas über einen Meter. Eine Hilfstakelage unterstützte bei günstigem Wind die Ruderer. Die **Bemannung** bestand aus 170 Ruderern (ἐπίκοποι), die als Sold täglich drei Obolen und Verpflegungsgeld erhielten, dazu acht bis zehn Matrosen (ναῦται) für den seemännischen Dienst, ferner 14 bis 30 Seesoldaten (ἐπιβάται: Hopliten, Bogenschützen, Schleuderer) für den Kampf.

Den Befehl über das Schiff führte der **Trierarch,** d. h. derjenige, der die Ausrüstung des vom Staat gestellten leeren Schiffes als Leiturgie (s. S. 19) übernommen hatte (im Peloponnesischen Krieg wurden jährlich 400 Trierarchen bestimmt). Die praktische Führung lag beim **Kyberneten,** der Berufsseemann war. Den Oberbefehl über die Flotte hatte ein **Stratege** (in Sparta ein jährlich wechselnder Nauarch). Die **Kampftaktik** ging darauf aus, den Gegner entweder durch Rammstoß (mit dem vorn angebrachten Rammsporn) zu versenken oder ihm durch dichtes Vorbeifahren die Riemen abzuknicken (die eigenen wurden dabei eingezogen) oder ihn durch Entern zu überwältigen.

Querschnitt einer attischen Triere

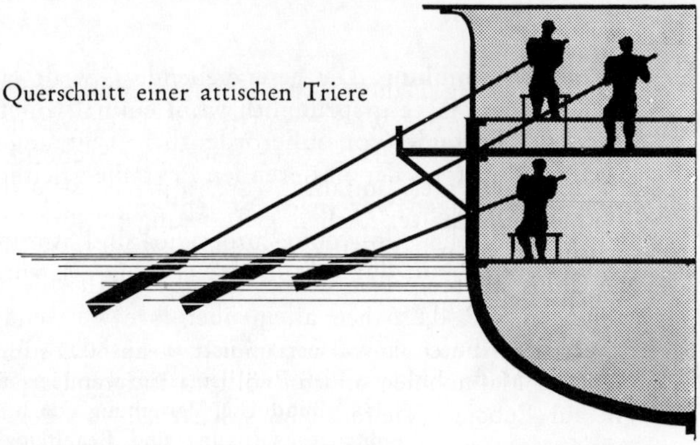

Die Verfassung

Die Verfassungsreform des Perikles. Seit 461 bestimmte der hochadlige Perikles die Politik Athens. Jahr für Jahr wurde er zum Strategen gewählt; aber nicht so sehr dieses Amt als vielmehr die unbestrittene Autorität beim Volke, das er durch seine Rednergabe zu überzeugen wußte, verlieh ihm die überragende Stellung. Zu Beginn seiner Laufbahn führte er eine bereits vor ihm begonnene Verfassungsänderung weiter. Der **Areopag** wurde entmachtet; ihm blieb nur die Gerichtsbarkeit bei Mord und Gewalttat. Die übrige Gerichtsbarkeit wurde dem Volksgericht übertragen; die Aufsicht über die Amtsführung der Beamten fiel an den Rat; mit der Einführung der γραφὴ παρανόμων erhielt jeder Bürger das Recht, gegen den Antragsteller eines ihm gesetzwidrig erscheinenden Beschlusses Klage (γραφή) zu erheben. Um tatsächlich allen Bürgern zu ermöglichen, am politischen Leben teilzunehmen, führte Perikles **Tagegelder** (μισθός) für Geschworene, Ratsherren und Beamte ein, vielleicht auch schon die Theorika, die für den Besuch der Tragödienaufführungen gezahlten Schaugelder (pro Tag 2 Obolen; für den Geldwert s. S. 26, für das Währungssystem s. Anh. S. 141). Im Jahre 458/7 wurden auch die Zeugiten zum **Archontat** zugelassen; bald darauf wurde die Vorwahl durch Vorlosung ersetzt. Seit dieser Umgestaltung ist die Verfassung Athens, von gelegentlichen, kurzlebigen Umsturzversuchen abgesehen, im wesentlichen gleichgeblieben. Sie zeigt folgende **Grundelemente:**

Rat. Die Hauptaufgaben des Rates (βουλή) bestanden darin, die Tätigkeit der Beamten zu überwachen, die Finanzen zu kontrollieren und die Tagesordnung der Volksversammlung vorzubereiten. In der Volksversammlung durfte kein Antrag eingebracht werden, wenn der Rat ihn nicht auf die Tagesordnung gesetzt hatte. Häufig legte der Rat der Volksversammlung einen bereits formulierten Beschluß zur Bestätigung vor (προβούλευμα). Nach außen zeigte sich die Stellung des Rates als der **eigentlichen Regierungsbehörde** am deutlichsten darin, daß er die fremden Gesandten empfing und alle Verhandlungen mit auswärtigen Staaten führte.

Seit Kleisthenes bestand der Rat aus 500 Mitgliedern. Jede Phyle stellte 50 Buleuten (Ratsherren), die demenweise (entsprechend der Bevölkerungszahl eines Demos) aus den sich meldenden Bewerbern – Mindestalter 30 Jahre – ausgelost wurden; niemand durfte öfter als zweimal im Leben dem Rat angehören. Da diese Versammlung zu groß war, um die laufenden Regierungsgeschäfte zu erledigen, wurde aus ihr als geschäftsführender Ausschuß die **Prytanie** herausgelöst, bestehend aus den 50 Ratsherren einer Phyle. Jede Prytanie tat den zehnten Teil des Jahres Dienst. Ein Teil dieser Prytanen blieb mit dem Epistates, dem täglich neu ausgelosten Vorsteher, Tag und Nacht im Dienstgebäude; sie wurden auf Staatskosten im **Prytaneion** gespeist, eine Ehre, die auch auswärtigen Gesandten und einzelnen Bürgern (z. B. den Olympiasiegern) zuteil wurde. Das Tagegeld der Ratsherren betrug unter Perikles wahrscheinlich drei Obolen, im 4. Jh. fünf Obolen.

Volksversammlung. Die gesetzgebende Gewalt lag bei der Volksversammlung (ἐκκλησία). Diese tagte ursprünglich wohl einmal, zuletzt viermal während der Amtsführung jeder Prytanie (von außerordentlichen Sitzungen abgesehen) und wurde von dem jeweiligen Epistates der amtierenden Prytanie geleitet. Jeder, der in die Bürgerliste seines Demos eingetragen war (nach Vollendung des 18. Lebensjahres), war zugelassen und genoß Redefreiheit (ἰσηγορία, παρρησία) und Stimmrecht. Durch Handerheben (χειροτονία) oder geheim durch Stimmsteine (ψῆφοι) wurde abgestimmt, wobei die einfache Mehrheit entschied.

Die Ekklesia galt als voll versammelt, wenn 6000 stimmberechtigte Bürger anwesend waren. Der Beschluß der Ekklesia hieß Psephisma. Sie war Herr über Krieg und Frieden, Staatsverträge und Bündnisse, Verleihung von Bürgerrecht und Ehrungen, Gesetzgebung, Steuerbewilligung und Beamtenwahl. Sie urteilte auch über bestimmte politische Vergehen, doch war hier Berufung an das Volksgericht zulässig. Das Probuleuma des Rates konnte in der Beratung verändert, sogar abgelehnt werden. Nach 400 wurde auch für den Besuch der Volksversammlung ein Tagegeld eingeführt, anfangs drei Obolen, später ein bis eineinhalb Drachmen. Trotzdem war die Teilnahme für den Bauern des attischen Landes nur selten möglich, so daß hier die städtischen Massen dominierten und nach ihren Interessen entschieden.

Psephos in Rädchenform

Beamte. Die fortschreitende Demokratisierung, die alle Macht in Rat und Volksversammlung konzentrierte, hatte die Bedeutung der Beamten zunehmend gemindert, sie zu Bürgern gemacht, die nur für begrenzte Zeit in speziellem Dienst der Polis standen. Dazu trugen vor allem die **Auslosung,** die Bezahlung und die Vermehrung der Ämter bei, Maßnahmen, die jedem den Zugang zu den Ämtern (ἀρχαί) öffnen sollten. Als einzige Voraussetzung wurde geprüft, ob der Bewerber seine Eltern gut behandle, seine Abgaben zahle und Feldzüge mitgemacht habe, ob er also ein zuverlässiger Staatsbürger sei. Nur die militärischen Ämter (z. B. die der 10 Strategen) und die der Finanzverwaltung, die bestimmte Fachkenntnisse erforderten, waren **Wahlämter** geblieben. Die Begrenzung auf ein Jahr, die Pflicht der Rechenschaftsablegung nach dem Amtsjahr und das Verbot, mehrmals das gleiche Amt zu bekleiden, sollten die Bildung persönlicher Macht verhindern.

Die der Tradition nach höchsten Beamten waren das **Kollegium der neun Archonten** (s. S. 18). Zwar wurde noch nach dem ersten Archon das Jahr benannt (er hieß daher auch **Archon Eponymos**), und der zweite, der Basileus, führte den Vorsitz im Areopag, im wesentlichen aber waren den Archonten nur religiöse Aufgaben (Götterfeste, Opfer) und die Leitung bestimmter Gerichtshöfe geblieben. Wichtiger waren die 10 **Strategen** geworden, ursprünglich die Befehlshaber der Phylenaufgebote, nach 490 in dieser Stellung durch die Taxiarchen ersetzt und mit selbständigen militärischen Führungsaufgaben größeren Umfangs (auch Flottenkommandos) sowie der dazugehörigen Verwaltungstätigkeit betraut. Daneben gab es verschiedene Beamte in der Stadt und in den Häfen für weitere öffentliche Aufgaben. Die Gesamtzahl der Beamten betrug im 4. Jh. etwa 350.

Gerichte. Die Gerichtsbarkeit lag ausschließlich beim Volksgericht (ἡλιαία); Berufsrichter, überhaupt Berufsjuristen kannte man nicht. Jährlich wurden aus den sich Meldenden – Mindestalter 30 Jahre – 6000 als Mitglieder der Heliaia ausgelost, 600 Heliasten aus jeder Phyle. Nach ihrer Vereidigung erfolgte, wieder durch das Los, die Verteilung auf die einzelnen Gerichtshöfe. Jeder Heliast erhielt pro Gerichtstag seit Perikles 2, seit 425 3 Obolen. Die Normalzahl der Heliasten (auch δικασταί genannt) betrug bei öffentlichen Prozessen 501, bei sehr wichtigen Angelegenheiten auch 1001 oder 1501 (d. h. es wurden die Kollegien mehrerer Gerichtshöfe zusammengezogen). Bei Privatklagen, deren Gegenstand weniger als 1000 Drachmen Wert besaß, bestand der Gerichtshof aus 201 Mitgliedern, bei höherem Wert aus 401. Die Verhandlung leitete der für den Gerichtshof zuständige Beamte, stimmberechtigt waren nur die Heliasten. Einen Staatsanwalt gab es nicht, jeder Bürger hatte das Recht, wegen eines Verbrechens Anklage zu erheben.

Verfahren. An einem Gerichtstag wurden entweder nur öffentliche oder nur Privatprozesse verhandelt, da für erstere eine vollständige Sitzung vorgesehen war, von letzteren mehrere in einer Sitzung erledigt wurden. Die Verhandlung begann am frühen Morgen mit Opfer und Gebet; sie wurde eröffnet mit der Verlesung der Anklageschrift. Jeder vertrat sich selbst oder brachte seine Sache durch seinen rechtlichen Vertreter (Vormund bei Minderjährigen, Vater oder Ehemann bei Frauen, Patron bei Metöken) vor. War jemand wenig geschickt, so ließ er sich seine Rede von gewerbsmäßigen Logographen (s. S. 86) ausarbeiten und lernte sie auswendig. Man durfte redegewandte Freunde als Synegoroi hinzuziehen; eine bezahlte Vertretung durch einen anderen war jedoch verboten. Bei Privatprozessen erhielt jede Partei zweimal das Wort, bei öffentlichen einmal. Bei öffentlichen Prozessen war die für die Verhandlung zugewiesene volle Tageszeit in drei Teile eingeteilt. Wenn bei Verurteilung die Strafe vom Gericht frei festgesetzt werden konnte (oft lag sie bereits durch Gesetz fest), fielen zwei Drittel der Zeit auf Anklage und Verteidigung, das letzte auf die Verhandlung über das Strafmaß. Als Strafen kamen vor allem Geldbußen, Beschränkung der bürgerlichen Rechte, Verbannung und Tod in Betracht. Jede Gerichtsverhandlung mußte am gleichen Tage zu Ende geführt werden.

Die Gesellschaft

Stellung der Frau. Wie jede antike Gesellschaft unterschied sich auch die athenische von der heutigen in zwei grundlegenden Erscheinungen: der Ausschließung der Frau aus dem öffentlichen, insbesondere dem politischen Leben und der Existenz minderberechtigter Gruppen, der Metöken und der Sklaven. Die Frau war nicht nur von den Ämtern, Gerichten und der Volksversammlung ausgeschlossen, ihr fehlte auch die Rechtsmündigkeit, sie konnte nicht einmal als Zeugin auftreten. Nur zu religiösen Festlichkeiten (auch zu den Tragödienaufführungen) waren Frauen zugelassen (als Zuschauerinnen bei den Olympischen Spielen nur Mädchen, keine verheirateten Frauen). Auch im Hauswesen war die Rechtsfähigkeit (z. B. bei Kauf und Verkauf und im Erbrecht) sehr eingeschränkt. Das Haus des wohlhabenden Atheners war in zwei Teile geteilt, die Gemächer des Mannes und die Gemächer der Frau. Frauen gingen nur in Begleitung aus. Eine schulische Ausbildung für Mädchen gab es nicht. Die Ehe bedeutete vielfach für den Athener mehr ein Rechtsinstitut als eine starke gemüthafte Bindung; eine solche suchte er nicht selten im Umgang mit Hetären – die hochgebildete Ionierin Aspasia, zu deren Kreis auch Perikles gehörte, hat Berühmtheit erlangt – und ebenso in den als selbstverständlich angesehenen Liebesbeziehungen zu Knaben und Jünglingen.

Gesellschaftliches Leben. Charakteristische Erscheinungsform dieser reinen Männergesellschaft waren die **Gymnasien,** die die Söhne der oberen und mittleren Schichten nach dem Besuch des Elementarunterrichtes – lesen und schreiben konnte nahezu jeder Athener – aufzusuchen pflegten, um Sport zu treiben, Mathematik und Philosophie zu hören und vor allem um ausgiebig zu disputieren, und die zahlreichen **Symposien,** bei denen häufig auch disputiert, rezitiert und aus dem Stegreif gedichtet wurde (woran kein Mädchen und keine Frau teilnahm außer Sklavinnen und Flötenspielerinnen zur Unterhaltung der Zecher). Bei aller politischen Gleichheit prägten sich natürlich die Unterschiede zwischen arm und reich im äußeren Lebenszuschnitt aus; für die wohlhabenden Schichten gab in vielem der Adel, der auch in der Politik bis zum Peloponnesischen Krieg die Mehrzahl der führenden Persönlichkeiten stellte, das Vorbild ab (Klubleben, Wagenrennen). Gegen Ende des perikleischen Zeitalters tauchte als neuer Faktor die Scheidung in gebildet und ungebildet auf: nur der Reichere konnte sich den teueren Unterricht der **Sophisten** leisten. Dieser gewann aber desto größere Bedeutung, je mehr in der Demokratie nicht vornehme Abkunft oder Reichtum als solche entschieden, sondern eine geschulte **Rhetorik** nötig wurde, um Volksversammlungen und Gerichtshöfe zu beeinflussen.

Die Metöken. Der politische Unterschied zwischen Bürgern und Metöken fiel gesellschaftlich kaum ins Gewicht. Der Metöke, seiner Herkunft nach freier Bürger einer anderen griechischen Polis, oft schon seit Generationen in Athen ansässig, war zwar vom politischen Leben ausgeschlossen und durfte keinen Grundbesitz erwerben, unterlag aber in seiner Tätigkeit – überwiegend Handel, Bankwesen und Gewerbe – keinerlei Beschränkung und brachte es oft zu großem Reichtum und hohem Ansehen. Das einleitende Gespräch in Platons Politeia zeigt, wie selbstverständlich Bürger und Metöken in voller gesellschaftlicher Gleichberechtigung miteinander verkehrten; die kultivierte Feinheit der attischen Gesellschaft (das sprichwörtliche „attische Salz") verband beide Gruppen.

Die Sklaven. In ganz anderer Rechtsstellung befanden sich die Sklaven. Zwar ging es ihnen, wenn sie Haussklaven in einem reichen Haushalt waren, relativ gut, mancher gelangte in ein vertrautes Verhältnis zu seinem Herrn, aber sie blieben sämtlich, ohne politische oder bürgerliche Rechte, in unbedingter Abhängigkeit und waren als **Sache** (τὸ ἀνδράποδον) frei verkäuflich; Freilassungen kamen selten vor. Trotz der großen Anzahl der Sklaven besaß die Mehrzahl der Athener, Kleinbauern, Handwerker, Geschäftsleute oder Arbeiter keinen Sklaven. Die größte Rolle spielte die Sklaverei in der **Industrie:** die Arbeiter in den Silberbergwerken von Laurion und in den Rüstungsfabriken waren überwiegend Sklaven. Dazu kamen die Sklaven auf den großen Landgütern und zahlreiche als Handwerker ausgebildete Sklaven im Besitz größerer oder kleinerer Unternehmer. Schließlich hielten die wohlhabenderen Familien Haussklaven für Dienste aller Art.

Preise und Löhne. Der Preis für einen gelernten Messerschmied (Sklave) betrug im 4. Jh. (in dem Preise und Löhne höher lagen als im 5. Jh.) mindestens 3 Minen. Wegen des unterschiedlichen Lebensstandards und der andersartigen Zwecke, für die man Geld ausgab, wäre es irreführend, wollte man versuchen, die attische Währung (s. S. 140 f.) in moderne Entsprechungen umzurechnen. Als Anhaltspunkt für den Geldwert folgendes: In den Bauabrechnungen des Erechtheions von 409/8 bis 407/6 schwankt der Standardlohn des Arbeiters zwischen 1 und 1½ Drachmen; in den Eleusinischen Abrechnungen von 329/8 erhalten ungelernte Arbeiter 1½ Drachmen pro Tag, gelernte 2 bis 2½; i. J. 388 werden als (allerdings hoher) Preis für einen Mantel 20 Drachmen angegeben, für Schuhe 8; die Tuniken der Eleusinischen Staatssklaven kosteten 7 Drachmen, die Schuhe 6 Drachmen das Paar. Demosthenes nimmt in einer 363 gehaltenen Rede 700 Drachmen pro Jahr als angemessene Summe für seinen eigenen und den Unterhalt seiner Schwester und seiner Mutter während seiner Minderjährigkeit an, ungefähr 4 Obolen für jeden pro Tag.

Der Geist der Demokratie. „Wir haben eine Verfassung, die, da sie auf die Mehrheit zugeschnitten ist, nicht auf wenige, Demokratie heißt. Allen kommt nach dem Gesetze in ihren privaten Angelegenheiten das Gleiche zu; das Ansehen jedes einzelnen in der Öffentlichkeit bestimmt sich nicht so sehr von seiner Vermögensklasse her als vielmehr nach seiner Leistung, und keiner wird durch seine Armut gehindert, etwas für den Staat zu leisten. Freiheitlich leben wir im Staat, großzügig verkehren wir untereinander, und vor allem aus Scheu übertreten wir die Gesetze nicht, in Gehorsam gegenüber denen, die die Ämter bekleiden, und gegenüber den Gesetzen, geschriebenen wie ungeschriebenen ..." So läßt **Thukydides** (2, 37) aus der Rückschau, nach Athens Zusammenbruch von 404 Perikles sprechen und macht damit die beiden Grundelemente des freiheitlichen athenischen Staatswesens deutlich, die **Isonomie,** die Gleichheit vor dem Gesetz, mit der darauf beruhenden Freiheit, und die **Gebundenheit** als freiwillige Unterordnung des einzelnen unter die Gesetze der Gemeinschaft. Wenn Perikles kurz darauf über die Tapferkeit im

Kriege erklärt, Athen vertraue (im Gegensatz zu Sparta) mehr der im Charakter liegenden als der durch ständige Übung und Zwang der Gesetze eingedrillten Tapferkeit, wird in diesen Worten die ganze Größe, aber auch die Gefährdung des demokratischen Staates sichtbar: das Freisein von Zwang bedarf der Ergänzung durch die Freiwilligkeit der Pflichterfüllung; nur bei Anerkennung dieser ungeschriebenen Gesetze konnte die Polis bestehen.

Die Tatsache, daß **Perikles** jahrzehntelang den Staat lenken konnte, ist ein Musterbeispiel dafür, wie eine ganze Polis-Bürgerschaft sich und ihre Einzelinteressen dem Wollen dessen unterordnete, den sie als staatsmännisch Fähigsten anerkannte.

IV. DER UNTERGANG DER POLIS

Äußerer Niedergang. Der **Peloponnesische Krieg** zwischen Athen und Sparta (431–404) nahm den meisten griechischen Poleis die Lebenskraft. Obwohl Athen durch den Untergang seiner nach Sizilien entsandten Expedition (415/3) entscheidend geschwächt worden war, hatte Sparta nur mit persischer Hilfe – für die es die kleinasiatischen Griechenstädte an Persien preisgab – Athen niederwerfen können. Seitdem spielte Persien den Schiedsrichter in Griechenland, besonders deutlich im sog. Königsfrieden von 387; Spartas allgemein als drückend empfundene Hegemonie konnte sich allein durch die Anlehnung an Persien behaupten. Als sich **Theben** 379 von der spartanischen Besatzung befreit und 371 der Thebaner **Epameinondas** bei Leuktra die Spartaner vernichtend geschlagen hatte, brach das letzte Ordnungsgefüge im griechischen Mutterland zusammen. Weder Sparta, das sogar Messenien verlor, noch Athen, das seinen Seebund neu begründete, noch Theben selbst, das nur durch die Leistung des schon 362 gefallenen Epameinondas über Boiotien hinaus Bedeutung gewonnen hatte, war in der Lage, neue gestaltende Kräfte zu entwickeln. Die Griechen verzehrten sich im Kampf aller gegen alle, bis die **Makedonen**, ein stammesmäßig zu den Nordwestgriechen gehöriges Bauernvolk, dessen Staat noch feudalistisch aufgebaut war, sich der Herrschaft über Griechenland bemächtigten. Im J. 338 besiegte ihr König **Philipp** bei **Chaironeia** die vereinigten Truppen der griechischen Poleis, legte Besatzungen nach Theben und Korinth, löste den zweiten attischen Seebund auf, verkleinerte Sparta nochmals (um die Landschaft Kynuria) und vereinigte auf einem Kongreß in Korinth die Griechen mit Ausnahme Spartas zu einem **Panhellenischen Bund** unter seiner Hegemonie. Die Poleis hatten damit aufgehört, ihre Geschicke selbst zu bestimmen, die Führung Griechenlands war an die makedonische Monarchie übergangen: i. J. 334 zog Philipps Sohn **Alexander** mit dem makedonischen Heer und einem kleinen Aufgebot dieses Korinthischen Bundes (dessen bedeutendsten Teil die Flotte von 160 Trieren darstellte) über den Hellespont, um in einem „Rachekrieg" (für die Zerstörung griechischer Heiligtümer durch Xerxes) Persien niederzuwerfen.

Innere Wandlungen. Die Ursachen dieses Machtverfalls der Polis liegen ebenso wie im äußeren Geschehen auch in inneren Entwicklungen. Derart starre Gebilde wie Sparta mußten zusammenbrechen, sobald die tragende Schicht zu dünn wurde. Andere Städte wie Athen litten unter dem Gegenteil, der allzu bereitwilligen Aufnahme fremder Gedanken. Die **Sophistik**, die den Götterglauben angriff, die Geltung sowohl der allgemeinen Moral wie auch der staatlichen Gesetze für das starke Individuum bestritt und den einzelnen Menschen zum Maß aller Dinge erhob, untergrub die Grundlagen der Polis. Dazu hatte sich die Masse der Bürger infolge der Bezahlung jeder staatlichen Tätigkeit mehr und mehr daran gewöhnt, im Staat eine **Wohlfahrtseinrichtung** zu sehen, und hatte dementsprechend die eigene Einsatzbereitschaft weitgehend verloren. Gewissenlose **Demagogen**, die Ruhe und mühelose Einkünfte versprachen, fanden eher das Ohr des Bürgers als einsichtige Staatsmänner, die ihm Opfer abverlangten; mehrere Reden des **Demosthenes** (s. S. 87) sind ein erschütterndes Beispiel dafür. Die reiche Oberschicht, verstimmt durch die bedenkenlose Politik der Volksversammlung und des Rates (deren Kosten meistens zu Lasten der Besitzenden gingen), hatte sich weitgehend vom öffentlichen Leben zurückgezogen. Ihre moralische Rechtfertigung lieferte die Philosophie: Kyniker wie Kyrenaiker und später die Epikureer lehrten, der Weise solle sich auf sich selbst und die Aufgabe der eigenen Vervollkommnung beschränken; Diogenes in seinem Faß ist ein extremes Bild dieser Haltung. Der **Individualismus**, der übergeordnete Bindungen ablehnte, beherrschte seit dem 4. Jh. die griechische Welt. Charakteristisch dafür ist, daß die Tragödie, die von der Allgemeingültigkeit des Mythos lebte, mit dem 5. Jh. starb, daß sich die Komödie von den politischen Themen ab- und zur bürgerlichen Privatsphäre hinwandte; auch die Plastik gab die Darstellung von Idealbildern (d. h. von Allgemeingültigem) auf und sah ihr neues Ziel in der Erfassung der individuellen Besonderheit. Parallel dazu verbreitete sich unter den Gebildeten der **Kosmopolitismus**, die Vorstellung von der Gemeinsamkeit aller Menschen, mindestens der am geistigen Leben teilhabenden, über alle staatlichen Grenzen hinweg. Gegenüber diesen Entwicklungen verlor die bisherige Lebensgemeinschaft der Polis ihre bindende Kraft.

Die Polis im Zeitalter des Hellenismus. Die zahlreichen **Neugründungen** von Städten durch Alexander selbst und seine Nachfolger (**Diadochen**) durchsetzte den riesigen Raum des ehemaligen Perserreiches mit griechischen Elementen (von dieser Verbreitung des Griechentums, die zu einer gewissen Hellenisierung des vorderen Orients führte, hat der mit Alexander beginnende historische Zeitabschnitt in der modernen Forschung den Namen **Hellenismus** erhalten). Zwar erhielten die neuen Städte die charakteristische Polisverfassung mit Bürgerversammlung, Rat, Jahresbeamten und Gerichtshöfen; die Gymnasien und Theater bildeten auch hier den Mittelpunkt des gesellschaftlichen Lebens; aber wie diese Städte nicht durch die Initiative der griechischen Bürger entstanden waren, so gelangten sie auch nicht zu einer echten Polis-Existenz: Ihre Autonomie beschränkte sich auf die lokale Selbstverwaltung.

Soweit sich das griechische **Mutterland** von der Oberherrschaft der makedonischen Könige wenigstens äußerlich wieder lösen konnte — z. B. stand Athen von 263–229 unter unmittelbarer makedonischer Herrschaft –, kam es hier aus der Reorganisation der alten westgriechischen Stammesstaaten heraus, die erst jetzt zu geschichtlichem Leben erwachten, zur Entwicklung einer neuen politischen Form, der Ausbildung von κοινά (Bünden). Diese **Bünde** schufen ein einheitliches Bundesbürgerrecht, einige auch eine Art Repräsentativsystem (d. h. die Vertreter der Poleis entschieden, stellvertretend für die Gesamtheit der Bürger, in den Bundesversammlungen die meisten Fragen endgültig). Die größte Bedeutung erlangten der seit 367/6 bezeugte Ätolische und der seit 280 bezeugte Achäische Bund; aber auch sie waren nur Mächte zweiten Ranges in dem nach Alexanders Tod (323) entstandenen **System der drei Großmächte** Makedonien, Syrien (mit Mesopotamien) und Ägypten. Der Kampf dieser Mächte um einen möglichst großen Anteil des zerfallenen Alexanderreiches und um die Vormacht zur See beherrschte die Geschichte des östlichen Mittelmeerraumes im 3. Jh.

Aufgehen im römischen Weltreich. Im Bündnis mit Rhodos, Attalos I. von Pergamon und dem Ätolischen Bund griffen i. J. 200 die **Römer**, die schon im 3. Jh. die **Westgriechen** in Unteritalien und Sizilien unterworfen hatten, Makedonien an. Zwar verkündete 196 der römische Feldherr T. Quinctius Flamininus auf den Isthmischen Spielen die Freiheit aller Griechen (von der Herrschaft der Makedonen), aber die griechischen Städte blieben weiterhin Objekt der miteinander ringenden Großmächte. Im J. 148 wurde **Makedonien** endgültig eine römische **Provinz**; 146 wurde **Korinth** zerstört, der achäische Bund aufgelöst und ein Großteil von Hellas der Provinz Makedonien angegliedert. Die mit Rom verbündeten Staaten wie Athen und Sparta behielten als „Bundesgenossen" weiterhin eine fragwürdige Freiheit. Augustus, der i. J. 30 mit Ägypten die letzte hellenistische Monarchie beseitigt hatte, gliederte endlich auch **Griechenland** formal völlig in das römische Reich ein, indem er 27 die **Provinz Achaia** schuf.

DIE RELIGION

I. GRUNDLAGEN UND EIGENART

„Alles ist voll von Göttern“, sagte Thales von Milet einmal und drückte damit aus, was jeder Grieche fühlte, daß nämlich die Welt von Göttern belebt und durchwaltet sei. Dieser Glaube blieb auch dann lebendig, als das Göttliche von den Philosophen abstrakter gefaßt und geläutert wurde; denn eine Welt ohne Götter oder Gott war für den Griechen unvorstellbar. Aus diesem Glauben an die Nähe der Götter erwuchs die griechische Religion, die kein Sondergebiet des Lebens war, reserviert für bestimmte Zeiten oder feierliche Gelegenheiten, sondern die allesdurchdringende Kraft, aus der die gesamte griechische Kultur entstanden ist.

„Das ganze Leben des einzelnen von der Geburt bis zum Tode, von Morgen bis Abend, in der Familie so gut wie in allen Verbänden, war in religiöse Formen gekleidet. Kein Haus ohne Kultstelle, kein Tag, keine Mahlzeit, kein Symposion, keine Versammlung ohne Weihe und Gruß an die Gottheit. Bei jeder Tätigkeit, bei jeder Freude, jedem Kummer, in jubelndem Glück wie in zuckendem Schmerz ward ein göttliches Wesen gegenwärtig empfunden und sehnend gerufen. Alle Künste, Architektur, Malerei, Plastik, Poesie, Musik und Tanz dienten der Religion, aus ihren Anforderungen herausgewachsen, sproßten sie an ihren Kulten und Festen zur höchsten Blüte auf. Selbst die Sportkämpfe der Turner und Pferdezüchter fanden zu Ehren der Götter und Heroen statt“ (Bethe).

Wohin wir also im frühen Griechenland auch schauen, in allen Bereichen menschlichen Tuns sehen wir, daß die Menschen sich mit dem Wirken der Gottheit verbunden wissen, und selbst das Geld wird noch durch den Aufdruck göttlicher Gestalten und Symbole geheiligt.

Mochten die religiösen Äußerungen der einzelnen, die im Kult ihren sichtbaren Ausdruck fanden, noch so unterschiedlich sein, immer blieb die Religion das stärkste **Bindeglied aller Hellenen,** deren Kultur nur so lange blühte, wie echte Religiosität die Quelle der Schöpferkraft war.

Glaube. Der Glaube ist Anfang und Wesensmitte jeder Religion. Der griechische Glaube beruht im Unterschied zum christlichen nicht auf einer göttlichen Offenbarung oder einer festumrissenen Lehre, er kennt kein verpflichtendes Dogma, vielmehr wächst er aus der unumstößlichen Gewißheit, daß die Götter wirklich existieren, daß überall im Leben ihre Macht zu erfahren sei. Die Erscheinungsformen des Göttlichen stellte man sich allerdings unterschiedlich vor, sie waren auch im Laufe der Zeit verschieden gesehen und beurteilt worden. Die Griechen der Frühzeit glaubten fest daran, daß die Götter mit zur Welt gehörten, und so dauerte es lange, bis sich die Vorstellung bildete, daß die Götter fern im Himmel lebten statt auf der Erde unter den Menschen.

Mythos. Mythos (s. S. 60, 96) heißt ursprünglich nichts anderes als „Wort“, „Rede“, „Erzählung“, „Kunde“. Im allgemeinen Sprachgebrauch der Griechen steht Mythos schon bald im Gegensatz zu Logos und bedeutet etwa die erdichtete Sage oder Fabel, während unter **Logos** die geschichtlich beglaubigte Erzählung oder auch die philosophische Aussage verstanden wird, die alles Sagen- oder Fabelhafte überwunden zu haben glaubt. Im Bereich des Glaubens bedeutete μῦθος also anschauliche **Kunde von Göttern** und göttlichen Helden der Frühzeit. In ihm war das Bildhafte nicht äußerliches

Gleichnis, sondern wesenhafte Gestaltung des Göttlichen. Daher galt der Mythos, ein Erzeugnis frühgriechischen Volksgeistes, den Griechen als **Ausdruck einer höheren Wahrheit.** Diese war nicht nachprüfbar. So konnte man im Zeitalter der Aufklärung die Mythen für eine Erfindung der Menschen halten, gegen ihre Aussage und damit auch gegen die in ihnen geprägten Bilder der Götter angehen. Aber auch noch in dieser Zeit (s. S. 42 f.) hielten die meisten Griechen den Mythos für eine Offenbarung des göttlichen Seins.

Der Mythos hat der allgemeinen Glaubensgewißheit von der Existenz der Götter Jahrhunderte hindurch Ausdruck verliehen. In ihm trat die Gottheit dem Menschen in menschenähnlicher Gestalt entgegen, wurde sie menschlich verständlich. Gerade deshalb ging von ihm, von den in ihm gestalteten Götterbildern Jahrhunderte hindurch eine große Wirkung aus.

Kultus. Wie der Mythos ist auch der Kult aus dem Glauben an das Vorhandensein der Götter erwachsen; bei beiden handelt es sich um Urphänomene des Glaubens. Der Mensch sucht im Kult nach Möglichkeiten, seine **Bindung an das Heilige** in feierlicher Form zu vollziehen: im Gebet wie in äußeren Handlungen, die privat oder von einer Gemeinschaft vollzogen werden können. Es zeichnet die Griechen aus, daß sie von den magischen Riten der Frühzeit zu einem Kult gefunden haben, in dem die Polis sich zur Verehrung ihrer Götter vereinte.

Götter. Unsterblich (ἀθάνατοι) sind die Götter, und hierdurch unterscheiden sie sich am meisten von den Menschen, den Sterblichen (βροτοί). Sie gelten als ewig (αἰὲν ἐόντες) und sind doch, wie der Mythos lehrt, einmal entstanden wie die Menschen, mit denen sie gleichen Ursprungs sind (ὅμοθεν γεγάασιν θεοὶ θνητοί τ'ἄνθρωποι). Deshalb gehören sie mit zur Welt; sie sind gegenüber den Menschen die Stärkeren (κρείττονες) und Glücklicheren. Die Menschen achten und fürchten sie wegen ihrer Größe, Demut gegenüber den Göttern aber ist ihnen fremd.

Die **Erscheinungsformen** des Göttlichen sind mannigfaltig; alles, was lebt oder wovon Leben und Wirkung ausgeht, kann „Gott" sein. Er offenbart sich in Gestalt von Pflanzen, Tieren, Gestirnen oder Menschen. Polytheistisch ist die griechische Religion, und spricht der Grieche von einem Gott, dann meint er oft zunächst nicht eine bestimmte Person, wie dies in monotheistischen Religionen der Fall ist. Einer derartigen Äußerung liegt lediglich die Vorstellung von der Einheitlichkeit der religiösen Welt zugrunde.

Bei Homer wird nicht klar unterschieden zwischen θεός und θεοί; doch schon mit Hesiod entwickelt sich immer klarer ein **Göttersystem,** an dessen Spitze Zeus als Vater der Götter und Menschen steht, wie ihn bereits Homer gestaltet hat. Neben θεός findet sich die Bezeichnung δαίμων. Daimon wird üblicherweise ein göttliches Wesen genannt, das rational weniger scharf vorstellbar ist. Aus dieser Wurzel des Unfaßbaren und Wundersamen entwickelt sich später allmählich die Vorstellung von einer gefährlichen Macht, die sich im Dämon verkörpert.

II. DER VORHOMERISCHE GLAUBE

Die Religion der Griechen entstammt verschiedenen Wurzeln; sie ist das Ergebnis einer langen und wechselvollen Geschichte, in deren Verlauf mannigfaltige Vorstellungen miteinander in Verbindung kamen, sich gegenseitig befruchteten und ergänzten oder aber veränderten und sogar verdrängten. An dieser Entwicklung hatten vor allem zwei Kulturen entscheidenden Anteil, die minoische und die althellenische. Aus der engen Verschmelzung beider ging jener Glaube hervor, der von Homer bis zum Untergang der Poleis die Religion der Hellenen prägte.

Die minoische Religion. Im Bereich der minoischen Kultur, die auf Kreta etwa zwischen 2000 und 1600 ihren Höhepunkt erlebte, entwickelte sich eine Form der Religion, deren auffallendstes Kennzeichen das Vorherrschen weiblicher Gottheiten war.

Die minoische Religion war in ihrem Wesen eine **Naturreligion.** Als Kultstätten dienten vor allem Grotten und Höhlen, doch auch kleine Hauskapellen in den Palästen der Herren. In ihnen fand man bei Ausgrabungen Altäre, Opferkannen, heilige Hörner und besonders häufig die **Doppelaxt,** das charakteristische Zeichen dieser Religion (s. S. 122). Diese Axt, die zunächst wohl zur Tötung der Opfertiere gedient hat, wurde später mehr und mehr nur noch als heiliges (magisches?) Zeichen empfunden und dargestellt.

Ein **Vegetationskult** ist in dieser Religion aus vielen Abbildungen von Bäumen und Zweigen sicher bezeugt. In den meisten Darstellungen berühren, ergreifen oder schütteln die Gläubigen einen Baum, dem offenbar besondere Kraft zugeschrieben wurde, wobei ihre Bewegungen so erregt sind, daß man diesen Kult für ekstatisch oder orgiastisch halten muß.

Götterdarstellungen in Bild oder Ton sind in der minoischen Kunst häufig. Vor allem als Vögel sind die Götter dargestellt, ferner als tiergestaltige Dämonen und als Mischwesen aus Mensch und Tier, was vermutlich auf orientalischen Einfluß zurückgeht. Daneben gibt es bereits Götterdarstellungen in menschlicher Gestalt.

Aus der Vielzahl der Funde lassen sich zwei Haupttypen herausheben: eine **Hausgöttin,** deren Kennzeichen eine Schlange ist – die Schlange gilt zunächst als Schützerin des Hauses, später ist sie das Symbol der Verstorbenen –, und eine **Naturgöttin,** die die erlegte Beute, z. B. zwei Löwen, an den Hinterläufen hoch hält.

In der ersten Göttin hat man den Ursprung der Göttin **Athene,** in der Naturgöttin die Herrin der Tiere **Artemis** zu erkennen geglaubt. Ob daneben noch eine eigene Fruchtbarkeitsgöttin, ähnlich der Urmutter Kleinasiens, existiert hat, der die im Freien gefeierten Kulthandlungen dienten, ist fraglich.

Die althellenische Religion. Die minoische Kultur erlebte nach ihrem Untergang auf Kreta in den mykenischen Staaten auf dem Festland noch einmal eine große Zeit. Träger dieser Kultur waren seit etwa 1600 die Achaier, die von Norden her in Griechenland eingedrungen waren und sich die Urbevölkerung unterwerfen konnten (s. S. 7 f.). Die etwa um 1200 einwandernden Stämme (sog. Dorische Wanderung) gehörten derselben Rasse wie die Achaier an; sie standen auch auf der gleichen Kulturstufe, so daß man zu Recht annimmt, auch ihre religiösen Vorstellungen seien die gleichen gewesen. Wie die minoische Religion war die althellenische eine **Naturreligion,** die die eingewanderten Stämme aus ihrer Heimat mitbrachten.

Ihre Grundlage ist sicher der Glaube an das Vorhandensein irgendwelcher unfaßbarer Mächte in der elementaren Natur gewesen, die sich offenbarten in Quellen, Gewässern und Bäumen als Nymphen, Nereiden, Dryaden oder die geheimnisvoll in den Wäldern ihr Spiel trieben als Silene, Satyrn, Kentauren und Pane. Diese guten oder den Menschen feindlichen Naturdämonen dachte man sich zunächst noch nicht personifiziert. Erst mit der Zeit entwickelte sich aus der Kollektivvorstellung einer Gattung eine bestimmte Person; so wurde z. B. aus den Panen schließlich der Gott Pan.

Ähnlich müssen wir uns auch das **Werden der Götter** vorstellen, die bereits von den Einwanderern mitgebracht wurden. Denn neben den Naturdämonen läßt sich schon früh eine Reihe von persönlichen Göttern nachweisen. Als obersten Gott verehrten die Einwanderer **Zeus,** den urindogermanischen Wetter- und Lichtgott (s. Taf. XII), den sie auch als allgewaltigen Hausvater ansahen. Ihm zur Seite stand **Hera,** deren Name wahrscheinlich zu ἥρως gehört und soviel wie „Hausherrin" bedeutet haben mag. Von den Jägern wurde **Artemis,** die Göttin des Tierreiches, verehrt, während **Demeter,** die „Mutter Erde", sicher von der bäuerlichen Bevölkerung Verehrung empfing. Im Hause erhielt **Hestia** („Herd", vgl. Vesta) als lebendiger Mittelpunkt der Wohnung Kult und Opfer, und draußen schützte **Hermes**, dessen Name von ἕρμα (Stein, Pfeiler) abgeleitet ist, von seinem Sitz im Steinhaufen am Weg den Wanderer auf gefährlichen Straßen oder vom Pfeiler vor dem Hause aus die Hausbewohner vor eindringendem Schaden.

III. DER HOMERISCHE GLAUBE

Infolge der Verschmelzung der indogermanischen Einwanderer mit der älteren ägäischen Bevölkerung (s. S. 8) wandelte sich die althellenische Religion. Aus der Naturreligion wurde eine **Religion von Herren und Kriegern.** Von ihr haben wir sichere Kunde aus den Werken Homers; doch muß man in diesen unterscheiden zwischen dem, was Homer vorfand, und seiner eigenen schöpferischen Gestaltung.

Anthropomorphismus der Götter. Homer gestaltet die Götter nach dem Bilde des Menschen. Menschengestaltige Götter waren zwar dem vorhellenischen Glauben nicht fremd, doch geht Homer einen Schritt weiter. Seine Götter haben nicht nur die Gestalt von Menschen, sondern sie denken und fühlen menschlich und haben die gleichen Bedürfnisse (Hunger, Schlaf) und Nöte (Krankheit, Schmerz, Angst) wie sie. Die Götter verkehren auch wie Menschen mit den Menschen; von tiergestaltigen Göttern ist nur noch in Beiwörtern die Rede oder bei gelegentlichen Verwandlungen (z. B. verwandelt sich Athene einmal in einen Vogel). Daß die Götter nicht völlig von den Menschen verschieden sind, zeigen auch viele Attribute, die den Menschen gegeben werden, wie θεῖος, θεοείκελος usw. (s. auch S. 8). Im Unterschied zu den Menschen werden die Götter die **Leichtlebenden** (ῥεῖα ζώοντες) genannt, weil sie sich in göttlicher Ruhe und seligem Glück befinden, das nur zuweilen von den Menschen, um derentwillen sie sogar in den Kampf eingreifen, getrübt wird. Zu ihrem Glück paßt, daß Homer sie als **schöne Gestalten** zeigt (nur Hephaistos erscheint als Krüppel). Das Übernatürliche und Unbegreifliche fehlt ihnen weithin. Sie leben wie die adeligen **Herren** der mykenischen Zeit, und den Abstand der Menschen zu den Göttern könnte man mit dem Abstand des Adeligen vom gemeinen Mann dieser Zeit vergleichen. Wie der Mensch seine Standesgrenzen nicht überschreiten darf, da das Hybris wäre, so kann er auch nicht zum Gott werden, der mächtiger und stärker ist als er und von dem er durch seine Sterblichkeit trotz aller Ähnlichkeit wesensgemäß verschieden ist.

Die olympischen Götter. Anthropomorph wie die Darstellung der einzelnen Götter ist auch die der Götterfamilie auf dem Berge Olymp. Nur noch wenige Spuren zeugen vom Ursprung dieser Götter aus den verschiedenen lokalen Kulten und erdgebundenen Naturreligionen sowie von ihrer Herkunft aus verschiedenen Ländern und Kulturkreisen. Die Götter sind keine Erdgottheiten mehr. Sie haben nunmehr im **Olymp** ihre Heimat, von wo aus sie als Herren die Welt regieren.

Nach dem Vorbild der mykenischen Zeit, in der die Könige als mächtige Herrscher unumschränkt von ihren Burgen her das Land beherrschten, ist der olympische Götterstaat gebildet. Wie in einem großen **Familienverband** leben die Götter vereinigt auf dem Olymp, wo sie sich in der Halle des Zeus zum gemeinsamen Mahle versammeln.

An der Spitze des olympischen Götterkreises, zu dem man zwölf Götter zählt, steht als Vater und Gebieter **Zeus,** alle überragend, ihm zur Seite als Königin und Mutter **Hera**. Als Kinder des Zeus gelten bei Homer **Athene, Artemis, Aphrodite, Apollon, Ares** und auch **Hermes**, der allerdings mehr in der Rolle eines Dieners erscheint. **Hephaistos** gilt als Sohn der Hera und **Poseidon** als Bruder des Zeus. (**Hades,** ein anderer Bruder des

Zeus, wird dagegen nicht zu den olympischen Göttern gerechnet, er spielt auch für den Glauben keine wichtige Rolle.) Obwohl **Demeter** und **Hestia** in der homerischen Dichtung keine Bedeutung haben, wurden sie doch zu den olympischen Göttern gerechnet. Unter diesen großen Göttern wirken noch viele **niedere Gottheiten.** Iris ist die Dienerin des Zeus, Ganymed der Mundschenk der Götter, die Chariten bilden das Gefolge der Aphrodite. Häufig erhält bei Homer auch die spezifische Äußerung einer momentanen Regung einen bestimmten Namen wie z. B. Deimos (Furcht) oder Eris (Streit), dies vor allem dann, wenn eine besondere Wirkung von dem ausgeht, was als etwas Stärkeres (κρεῖττον) erfahren wird. So rücken derartige, durch die Phantasie des Dichters als Personen gestaltete **Begriffe** in die Nähe der Götter, die ja die κρείττονες sind, werden sie gelegentlich sogar als göttliche Personen betrachtet; kultische Verehrung erfahren sie allerdings nicht.

Neben den personifizierten Göttergestalten finden sich bei Homer noch unbestimmte Mächte; es sind die Dämonen und vor allem **Moira** und **Aisa**, der Anteil und das Schicksal. Letztere weisen auf den vorhomerischen Glauben zurück; sie sind älter als die persönlichen Götter. Als Mächte der Schicksals- und Todesbestimmung treten sie völlig unabhängig vom Wirken der Götter in Erscheinung; diese greifen, auf der Seite des Lebens stehend, positiv in das Handeln der Menschen ein, die Fügungen der Moira sind negativ. Sie bedeuten für Zeus und die übrigen Götter eine starke Beschränkung der Macht.

Die Allgegenwart der Götter. Die alte religiöse Erfahrung hatte es dem Menschen nahegelegt zu glauben, daß die Götter irgendwo auf der Erde lebten an einem bestimmten Platz und daß sie den Menschen nahe seien. In der homerischen Religion wohnen die Götter zwar auf dem Olymp, das schließt jedoch den Glauben an ihre Allgegenwart nicht aus. Der Mensch ist auch jetzt, wie vordem, davon überzeugt, daß die Götter ihm nahe sind; so wird jegliches Tun des Menschen letztlich als ein göttlicher Akt verstanden, sichtbar oder unsichtbar bewirkt von den mächtigen Göttern. Die Kämpfer glaubten, unter göttlichem Schutz zu stehen, ja die Götter greifen sogar für ihre Lieblinge in den Kampf ein und entscheiden ihn. Wenn die Götter oft auch großen Anteil haben an dem Handeln der Menschen, so fühlt sich der Mensch in dem Bereich, den die Moira ihm läßt, doch frei in seinen Handlungen und Entscheidungen. Er folgt im Tun seinem inneren ϑυμός (Drang) und wählt selbständig zwischen zwei Möglichkeiten, wobei er an seine persönliche Ehre (αἰδώς, κλέος) denkt.

In frühester Zeit glaubten die Griechen, daß der Verstorbene gar nicht wirklich tot sei, sondern in voller Körperlichkeit weiter existiere und vom Grab aus den Lebenden schade oder nütze. Um sich die Toten geneigt zu machen, gab man ihnen Beigaben mit ins Grab, die sie als Lebende gebraucht hatten, ferner Speise und Trank. Etwa gleichzeitig mit diesem Glauben an ein Fortleben im Grabe bildete sich auch die Vorstellung von einem gemeinsamen Totenreich, in dem Hades und Persephone über die Toten herrschen.

Kurz vor dem Untergang der mykenischen Kultur kam im griechischen Raum die Verbrennung der **Toten** auf. Diese Sitte hatten die Einwanderer mitgebracht. Zugleich wandelte sich auch die Seelenvorstellung. Die Seele (ψυχή) des Toten galt nun als machtlos; man sah sie als bloßes Schattenbild (εἴδωλον) des Toten und völlig körperlos. Sie wird daher später oft mit Flügeln dargestellt.

Bei **Homer** leben die Toten im **Hades** als εἴδωλα weiter. Von sich aus können sie keinen Einfluß mehr auf die Lebenden nehmen, da sie ohnmächtig und ohne Bewußtsein sind; „ihr Sein ist das Sein des Gewesenen“ (W. F. Otto). Der Hades selbst wird nicht eigentlich als Ort der Strafe oder Belohnung angesehen, obwohl Homer auch hiervon in Exkursen berichtet (Sisyphos, Tantalos), sondern als Wohnstätte der Seelen, die selbst begehren, nach dem Tode möglichst schnell dorthin zu gelangen und deshalb auch die Lebenden bitten, sie zu bestatten oder zu verbrennen. – Neben dieser Vorstellung findet sich eine andere. Die Toten sind zwar nur Schemen, aber sie sind doch noch da und können für Augenblicke, wie es in der Nekyia (Odyssee Buch 11) dargestellt ist, wieder zum Bewußtsein gelangen und sprechen, allerdings sind sie nicht mehr fähig, zu handeln oder gar ihr irdisches Leben fortzusetzen.

Aus der Bedeutung des Totenopfers (s. S. 38) geht jedoch hervor, daß man auch an die Macht der Toten geglaubt hat – selbst wenn Homer davon schweigt –, und die Toten wurden oft wie die Götter die κρείττονες genannt.

IV. DIE LEHRE HESIODS

Theogonie. Hesiod ist nicht weniger bedeutsam für die Religion der Griechen als Homer. Besonders in seinem Werk Theogonie (Entstehung der Götter) bemüht er sich zu deuten, wie die Welt geworden ist und wie sie ist. Diese Deutung bringt er in einem genealogischen System. Bevor die eigentliche Geschlechterabfolge der Götter beschrieben wird, versucht er, die Entstehung des Kosmos (Kosmogonie) zu schildern.

Am Anfang war das **Chaos**, aus dem ohne Zeugung die Erde und der Eros hervorgehen, ferner der Erebos (Finsternis) und die Nacht. Die Erde bringt aus sich den gestirnten Himmel, Berge und Meer hervor; aus Erebos und Nacht entstehen Αἰθήρ und Tag.

Im folgenden geht es dem Dichter um die „Erklärung des Seienden, um eine Darstellung der Dinge und Kräfte dieser Welt" (Lesky). Hesiod ist davon überzeugt, daß die Welt voller Götter ist, und er geht noch über Homer hinaus, indem er sich bemüht, alles, was in der Welt wirkt, als Gott zu benennen, und ihm einen festen Platz in einem **Göttersystem** zuweist. So wundert es uns nicht, daß er über 300 Götter mit Namen nennt; indem er sie genealogisch einordnet, beweist er, daß er zutiefst von einer bewußten **Ordnung des Alls** überzeugt ist. Drei Stammbäume lassen sich besonders herausheben, die ihren Ursprung in der Nacht, dem Meer und der Verbindung Uranos-Gaia haben. Die weitere Entwicklung wird durch die drei Generationen von Herrschern charakterisiert: Uranos, Kronos und Zeus. Unter schweren Kämpfen und blutigen Auseinandersetzungen vollzieht sich der Regierungswechsel. Nachdem **Zeus** die Titanen bezwungen hat, ist er unumschränkter **Herr der Welt.** Mit ihm hat eine neue Zeit begonnen, in der die Gerechtigkeit und Ordnung den Sieg errungen haben über Ungerechtigkeit und Unordnung.

Dualismus. Hesiod hat trotz dem Glauben an die machtvolle Herrschaft des Vaters Zeus durchaus **das Dunkle und Böse** in der Welt gesehen; hieraus ergibt sich für ihn ein ernsthaftes Problem. In der Göttergenealogie läßt er das Böse aus der Nacht hervorgehen, als deren Kinder er die Gewalten des Todes, Tadel, Neid, Elend, Entrüstung, Alter, Mühe, Hunger, Not, Betrug und Streit, nennt. So befinden sich die Nachkommen von Erde, Meer und Nacht in einem unaufhörlichen, existenziellen Kampf, der auch unter dem gerechten Regime des Zeus weiter fortdauert.

Wie sehr Hesiod mit diesem Widerspruch gerungen hat, zeigt uns der Mythos von den **fünf Weltzeitaltern** in seinem Lehrgedicht **Werke und Tage** (s. S. 67). Während in der Theogonie der Weg vom Chaos zum Kosmos führte, ist es hier umgekehrt. Vom goldenen, paradiesischen Zustand verschlechtern sich die Zustände in der Welt, bis sie im gegenwärtigen eisernen Zeitalter ihren Tiefpunkt erreichen.

Obwohl Hesiod die Welt durchaus realistisch betrachtet und das Böse keineswegs übersieht, ist er im letzten doch als frommer Mensch von der Überlegenheit alles Guten überzeugt, das seinen höchsten Ausdruck in Zeus findet.

Bedeutung für die Religion der Griechen. Hesiod hat in seiner Theogonie einen Kanon der Götter aufgestellt, der für die Griechen fast verbindlichen Charakter bekam. Er setzte sich mit dem Götterbild Homers, von dem er selbst viel gelernt hat, **kritisch** auseinander und führte seine Landsleute in die Götterwelt dadurch ein, daß er Werden und

Sein der Götter erklärt, während Homer sie als handelnde Personen darstellte (vgl. auch S. 67). Wichtiger noch als dies ist die Lehre Hesiods von der Allgewalt und gerechten Lenkung der Welt durch **Zeus.** Zwar ist Zeus schon bei Homer der höchste Gott, doch erst Hesiod gibt dieser Stellung die entscheidende Deutung. Zeus ist der oberste der Götter, weil er die Gerechtigkeit verkörpert. In den „Werken und Tagen" betont Hesiod, daß Zeus den Menschen ein Mittel gegeben habe, allem Unglück und der Vernichtung zu entgehen, die **Dike,** das Recht. Dike wird in jedem gerechten Spruch als wirksam empfunden; sie ist also keine bloße Personifikation des abstrakten Begriffes Gerechtigkeit, sondern nach Überzeugung des Dichters lebendige Wirklichkeit. Mit Zeus bildet sie wesensmäßig eine Einheit. Sie verdient höchste Verehrung, und wenn sie verachtet wird, straft sie und klagt Zeus ihre Kränkung. Ihre Widersacherin ist die bedenkenlose Gewalt, die **Hybris,** die den Menschen zum Verhängnis wird.

Wandel in späterer Zeit. Hesiod hat in allen Dingen der Welt, in ihren Kräften und Regungen Götter gesehen und an sie geglaubt. Für ihn waren es keine abstrakten Erscheinungen oder Personifikationen, sondern wirkliche, leibhaftige Götter. Erst in einer Zeit, in welcher der Glaube nicht mehr lebendig war, konnte die Vorstellung aufkommen, daß die göttlichen Mächte, wie er sie sah, rein dichterische Phantasiegebilde seien, denen man keine Wirklichkeit zumaß und die nur noch im Mythos und der darstellenden Kunst ihr Dasein weiterführen konnten.

V. VOLKSGLAUBE UND KULT

FORMEN DES KULTES

Ursprung. Der Glaube des Menschen an höhere Mächte und Gottheiten äußert sich im Kult, d. h. im Versuch, von sich aus zur Gottheit in ein bestimmtes Verhältnis zu kommen, sie durch Verehrung gnädig zu stimmen.

Die älteste Form des Kultes sind wohl **magische Riten** gewesen, mit denen man die noch nicht personifizierten Mächte zu gewinnen trachtete. Weil ein großer Teil der Kultriten älter ist als der Glaube an persönliche Götter, nennt man diese Riten auch prädeistische Riten. Regenzauber, Phallen (männliche Geschlechtsglieder) als Fruchtbarkeitssymbole und grünende, segenbringende Baumzweige werden die frühesten Mittel gewesen sein, mit denen die Bauern und Hirten versuchten, ihren Wünschen an die Götter Ausdruck zu geben. Aus der gleichen Anschauung sind auch die **Tabuvorschriften** geboren. („Tabu" ist ein religiös begründetes Verbot.) Besonders um die natürlichen Schwerpunkte menschlichen Daseins wie Geburt, Hochzeit und Tod rankten sich viele solcher Tabuvorschriften.

Auch die vielfachen **Reinigungsgebote** gehören in diesen Zusammenhang. Jede Befleckung mußte vor einer kultischen Handlung beseitigt werden, was z. B. manchmal mit Wasser, Schwefel oder dem Blut eines Ferkels geschah. Magie und Tabu haben sich in der griechischen Religion lange erhalten und blieben besonders als Riten bei den Festen in Übung. Zwar verstand man oft ihren alten ursprünglichen Sinn nicht mehr; trotzdem behielt man sie bei, suchte aber neue Erklärungen.

Gebete und Riten. Mit der Entwicklung der religiösen Vorstellungen änderten sich die Formen des Kultes. Sobald man an bestimmte Götter glaubte, war es wichtig, gerade die Gottheit, der man opferte, auch wirklich anzusprechen, damit sie sich betroffen fühlte. Dies geschieht vor allem durch das **Anrufen,** oft unter vielen Namen, damit jeder Irrtum ausgeschlossen wird. Das Gesicht und die Hände sind dabei zum jeweiligen Wohnsitz des Gottes gerichtet, dem das Gebet gilt. Der Betende steht; wer die unterirdischen Götter anruft, beugt sich dabei zur Erde nieder und berührt bzw. schlägt mit seinen Händen den Boden, um sich bemerkbar zu machen. Bei der Anrufung mit Namen wird gern ein Ortsname hinzugefügt, da der Wirkbereich eines Gottes ursprünglich lokal begrenzt gedacht wurde. Aus diesen Anrufungen, die meist Bittgebete, seltener Dankgebete waren, hat sich im Laufe der Zeit der **Hymnos,** die feierliche Form der Gottesanrufung, entwickelt, der unlösbar zum griechischen Kult gehört. Neben Hymnos, Gebet und Litanei treten **Tänze,** Prozessionslieder und **Chorlieder,** die ihre höchste religiöse Form in der Tragödie der Klassik finden. Eine besondere Art des Gebetes ist auch der **Fluch,** in dem man feierlich von den Göttern Strafe auf einen Übeltäter herabruft, ebenso der **Eid,** bei dessen Verletzung der Eidbrüchige Strafe oder Verderben sich zuzieht.

Hauskult. Den Kult in der Familiengemeinschaft versieht der **Hausvater.** Hestia ist der Mittelpunkt dieses Kultes; ihr wird täglich vom Hausvater ein Opfer dargebracht, und das neugeborene Kind wird erst in die Familie aufgenommen, wenn der Vater es um den Herd getragen hat.

Staatskult. Wie der Vater in der Familie den privaten Kult, so leiten die höchsten **Beamten** (in Athen der Archon Basileus) den öffentlichen Kult. Sie haben vor allem die großen religiösen Opfer und Feiern der Polis, die sich als Kultgemeinschaft verbunden fühlte, zu beaufsichtigen, ferner den Staatsherd im Prytaneion zu versorgen (s. S. 12). Daneben gibt es für die einzelnen Heiligtümer bestimmte **Priester** und Priesterkollegien, die für die strenge Einhaltung des Rituals und die Durchführung der Opfer verantwortlich sind. Diese Priester werden meist für eine bestimmte Zeit gewählt, doch gibt es auch erbliche und auf Lebenszeit übertragene Priesterämter.

In **Athen** genoß der Adel innerhalb der Kulte besondere Vorrechte, meist stellte er die Priester. Diese Vorzugsstellung wurde jedoch von Kleisthenes i. J. 510 beseitigt.

Das Amt des Priesters war angesehen; von den Einkünften der Tempelgüter und den Opfergaben der Gläubigen erhielt er einen bestimmten Anteil zum Lohn. Ihm zur Seite stand normalerweise ein großes **Kultpersonal** für die einfachen Verrichtungen des kultischen Dienstes.

Seher. Neben den Priestern hatten im griechischen Kultwesen die Seher die größte Bedeutung. Da die Griechen glaubten, daß die Götter sich den Menschen durch Zeichen verständlich machten, waren sie sehr darauf aus, diese Zeichen richtig zu verstehen und zu deuten. Die einfachen **Winke der Götter** konnte jeder selbst auslegen; daneben gab es einen ganzen Berufsstand, der sich um die Erklärung der Götterzeichen (τέρατα) bemühte. Als solche betrachtete man bestimmte Worte und Laute (φῆμαι, κληδόνες), Himmelserscheinungen wie Blitz, Donner, Erdbeben, Sternkonstellationen, ferner Träume (ὀνείρατα), schließlich die Vogelschau (οἰωνοσκοπία), Opfer- und Eingeweideschau (ἱεροσκοπία).

Orakel. An bestimmten Stätten gab es besondere Orakel (μαντεῖα, χρηστήρια), wo sich der Wille der Götter auf Befragen kundtat. Die Arten der Mitteilung waren unterschiedlich. Es gab das Zeichen-, das Spruch- und das Traumorakel.

Das älteste **Zeichenorakel** ist das Zeusorakel in **Dodona,** wo sich die Antwort des Zeus im Rauschen einer Eiche kundtat und von Priestern den Fragenden mitgeteilt wurde (s. S. 45).

Das bedeutendste **Spruchorakel** war das des Apollon in **Delphi** (s. S. 41, 56). Von dieser Stätte ging für die Einigung der griechischen Stämme eine zumindest ebenso starke Wirkung wie von Olympia aus. Jahrhunderte hindurch war dieses Orakel das **religiöse Zentrum der Poleis** nicht nur des Mutterlandes, sondern auch der entfernteren Siedlungsgebiete. Es besaß, geleitet von klugen Priestern, in der gesamten damaligen Welt einen so überragenden Ruf, daß häufig sogar Barbaren in wichtigen Angelegenheiten um Rat fragten; so griffen die delphischen Priester oft in den Gang der

Geschichte ein. Sie erklären die oft dunklen Sprüche der **Pythia,** der Priesterin, die über einem heiligen Dreifuß saß und in Verzückung, vom Gott erfüllt, Antwort gab. Die Worte der Pythia teilten die Priester den Gläubigen meistens in Versen mit.

In **Epidauros,** einem in der antiken Welt weithin bekannten Kurort, befand sich das vielbesuchte **Traumorakel** des Asklepios (s. S. 42, 51). Die Kranken, von Priestern und Ärzten betreut, legten sich im Heiligtum des Asklepios nieder und erwarteten im Traum vom Heilgott Auskunft über die Mittel einer Heilung oder die Heilung selbst. Ärztliche Kunst und gläubiges Vertrauen bewirkten oft, daß Kranke geheilt entlassen werden konnten. Es wird aber auch von erstaunlichen Auswirkungen des Wunderglaubens berichtet.

Heroenkult. Im griechischen Bereich ist der Ahnenkult, im Gegensatz zu Rom etwa, wenig entwickelt; dafür finden wir den für die Griechen charakteristischen Heroenkult. Statt der persönlichen Ahnen, die jeweils nur einer einzigen Familie gehören, werden bedeutende Tote als gemeinsame Vorfahren der ganzen Gemeinde verehrt. Als Heroen feierte man jedoch nicht nur einstmals bedeutende Menschen, sondern oft auch mythische Gestalten (z. B. Herakles und Pelops, s. S. 52), und manchmal wurde sogar ein alter Gott zum Heros degradiert (z. B. Hyakinthos). Im Gegensatz zu den Göttern hatten die Heroen einen eng umgrenzten lokalen Wirkungsbereich und waren an den Ort ihrer Bestattung gebunden. Diese Begrenzung auf einen bestimmten Ort ließ sie aber andererseits den Menschen oft näher erscheinen als die Götter selbst. Zur Zeit der Perserkriege erfuhr der Heroenkult seine höchste Blüte; denn die Griechen glaubten, daß sie den Sieg über die Perser neben den Göttern den heimischen Heroen verdankten.

DIE OPFER

Sinn der Opfer. Mit dem Gebet verbunden ist das Opfer, das man darbringt, um sich die Gunst der Götter zu sichern. In einem bestimmten Anliegen werden die Götter angefleht, und zur Bekräftigung werden Opfer dargebracht. Auch glaubten die Griechen, sich durch große Opfer Gnade und Vergeltung der Götter erkaufen zu können, und sie meinten, besonders in älterer Zeit, je größer die Opfer, um so willkommener seien sie den Göttern.

Gesinnung der Opfernden. Beim Vollzug der Opfer kommt es auf die äußere **Form** an; der Kult läßt zunächst den ethischen Bereich weithin außer acht, wie man ja auch die Götter nicht als sittliche Mächte betrachtete. Deshalb beruft man sich auch im Gebet nicht so sehr auf seine Gesinnung – diese wurde erst in später gebildeten Kultgemeinschaften ausschlaggebend, z. B. in Eleusis –, sondern auf seine **Leistungen,** seine Abstammung und Verbindung zu den Göttern. Als Glied der Gemeinschaft ist jeder den Göttern Verehrung schuldig. Den Pflichten des Kultes nicht nachzukommen, galt als Verbrechen gegen die Gemeinschaft.

Formen der Opfer. Es gab unblutige und blutige Opfer. Beide Opferarten waren sehr verbreitet und wurden von Privatleuten wie von der Gemeinschaft vollzogen. Geopfert wurden meistens Nahrungsmittel, die man entweder verbrannte oder, was seltener war, unverbrannt den Göttern aufopferte.

Bei den **unblutigen Opfern** verwendete man als Gaben sehr gern Backwerk in den vielfältigsten Formen. Die bei jedem Tieropfer gestreute Gerste (oder das Gerstenmehl) deutet auf den Ursprung dieses Opfers hin. Verbreitet war ferner der Brauch, die Fleischstücke zum Verbrennen in einen Mehlbrei einzuwickeln; daneben aber verwendete man einen mehr oder weniger flüssigen Mehlteig, der mit Honig angerührt war und der, ohne daß man davon genossen hatte, ins Feuer geworfen wurde. – Neben dem Backwerk wurden Baum- und Feldfrüchte aller Art, vor allem Weintrauben und Ölzweige, aber auch Käse und Honigwaben geopfert.

Zwei Arten der **blutigen Opfer** gab es, die Speiseopfer, bei denen die Götter nur einen kleinen Anteil des Tieres bekamen, und jene Opfer, bei denen das Fleisch ganz verbrannt wurde. Das Speiseopfer war allgemein üblich bei Dank- und Bittopfern; denn von jedem Tier, das geschlachtet wurde, erhielten die Götter einen bestimmten Teil als ihr Opfer. Wir haben dabei zu bedenken, daß die Griechen der nachhomerischen Zeit weniger Fleisch aßen als wir, in der Regel nur bei feierlichen Anlässen. Handelte es sich bei den blutigen Opfern um Gaben für die chthonischen Gottheiten, um Toten- und Heroenopfer bzw. Sühne- und Bußopfer (Eidopfer), wurden die Tiere ganz verbrannt, da man glaubte, daß derjenige, der davon äße, diesen Gottheiten verfallen wäre.

Speiseopfer. Ein Opfertier, meist Rind, Schaf oder Schwein, wurde bekränzt vor den Altar geführt. Der Opferpriester nahm ein brennendes Scheit, tauchte es in Wasser und besprengte Altar, Anwesende und Opfertier. Dann streute er (oder alle Anwesenden) Gerste ins Feuer und auf den Kopf des Tieres. Ein Herold fragte darauf: „Wer ist hier?" (τίς τῇδε), worauf alle antworteten: „Viele Gute" (πολλοὶ κἀγαθοί); denn kein Schuldbefleckter sollte teilnehmen. Nun wurde eine Spende ausgegossen und Schweigen geboten (εὐφημεῖτε); es folgte ein Gebet. Unter Flötenmusik wurde das Tier geschlachtet. Das Blut ließ man auf den Altar fließen oder fing es auf und bestrich den Altar damit. Nach der Zerlegung des enthäuteten Tieres sonderte man die Teile aus, die für die Gottheit bestimmt waren, Eingeweide und Knochen. Gelegentlich verbrannte man auch gute Stücke Fleisch, um eine besondere Opferbereitschaft zu zeigen. Wenn der Priester den guten Ausfall des Opfers verkündigt hatte, wurde unter Flötenmusik das Fleisch gebraten, und jeder bekam einen Anteil zur Speise. Bei den großen Opfern, den Hekatomben (urspr. = 100 Rinder, später große Opfer schlechthin), war neben der Ehrung der Götter die Speisung der Menge mit beabsichtigt.

Sühne- bzw. Totenopfer. Bei diesen Opfern ist nicht überall streng getrennt zwischen den Opfern für die segenspendenden Erdgottheiten und die finsteren Mächte der Unterwelt, vor deren Zorn und Schaden man sich schützen will. Zu nächtlicher Stunde oder gegen Abend wird an einem hohlen, niedrigen Altar möglichst ein dunkler Widder oder Stier geschlachtet. Das Blut fließt durch den Altar oder eine Amphora mit hohlem Fuß in die Erde hinab, der Leib des Tieres wird völlig verbrannt.

Das **Totenopfer** wurde besonders dargebracht bei einer Bestattung, am 3. oder 9. Tage nach einer Bestattung, am 30. Tag jedes Monats, der den Toten heilig war, und am Anthesterienfest, einem Fest, das unserem Allerseelentag zu vergleichen ist. Diese Blutsättigung der Toten entsprang dem Glauben, daß sich der Tote an nichts so sehr freut wie am Blut, das ihm selbst fehlt. – Die Blutopfer wurden immer seltener dargebracht, schon Solon verbot das Opfern von Rindern; an ihrer Stelle brachte man ungemischten Wein, Milch, Honig, Wasser oder Öl dar.

RELIGIÖSE FESTE UND FEIERN

Die Griechen kannten ebensowenig wie die Römer einen Sabbat oder Sonntag. Wohl hatten sie eine große Zahl von Feiertagen, die auf das ganze Jahr verteilt waren. Neben den privaten und häuslichen Feiern anläßlich Geburt, Hochzeit und Tod stehen die Feste der Gemeinschaft; sie sind ganz eingebettet in den Kult und stellen selbst ein Stück Gottesdienst dar. – Es ist unmöglich, die Vielzahl der griechischen Feste auch nur aufzuzählen; denn jedem Gott oder Heros konnten von einem einzelnen, einer Gruppe, einer Stadt oder der Gesamtheit Griechenlands Feste gefeiert werden.

Panhellenische Feste. Besonderen Glanz und große Bedeutung für das ganze Volk hatten die panhellenischen Feste, vor allem die großen **Nationalspiele,** die als religiöse

Feiern des Volkes zu Ehren eines Gottes durchgeführt wurden (s. S. 46f.). Während der Dauer der Spiele (mit An- und Abreise) wurde ein heiliger **Gottesfriede** (ἐκεχειρία) geboten. Bei der feierlichen Eröffnung wurden den Göttern Opfer dargebracht und die Spieler auf die Regeln vereidigt. Die Spiele dauerten in der Regel mehrere Tage; am ersten Tag fanden die Opfer statt, am letzten Tag wurden die Preise verliehen, dazwischen lagen die Agone, die, gleichgültig ob sie körperlicher oder geistiger Art waren, zur Ehrung der Götter dienten.

Bei den Nationalspielen wie bei den Festen der einzelnen Städte gab es **gymnische Agone,** aus denen sich im Laufe der Zeit der klassische Fünfkampf entwickelte (s. S. 53), und **hippische** Agone, bei denen Pferde- und Wagenrennen stattfanden. Daneben erhielten die **musischen** (Dichtung, Tanz, Musik) und die **dramatischen** Agone (Tragödie, Komödie, Satyrspiele) immer größere Bedeutung.

Von den vier Nationalspielen hatten die **Olympien,** die jeweils nach Ablauf von vier Jahren in Olympia zu Ehren des Zeus gefeiert wurden, die größte Bedeutung. In jedem 3. Olympiadenjahr wurden in der Nähe von Delphi zu Ehren des pythischen Apollon unter Leitung der delphischen Priesterschaft die **Pythien** gefeiert. Die **Isthmien** wurden auf dem korinthischen Isthmos zu Ehren des Poseidon alle drei Jahre von den Korinthern veranstaltet, und die **Nemeen** im Tal Nemea (bei Phleius) in jedem 2. und 4. Olympiadenjahr zu Ehren des Zeus Nemeios.

Neben diesen panhellenischen Festen ragten noch eine Reihe anderer Feste durch ihren Glanz hervor. In Argos wurden die Heraia oder Hekatombaia zu Ehren der Hera begangen; **Theben** feierte die Herakleia, **Korinth** große Aphroditefeste und **Epidauros** seine Asklepieia. In **Delos,** an der Geburtsstätte des Apollon, fanden jährlich Apollonfeste statt, und in **Arkadien** blühten die Feste zu Ehren des Zeus Lykaios.

Panathenäen. Wie jede griechische Stadt bemühte sich Athen, die Feste seiner Götter so würdig wie möglich zu begehen. Zu Ehren der Athene wurden viele Feste gefeiert, aus denen die großen Panathenäen, die in jedem 3. Olympiadenjahr sechs Tage lang mit großem Glanz gefeiert wurden, herausragen. (Die kleinen Panathenäen dauerten zwei Tage, sie hatten nicht die gleiche Bedeutung.) Dieses Fest ist alt, Erechtheus soll es begründet, Theseus erneuert und umbenannt haben. Peisistratos (561–527) hat den genauen Ritus des Festes festgelegt. Es fand im Monat Hekatombaion statt (s. S. 142).

Der Höhepunkt des Festes war der drittletzte Tag des Hekatombaion, der als Geburtstag der Athene galt. Vor diesem Tag wurden bereits unter der Leitung von zehn durch das Los bestimmten Athlotheten Wettkämpfe aller Art durchgeführt wie bei den Nationalspielen; denn es sollte nichts fehlen, was die Götter erfreuen konnte. Dem Geburtstag der Göttin ging ein nächtlicher Fackelwettlauf vorauf. Am Festtag selbst zog frühmorgens eine Prozession (πομπή) zur Burg (s. S. 48). In diesem **Festzug** ging die ganze freie Bürgerschaft Athens mit, voran die Archonten, Strategen und Schatzmeister der Göttin, ferner Reiter und Wagenlenker, die Sieger aus den vorangegangenen Wettkämpfen und die Gesandtschaften der Kolonien und auswärtiger Städte. Metöken führten Weihegeschenke, Opfergeräte, Gefäße und Opferkuchen mit; Priester und Diener geleiteten die Opferhekatombe. Als wertvollste Gabe wurde ein kostbares Gewand (Peplos) für die Göttin mitgeführt, das Frauen und Mädchen aus den ersten Familien Athens ihr neu gewebt hatten. Nachdem dieses Gewand der Göttin überbracht worden war, wurde vor dem Altar der Athene Polias ein gewaltiges **Opfer** dargebracht. Daran schloß sich das **Mahl des Volkes** an. Die Kosten für die Speisung zahlte zum großen Teil der Staat aus dem Schatz der Athene.

Demeterfeste. Die ältesten griechischen Feste waren Feste der Jahreszeiten. Wie die archäologischen Funde in Eleusis beweisen, gab es dort den Demeterkult bereits in mykenischer Zeit. Homer berichtet von einem Dresch- und Tennenfest, den **Thalysien,** das zwar keinen Eingang in den offiziellen Kalender fand, aber privat lange gefeiert wurde.

Hier wie bei vielen Naturfesten spielt **Demeter** eine große Rolle. Meist wird sie zusammen mit ihrer Tochter **Persephone** verehrt, und gelegentlich ist **Dionysos** der dritte im Bunde. Es gab verschiedene **Erntedankfeste** zu Ehren der Demeter. Ein Fest, an dem nur Frauen teilnehmen durften, waren die **Thesmophorien.** Es ähnelt in seiner Art den Mysterienfeiern und wird begangen, um Segen für Saat und Kinderreichtum zu erflehen. In Laubhütten lagerten die Frauen auf dem Boden und bereiteten sich durch Fasten und geschlechtliche Enthaltsamkeit auf das Fest vor. Als Opfer wurden lebende Ferkel in einen Schlund geworfen, deren verweste Teile später oft unter die Aussaat gemischt wurden. An diesem Fest wurde am letzten Tag ausgelassener Scherz getrieben, und Spiele und Tänze mannigfacher Art wurden aufgeführt.

Ebenfalls zum Demeterkult gehören die **Eleusinischen Mysterien** (s. S. 50 f.). Weihen (τελεαί) und Handlungen (ὄργια) machen das Wesen der Mysterien aus, an denen nur Eingeweihte teilnehmen können. Der Inhalt der Offenbarungen ist ihrem Wesen entsprechend geheim; auch bildliche Darstellungen finden sich nicht. Es fanden vermutlich vor allem symbolische Handlungen vor den Augen der Mysten statt, die um den **Mythos von Demeter und Persephone** (Kore) kreisen.

Demeter hat Zeus eine Tochter Kore geboren. Diese wird von Hades entführt, der sie während des Winters als seine Gattin Persephone in der Unterwelt festhält. Auf der Suche nach ihrer Tochter kam Demeter nach Eleusis, wo die Töchter des Fürsten sie erschöpft und betrübt am Brunnen Kallichoros sitzend antrafen und zu ihrem Vater führten. Zum Dank für die freundliche Aufnahme im Fürstenhaus lehrte sie Triptolemos, den Sohn des Königs, die Kunst des Ackerbaus, die dieser an alle Menschen weitergab.

Im 5. Jh. werden diese Feiern, die zunächst rein lokale Bedeutung hatten, über Athen hinaus zu einem Fest für ganz Griechenland. Sie sind geboren aus der Hoffnung der Menschen auf ein besseres Jenseits und erfüllt vom Glauben an **Unsterblichkeit** und **Erlösung.** Diesen Glauben förderte weder die homerische Religion noch der Staatskult. Nur so ist es zu erklären, daß die Mysterien auch noch in römischer Zeit Anziehungskraft besaßen. Wir wissen, daß sich sogar mancher Kaiser in sie einweihen ließ, so z. B. Marc Aurel. Kaiser Theodosius II. hat den Kult im 5. Jh. verboten. Wenn auch seine Wirkung nicht überschätzt werden darf – der Kreis der Mysten ist nie sonderlich groß gewesen –, so gab es in Eleusis doch einige wichtige **Neuerungen** im Glauben der Griechen: hier wurde der Begriff der sittlichen Reinheit, den Griechen bis dahin unbekannt, entwickelt; ferner ein Haus für den Gottesdienst geschaffen, das, im Gegensatz zum Tempel, die Gemeinde der Gläubigen aufnahm, schließlich wurden hier heilige Handlungen vollzogen, von denen man glaubte, daß sie auf das Schicksal des Menschen nach dem Tode einwirkten.

NEUE GLAUBENSLEHREN

Dionysos. Weil die griechische Religion, die stark an die Polis gebunden war, vor allem die unpersönlich-kollektive Frömmigkeit förderte, schuf sich das religiöse Bedürfnis der Menschen **neue Gemeinschaften und Formen.** Diese Entwicklung ist nicht nur im Demeterkult zu beobachten. Ihren sichtbarsten Ausdruck fand sie in der Verehrung des Gottes Dionysos, auch Bakchos genannt. Er wurde als Spender der Fruchtbarkeit, aber auch als Gott des Weinbaus verehrt. Im Dezember wurden jährlich mit ausgelassenem Treiben und Possenspiel die ländlichen oder kleinen Dionysien gefeiert. Wichtiger aber waren die großen **Dionysien,** die im April gefeiert wurden und das nach den Panathenäen glänzendste Fest in Athen waren. Bei diesem Fest wurden anfangs Dithyramben aufgeführt, aus denen sich die Tragödie entwickelte (s. S. 72 f.). So entstand der Brauch, an diesem Fest Tragödien und Komödien zu spielen. Auch bei den Lenäen (zu ληνός = die Kelter?), einem anderen Dionysosfest, wurden neben den sonstigen Feierlichkeiten Schauspiele aufgeführt.

Die Entzifferung von Tontafeln, die in Pylos gefunden wurden (s. S. 57), hat ergeben, daß auch Dionysos den Griechen im 13. Jh. bereits bekannt war. In den homerischen Epen spielt er keine Rolle, vermutlich, weil sein Kult sich in die Religion der Herren und Krieger nicht gut einfügte. Erst im 8. Jh., nach dem Untergang der alten Adelswelt, erhielt die Verehrung des Dionysos aus dem thrakischen Raume neuen Auftrieb. Sein ekstatischer Kult erfaßte zunächst insbesondere die **Frauen** und die Schichten des Volkes, die an der formalen Erfüllung bestimmter kultischer Pflichten kein Genüge mehr fanden. Dem Bedürfnis, sich einem Gotte gläubig empfindend hinzugeben, kam der dionysische Glaube entgegen (s. Taf. VI).

Zu nächtlicher Stunde zogen die Frauen als **Mänaden** oder **Bakchen** hinaus in die Dunkelheit der Wälder, um ihrem Gott zu begegnen. Sie waren zumeist in Masken gekleidet, berauschten sich am Wein, tanzten und sangen und gerieten in wilde Raserei und Ekstase. Schließlich ergriffen sie ein Tier, das als Inkarnation des Gottes angesehen wurde, zerrissen es in Stücke und aßen das rohe Fleisch.

Es hat lange gedauert, bis sich der dionysische Kult in ganz Griechenland durchsetzen konnte, zumal da sich die Männer dem ekstatischen Treiben anfangs stark widersetzten. Bei dem Eingliederungsprozeß läuterte sich der Kult so sehr, daß schließlich aus ihm eine der schönsten Früchte griechischen Geistes geboren wurde, die Tragödie.

Orphik. Aus der unerfüllten Glaubenssehnsucht der Menschen entsprang noch eine andere Form der religiösen Äußerung, die nach dem sagenhaften thrakischen Sänger **Orpheus** benannt wurde (s. S. 96). Statt der ausgelassenen, emotionellen dionysischen Religion finden wir hier strenge Vorschriften einer asketischen Lebensweise und Geheimlehren von der Notwendigkeit innerer Reinigung, wir hören von einem Gericht im **Jenseits,** von harten Strafen und von der **Seelenwanderung** zur Läuterung von aller Schuld. Die Seele des Menschen gilt wegen ihrer göttlichen Herkunft als göttlich; der Körper dagegen wird als Gefängnis der Seele betrachtet.

Die Orphik gewann im 7. und 6. Jh. schnell an Einfluß, insbesondere auf die Philosophie (s. S. 100). Das wichtigste Merkmal dieser Heilslehre, die besonders stark auf **Pythagoras** und **Empedokles** wirkte und letzteren zu einem religiösen Eiferer gemacht hat, ist, daß der einzelne voll verantwortlich gemacht wird für sein gesamtes Tun. Die Orphik ist immer einem kleinen Kreis vorbehalten geblieben und hat den Charakter einer Sekte nicht verloren. Mit anderen geistigen Strömungen verbunden ist sie lange in Griechenland wirksam gewesen.

Apollinischer Glaube. Neben den ekstatischen und mystischen Strömungen bleibt in einer bestimmten Weise die alte Form der Frömmigkeit bestehen, die sich auf das festgelegte Gesetz beruft **(Legalismus).** Der Mensch ist bestrebt, Frieden mit den Göttern zu halten und als Dank dafür ruhige Geborgenheit zu finden. Er will den Göttern geben, was ihnen zukommt. Die Gerechtigkeit ist die Grundlage dieser Haltung; wer sich vergeht, muß Strafe erleiden. Mit der Schuld, in die sich der Mensch verstrickt, kommt der Gedanke nach **Reinigung** auf, die zunächst nur rituell und erst später moralisch verstanden wird. Dieser Glaube ist fest mit dem Namen des **Apollon von Delphi** verbunden.

Apoll wurde zunächst als Gott des Ackerbaus und der Hirten, ferner als Sühne- und Heilgott (sein Sohn war Asklepios) verehrt, der als Φοῖβος (der Reinigende) dem Menschen gegen die dunklen Mächte der Erde zu Hilfe kommt. Später wurde er auch als Gott der Künste gefeiert. Seine für die Griechen größte Bedeutung erlangte er jedoch als Orakelgott. Als solcher wurde er seit dem 8. Jh. an mehreren Stätten, insbesondere in Delphi verehrt (s. S. 54). Er stellt strenge Forderungen auf, vor allem das Gebot der Reinheit, d. h. die Enthaltung von oder die Beseitigung der Befleckung durch vergossenes Blut. Befleckt wird nicht nur der einzelne, sondern ebenso dessen Geschlecht wie die ganze Polis. Gerade deshalb war man auf die Befolgung der Gebote bzw. auf Entsühnung sehr bedacht. So wirkte sich dieser Glaube, der nicht mit dem Fortleben der Seele nach dem Tode rechnet, auf Gesetz und Ordnung im Leben der Polis aus. Apollinischer Glaube und Recht gehörten zusammen. Dieser Überzeugung gaben viele Dichter Ausdruck.

Asklepios. In der Zeit, in der die Aufklärer die schärfsten Angriffe gegen die olympischen Götter richteten, begann sich der Kult des Asklepios auch in Athen durchzusetzen. **Sophokles** hat i. J. 420 die heilige Schlange, in der man diesen Gott verehrte (vgl. Äskulapstab; Asklepios = lat. Aesculapius), in sein Haus aufgenommen, hat dem Gott das Kultlied gedichtet und Altäre errichtet. Asklepios kam aus **Epidauros** nach Athen. Dort hatte er (mit seiner Tochter Hygieia) seit dem Ende des 6. Jh. eine große Kultstätte. Erst in Epidauros war er, in alter Zeit als Heilheros lediglich in einem engbegrenzten Kult in Thessalien verehrt, der **Heilgott** der Griechen geworden. Von hier aus verbreitete sich sein Kult fast über die ganze Mittelmeerwelt (s. S. 37, 51).

VI. DIE LEHRE DER DICHTER UND DER PHILOSOPHEN

Ausbreitung der „homerischen Religion". Der homerische Glaube, d. h. die von Homer und Hesiod geprägte Vorstellung vom Wesen und Wirken der Götter, breitete sich rasch aus und wurde bald zum allgemein griechischen. Denn die Bücher Homers galten den meisten Griechen bis in die Zeit der Aufklärung hinein etwa so viel wie den gläubigen Christen die Bibel. Zur Zeit der Perserkriege hatte sich diese Religion bereits weitgehend durchgesetzt; die offizielle Staatsreligion war unverkennbar durch die homerische Göttervorstellung bestimmt. Staat und Religion waren zu dieser Zeit enger verbunden denn je; das zeigte sich besonders darin, daß sich die Polis in bisher unbekanntem Ausmaß der Sakralbauten (Akropolis, Zeustempel in Olympia, Theater im heiligen Bezirk des Dionysos usw.) annahm und religiöse Feste in verschwenderischer Pracht gestaltete. Ein neuer Patriotismus entwickelte sich, der seinen vornehmsten Ausdruck in der Religion fand (**Patriotische Religion**). Athen wurde jetzt immer mehr zum geistigen Mittelpunkt, und die Göttin Athene war der sichtbare Ausdruck der Vorrangstellung Athens in Griechenland.

Gläubige Dichter. Die alten Spruchsammlungen der **Sieben Weisen** hatten den Menschen nahegelegt, sich zu beschränken (μηδὲν ἄγαν) und Maß zu halten (μέτρον ἄριστον). Das Leben wurde objektiv betrachtet und das Leid als unentrinnbar hingenommen. **Archilochos** lehrte, Dulden (τλημοσύνη) sei das beste Heilmittel gegen alles Leid, und Solon verkündete, daß alles Leid von Zeus komme, der es schicke als gerechte Strafe für jeglichen Frevel; wenn es nicht den Täter selbst treffe, so komme es über seine Nachkommen. **Theognis** forderte bereits, daß Zeus nur den schuldigen Täter strafe und nicht die unschuldigen Nachkommen. Der Glaube an die Gerechtigkeit und Allmacht des einen und höchsten Gottes ist von den Dichtern immer wieder betont worden, besonders von **Aischylos**, der in seinen Tragödien Zeus als Herrn und Lenker der Welt preist. Nur der Mensch, der sich in Hybris gegen Zeus, der für alle Menschen gültige Sittengesetze aufgestellt hat, auflehnt, geht zugrunde (z. B. Xerxes). Aischylos war der heiligen Überzeugung, daß die Schuld sich ihre Strafe selbst erzeugt und der Frevler zugrunde gehen muß. Sein Zeitgenosse **Pindar** forderte in seinen Gesängen Unterwerfung unter den Willen der Götter und strenge Einordnung in die gesetzliche Ordnung der Gesellschaft. Gläubig und vertrauend erkennt er die Götter des Mythos an und preist sie in ihrer Mannigfaltigkeit. Der fromme **Sophokles** war unbeirrbar im Glauben an die Götter, die er darstellt, und an die Wahrheit der delphischen Sprüche. Die Allmacht des Zeus verherrlichte er. Er nimmt das Leid der Menschen, das die Götter schicken, hin. Ihm verwandt war sein Freund **Herodot,** der trotz erster Anzeichen von Rationalismus in seinem Werk dem delphischen Orakel und den Erklärungen der Priester Glauben schenkte und davon überzeugt war, daß der Ausgang der Perserkriege dem Willen der Götter entsprach.

Natürliche Theologie und Aufklärung. Schon mit **Heraklit** setzt eine scharfe Kritik an den alten Göttern ein. Er wandte sich ferner gegen die Äußerlichkeiten des Kultus und bemängelte die Reinigungsgebote; doch hatte er kaum Einfluß, weil der Glaube an die alten Götter noch ungebrochen war. Das wurde jedoch mit der Zeit anders, da die Aussagen der **Vorsokratiker** zugleich eine natürliche Theologie enthielten, die zu einem **völlig neuen Gottesbegriff** führten (s. S. 96). **Xenophanes** z. B. tadelte, daß Homer und Hesiod den Göttern alle Schändlichkeiten zugeschrieben hätten (s. S. 101 f.). **Euripides** geißelte in seinen Tragödien den Mangel an Moral, den er an den alten Göttern feststellte, und lehrte, wenn die Götter etwas Schändliches tun, seien sie keine Götter. Er zeigte unter dem Einfluß der Sophistik eine Welt ohne die früher entscheidenden Begriffe αἰδώς und νέμεσις. In dem Geschichtswerk des **Thukydides** blieb für die Götter kein Raum mehr. Die **Sophisten** stellten die Frage, ob die Götter φύσει oder νόμῳ existierten, und fanden die Antwort, daß sie eine menschliche Erfindung seien (s. S. 105). Damit trat der offene Bruch zwischen altem Glauben und philosophisch-kritischem oder aufklärerischem Denken hervor.

So kam es zu berüchtigten **Asebieprozessen** (z. B. gegen Anaxagoras), in denen der Staat mit seinen Machtmitteln versuchte, den Staatskult aufrechtzuerhalten.

Philosophie und Religion. Durch die radikale Kritik vieler Vorsokratiker und der Sophisten schwand der Glaube an die anthropomorphen Götter weithin. An die Stelle der Religion trat als Lebenshilfe die Philosophie allerdings nur teilweise, weil sie nur einem kleinen Teil des Volkes genügte, die Menge aber wenig berührte. **Sokrates** griff die alten Götter nicht an, er erfüllte die kultischen Pflichten ihnen gegenüber, suchte aber einen neuen Zugang zu den Göttern. **Platon** fand in der Idee des Guten die Verkörperung des Göttlichen, als deren sichtbaren Ausdruck er die Sonne als Erweckerin und Erhalterin des Lebens pries. **Epikur** glaubte zwar an die Existenz der Götter, lehrte aber, daß sie, ihre eigene Glückseligkeit genießend, fern der Welt leben, ohne Einfluß auf sie und die Menschen zu nehmen. Die **Stoiker** glaubten an die Immanenz der göttlichen Vernunft in der Welt (Pantheismus) und forderten von ihren Anhängern, daß sie sich willig diesem göttlichen Prinzip unterordneten und in Übereinstimmung mit ihm lebten.

VII. AUSKLANG

Religiöser Niedergang. Der Glaube, der noch im 5. Jh. die Gebildeten und das einfache Volk verband, schwand in der Folgezeit dahin. Während die Gebildeten in der Philosophie Ersatz für den alten Glauben fanden, gaben sich die einfachen Menschen, soweit sie nicht an den **heimischen Kulten** festhielten, was besonders bei der Landbevölkerung der Fall war, dem **Aberglauben** in allen nur möglichen Formen hin. Von Staatswegen wurden die Kulte zwar mühsam aufrechterhalten, doch mit dem **Untergang der Polis** (s. S. 27) schwand auch der Glaube an die alten Götter, der einst die Grundlage jeder Polis war.

Herrscherkult. Alexander der Große forderte von seinen Untergebenen in Ost und West die **Anerkennung als Gott** und kultische Verehrung. Er wollte ein neuer Dionysos sein. Da die Macht selbst als Erscheinungsform des Göttlichen betrachtet wurde, fiel es den Griechen, die von alters her oftmals bedeutende Menschen als Heroen gefeiert hatten, nicht schwer, diesem Wunsche nachzukommen. Die Nachfolger Alexanders übernahmen den Kult, und bis zum Ausgang der römischen Kaiserzeit ist der Herrscherkult der einzige überall in der damaligen Welt lebendige Kult geblieben.

Tycheglaube. Seit dem Ende des 4. Jh., in einer Zeit großer Unsicherheit, gewann der Glaube an die Macht der Tyche weite Verbreitung. Tyche, die nichts anderes ist als der **Zufall** und die Negierung göttlichen Waltens, wird nun als Person aufgefaßt; als Schutzpatronin vieler Städte (z. B. von Antiochia) wird sie verehrt und bekommt Tempel und eigenen Kult.

Letzter orientalischer Einfluß. Im Zeitalter des **Hellenismus** drangen immer mehr Götter des Orients in Griechenland ein. Die Griechen brachten zwar überall, wohin sie kamen, ihre Götter mit, aber sie huldigten auch dem Grundsatz, die Götter der fremden Länder zu verehren. So kam es zu einer **Theokrasie,** d. h. zu einer Vermischung der Götter verschiedener Völker. Sie fand darin ihre Stütze, daß die Griechen zu dieser Zeit glaubten, man könne den Namen eines Gottes wie ein anderes Wort einfach übersetzen. Vor allem empfing die ägyptische Göttin **Isis** in Griechenland weite Verehrung; sie wurde mit Athene und Aphrodite, Artemis und Persephone, Demeter und Hera, Hekate und der phrygischen Göttermutter identifiziert. Andererseits bekamen weder Sarapis noch Mithras und die Magna Mater im griechischen Raum die Bedeutung, die sie in Rom in der Folgezeit hatten (s. „Res Romanae“ S. 65 ff.). Entscheidend für die Religion wurde, daß sich durch den orientalischen Einfluß und die Ergebnisse der Wissenschaft ein **neues universelles Weltbild** entwickelte, in dem die **Astrologie** eine große Rolle spielte.

Viele **Philosophen** forderten unter dem Einfluß Platons ein oberstes Prinzip, und vor allem **Plotin** versuchte noch einmal, das Höchste in der Idee des ἕν aufzuzeigen. Unberührt von derartigen Versuchen, die nur auf einen kleinen Kreis von Gebildeten Einfluß hatten, suchte das **Volk** immer mehr durch Mysterien und Zauberei, Mantik und Magie den Göttern wieder näher zu kommen. Ein Versuch, der im 2. Jh. n. Chr. noch einmal unternommen wurde, durch Renaissance der alten Götter die Kulte neu zu beleben, mußte scheitern, da die Poleis als die Gemeinschaften, an die der Kult gebunden war, nicht mehr bestanden. Der individuellen Frömmigkeit, die nach wie vor vorhanden war, fehlte deshalb die einheitliche Form, in der sie sich entwickeln konnte, und keine der vielen **Mysterienreligionen** vermochte sie zu geben.

Das Christentum. Erst das Christentum, von vielen zunächst als eine Mysterienreligion unter anderen betrachtet (s. „Res Romanae“ S. 66 f.), erwies sich als die Religion, die das Sehnen vieler Menschen nach persönlicher Geborgenheit im Glauben und in der Gemeinschaft der Gläubigen stillen konnte. Es fand in Griechenland in mancher Hinsicht den Boden bereitet. Denn **griechischer Glaube** war, auch im Wandel von der frühen Religion bis zur Lehre der Philosophen von der einen Idee des Guten, immer die Lehre von einer Macht, die über dem Leben des Menschen steht. Die Frage nach dem Wirken und dem Eingreifen Gottes in das Leben des Menschen, nach Schuld und Leid, Vergeltung und Sühne, Sterben und Unsterblichkeit, Belohnung und Strafe der Seele im Jenseits beschäftigte die Griechen Jahrhunderte hindurch. Ihre Religion war „in ihren besten Augenblicken Ausdruck eines ehrlichen Suchens und einer tiefen Sehnsucht nach dem Höchsten“ (Nilsson). Sie zeugte von einer natürlichen Gottesverehrung, die die frühen Christen mit Recht als die Grundlage allen religiösen Tuns und damit auch der Offenbarung des Christentums betrachten durften.

DIE KULTSTÄTTEN

1. URSPRUNG UND FRÜHFORMEN

Unter dem Begriff **Kultstätten** verstehen wir alle Orte, an denen man in besonderer Weise eine oder auch mehrere Gottheiten verehrte. Auch dann, wenn solche Plätze nicht mit festen Bauten oder Tempeln ausgestattet waren, galten sie doch als heilige Stätten, der Gottheit geweiht, die hier Opfer und Verehrung empfing. Oft waren sie durch ihre natürliche Lage ausgezeichnet: die Kuppe eines Berges, die über dem Meer emporragende Steilküste eines Vorgebirges, eine nie versiegende Quelle an steiniger Bergflanke, eine drohende Schlucht im Gebirge ebenso wie Hügel oder Felsstöcke, die sich gleich „Thronen der Götter" über eine Ebene erhoben.

Außer solchen Stellen gab es viele andere, die ohne geographische Besonderheiten von alters her eine deutlich überlieferte Beziehung zum Kult einer bestimmten Gottheit aufwiesen. An deren Wirken erinnerten oft sog. **Kultmale,** wie z. B. ein bestimmter, dem Zeus heiliger Ölbaum in Olympia oder der mit dem Dreizack Poseidons in Verbindung gebrachte Felsspalt am Erechtheion auf der Akropolis oder der Omphalos in Delphi.

Erst spät stellt man an diesen Stätten Götterbilder auf und erbaut einen oder mehrere Tempel. Wesentlich für eine Kultstätte ist der **Altar,** auf dem man opfert, und eine für alle erkennbare einfache oder auch dauerhafte Abgrenzung, z. B. eine Mauer, die diese Stätte der Gottheit aus der übrigen Landschaft „herausschneidet", sie zu einem **Temenos** macht.

Diese **einfachste Form** zeigen häufig die Heiligtümer von Naturgottheiten: Nymphen verehrt man an bestimmten Quellen oder Gewässern, Pan in Höhlen und Grotten, z. B. am Nordhang der Akropolis (s. S. 31).

Ähnlich bescheiden sind die Stätten, an denen Heroen, also Halbgötter, eine lokal begrenzte Verehrung genießen, so z. B. Herakles oder Pelops.

Aber auch bedeutende Götter können solche, meist aus der Frühzeit ihrer Verehrung herrührenden, schlichten Kultstätten besitzen. So ist z. B. in **Dodona** eine dem **Zeus** heilige Eiche das Zentrum und der einzige Gegenstand für den Kult des Gottes (s. S. 36). Man darf für andere berühmte Heiligtümer ähnliche Frühformen annehmen. Sie zeigen uns, wie der Grieche in seiner lebhaften Vorstellungskraft Erscheinungen und Mächte der Natur zu konkreten Gestalten werden läßt und so an entsprechenden Plätzen göttliche oder halbgöttliche Wesen ansiedelt.

An solchen Stellen entstanden oft bedeutende **Heiligtümer:** das konnte seinen Grund haben in dem Ansehen der Gottheit selbst und ihres Kultes oder auch mit dem geschichtlich-kulturellen Einfluß der betreffenden Stadt oder Landschaft zusammenhängen. Auch der betonte Eigencharakter der griechischen Stämme erklärt es, daß an den meisten Kultstätten die Gottheit einer bestimmten Landschaft oder Stadt verehrt wurde. Von manchen kennen wir nur spärliche Reste, andere sind in wesentlichen Teilen erhalten oder wieder ausgegraben, so daß wir noch heute eine gute Vorstellung von ihrem früheren Zustand gewinnen können.

II. GEMEINSAME MERKMALE

Kultbild, Tempel und Weihegaben. Meist bedeutet es den ersten Schritt über die urtümlichen Formen hinaus, daß ein Bild des Gottes aufgestellt wurde. Der in diesem **Kultbild** gegenwärtig gedachte Gott bedurfte einer Behausung, die man ihm in der Form des **Tempels** erbaute. Dagegen blieben der Altar und die zum Opfer versammelten Menschen im Freien. An den Haupttempel konnten sich andere anschließen, die in irgendeiner Beziehung zu dem wichtigsten Kult des Heiligtums standen. Während man kleinere **Weihegeschenke** aus gebranntem Ton oder aus Bronze am Altare selbst niederlegte oder im Tempel aufstellte (Anathemata), fanden größere Bildwerke draußen im Freien ihren Platz. Da standen auf schlichten Postamenten oder auf größeren Basen mit Inschriften und Reliefschmuck, oft sogar auf hohen Säulen die Quadrigen und Dreifüße, Einzelstandbilder und Figurengruppen als Dankesgaben für errungene Siege, als Huldigung hoher Fürsten und immer wieder als Weihegaben für einen Sieg im sportlichen Wettkampf.

Schatzhäuser. Für besonders wertvolle Weihegeschenke, die man anfangs auch im sog. Opisthodom, dem Raum hinter der Cella des Tempels, aufbewahren konnte, errichteten reiche Städte oder Inseln an den besuchten Kultstätten ihre eigenen Schatzhäuser (Thesauroi). Sie waren dem Zweck entsprechend in bescheidener Größe und meist in der Form des Antentempels erbaut (s. S. 125). Der durch das vorspringende Dach geschützte Eingang wurde durch kunstvolle Metallgitter geschlossen, so daß man die im Innern aufgestellten Weihegaben betrachten konnte. Diese und oft auch der kostbare Schmuck der Schatzhäuser selbst (s. S. 54 f.) zeugten vom Reichtum ihrer Spender.

Profane Bauten. Für die Priesterschaft und die Beamten größerer Kultstätten erbaute man **Amtsgebäude** (Buleuteria). Sie dienten den vielfältigen Aufgaben der Aufsicht über die Heiligtümer, der Verwaltung des Vermögens oder der Vorbereitung und Leitung der Festspiele. Als nicht zum eigentlichen Kult gehörige Gebäude lagen sie außerhalb des Temenos. Hier standen oft auch Gästehäuser, Badeanlagen, überdachte Wandelhallen und ähnliche Zweckbauten, wie sie an einem Platze erforderlich waren, wo oft sehr viele Menschen von weither zusammenkamen.

Sportliche Agone gehörten unmittelbar zum Kult (s. S. 38 f.). Deshalb lagen deren Austragungsstätten auch möglichst innerhalb des Heiligtums. Für den Hippodrom war das natürlich wegen des erforderlichen Raumes nicht möglich. Immer lagen außerhalb des Temenos das Gymnasion und die Palaistra, die sportlichen Trainingsstätten (s. S. 52 f.).

Anordnung der Bauten. Alle diese Gebäude, Weihegaben, Denkmäler und Schatzhäuser gruppieren sich locker um den Kern des Heiligtums, den Altar bzw. den Haupttempel. Es gibt keinen architektonischen Gesamtplan wie etwa in Rom bei den Kaiserfora (s. „Res Romanae" S. 143 f.). Andererseits waren die Bauten nicht wahllos angelegt, der Kult bestimmte ihre Anordnung: innerhalb des Heiligtums mußten vor allem der Platz um den Altar und der Prozessionsweg frei bleiben. Dieser war meist von Schatzhäusern und Statuen flankiert; auf den Terrassen in der Umgebung des Haupttempels standen die Bronze- und Marmorbildwerke dicht gedrängt.

Die Feste. In den ausgedehnten Anlagen dieser Heiligtümer herrschte zu den Festzeiten ein reges Leben. Man kann dieses jedoch ebensowenig etwa mit dem Betrieb an heutigen Wallfahrtsorten vergleichen wie die Feiern von Olympia – was ja naheläge – mit den modernen Olympiaden. Gegenüber den leidenschaftlichen Auseinandersetzungen in der Ekklesia oder den lauten Geschäften und dem politischen Getriebe der Agora wird an den bedeutenden Kultstätten eine andere Seite griechischen Wesens sichtbar: in der religiösen Feier, in den Werken der bildenden Kunst und der Dichtung sowie im sportlichen Agon offenbarte sich eine Fülle griechischen Lebens, das hier aber ganz unter dem Gesetze des Gottes stand und so gleichsam auf eine höhere Ebene gehoben war. Wie stark die religiöse Mitte dieser Stätten und ihrer Feste war, zeigt sich in der Geschichte einzelner Heiligtümer, die ihren Kult noch in einer Zeit bewahrten und ausübten, die schon deutliche Zeichen des geschichtlichen und kulturellen Niederganges trug (s. S. 38 f.).

III. DIE BEDEUTENDSTEN KULTSTÄTTEN

DIE AKROPOLIS VON ATHEN

Die Stadtburg der Frühzeit. Als einzelner Felsklotz mit steilen Flanken und ziemlich flachem Rücken ragt der Burgberg von Athen aus der küstennahen Ebene empor (Taf. II). Diese ausgezeichnete Lage läßt hier eine uralte Besiedlung vermuten. So finden wir auf der Höhe des Felsens Reste eines mächtigen Königspalastes und am Westhang Teile einer Stützmauer aus mykenischer Zeit. Mit der Wohnung des Königs auf der Stadtburg hängt wohl der Kult des **Erechtheus,** des sagenhaften Schutzherrn von Athen, zusammen. Ihn löste später als Schirmherrin von Burg und Stadt **Athene** ab, der man zu Beginn des 6. Jh. einen hundert Fuß langen Tempel (Hekatompedon) errichtete. Er stand vermutlich an der Stelle des ursprünglichen Herrenhauses (Megaron), das später vielleicht ein Tempel des Erechtheus und dann der Athene war.

Außerdem gab es weitere kleinere Heiligtümer, z. B. das der Artemis von Brauron, dem Landstädtchen an der attischen Ostküste. Als früherer Platz des Königspalastes blieb die Akropolis jedoch befestigte Stadtburg bis zu ihrer **Zerstörung** durch die Perser i. J. 480. Erst der folgende **Neuaufbau** machte aus ihr die Kultstätte der Stadtgöttin Athene. Durch mächtige Stützmauern im Süden wurde das Plateau des Felsens erweitert und so Platz geschaffen für den weiteren Ausbau, der zugleich den Glanz und Reichtum Athens offenbaren sollte (s. Taf. II–III).

Die Bauten der klassischen Zeit. Die von Mnesikles in den Jahren 437–432 erbauten **Propyläen** schmücken den einzigen Zugang am flacheren Westhang des Burgfelsens. Aus fünf Durchgängen, der mittlere breit genug für Wagen und Opfertiere, besteht das eigentliche Tor, dem nach Osten und Westen eine dorische Säulenhalle vorgelagert ist. Den mittleren Durchgang der vorderen, westlichen Halle flankieren sechs ionische Säulen. Von den symmetrisch geplanten Flügelgebäuden wurde das südliche kleiner ausgeführt mit Rücksicht auf die dort noch vorhandene vorgeschichtliche Burgmauer und einen alten Altar der Athene Nike. Hier, auf der hohen, nach Westen vorspringenden Bastion erbaute man für die Siegesgöttin den zierlichen, i. J. 421 begonnenen **Nike-Tempel.** Eine Balustrade mit herrlichen Reliefs sicherte die kleine Terrasse zum Burgaufgang hin (s. S. 136). Zwischen Propyläen und Erechtheion stand auf hohem Postament das riesige Bronzestandbild der **Athene Promachos,** deren Lanzenspitze die Seefahrer schon weit vom Meere aus gesehen haben sollen.

Das Erechtheion sollte einen Altar des Königs Erechtheus und andere ehrwürdige Stätten überbauen und zusammenfassen; es wurde jedoch im westlichen Teil nicht vollständig ausgeführt. Der östliche Flügel mit ionischer Vorhalle wurde für das altehrwürdige Kultbild der Athene Polias aus dem Hekatompedon errichtet. Dahinter lag eine Cella des Erechtheus und das Grab des sagenhaften athenischen Königs Kekrops, zugänglich durch die vorgebaute zierliche Korenhalle (Taf. X). Die Nordhalle läßt in ihrem Boden den der Sage nach vom Dreizack Poseidons verursachten Felsenspalt frei und zeigt genau darüber eine entsprechende Öffnung im Dache. Ein heiliger Ölbaum der Athene stand vor der Westwand des Erechtheions.

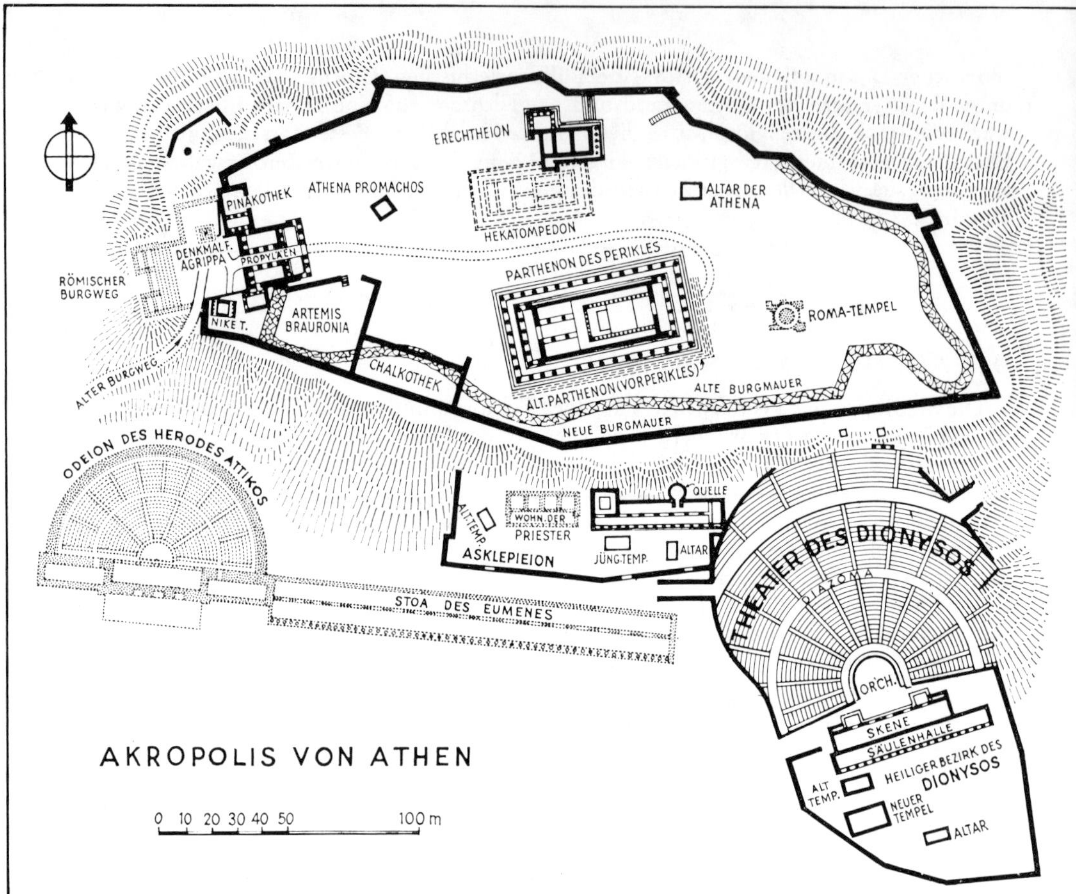

Auf der Kuppe des Burgfelsens, wo man schon bald nach 480 die Fundamente für einen Athenetempel errichtet hatte, erhebt sich weithin sichtbar der Haupttempel der jungfräulichen Göttin, der **Parthenon.** Er wurde in fast zehn Jahren, von 447–438, durch Iktinos und Kallikrates erbaut und trägt reichen plastischen Schmuck aus der Hand oder der Werkstatt des Pheidias (s. S. 128, 136). Dieser schuf auch das berühmte Gold-Elfenbein-Standbild der Athene Parthenos. Es stand in der von Osten zugänglichen Cella, umgeben von einer inneren Säulenstellung (s. Grundriß). Im westlich anschließenden Raume wurden die athenische Staatskasse und kultische Geräte aufbewahrt. Die beiden Vorhallen (Pronaos und Opisthodomos) waren durch Bronzegitter zwischen den Säulen abgeschlossen und nahmen Weihegeschenke auf.

In einem großartigen Friese, der in ca. 160 m Länge oben um die Cellawände lief, war die Prozession der Athener am Hauptfeste ihrer Stadtgöttin, den **Panathenäen,** dargestellt (s. S. 39, 135). Sie zog vom Pompeion, einem Gebäude für die Geräte des Festzuges (πομπή) neben dem Dipylon, auf der Staatsstraße über die Agora zur Akropolis hinan, durch die Propyläen und am Parthenon entlang zum Eingang an der Ostseite des Tempels.

Das weitere Schicksal der Akropolis. Die **Römerzeit** änderte kaum etwas an dem Perikleischen Ausbau der Burg. Parthenon und Erechtheion, schon frühzeitig als christliche Kirchen eingerichtet, blieben lange unversehrt. Mit der **Frankenherrschaft** im 13. Jh. wurde die **Akropolis** von neuem befestigt. Die **Türken** legten nach ihrer Eroberung von Athen im Parthenon ein

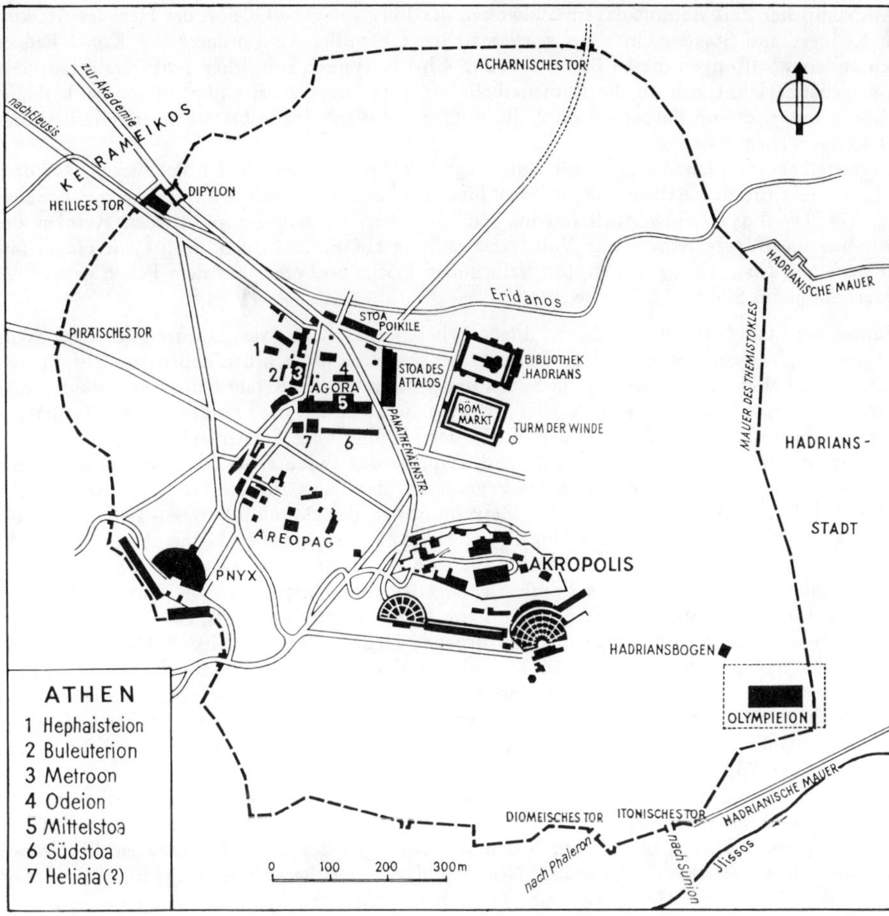

Pulvermagazin an, das i. J. 1687 bei der Belagerung der Stadt durch die Venezianer explodierte und den Tempel schwer beschädigte. Auch sonst erlitten die klassischen Bauten zahlreiche Zerstörungen. Nach den griechischen Befreiungskriegen fand der deutsche Archäologe Ludwig Roß neben Türmen und Befestigungsbauten eine Moschee in den Ruinen des Parthenons vor. Der Niketempel war in eine türkische Bastion verbaut, aus der man ihn wieder herauslöste und neu errichtete. Seitdem hat man die mittelalterlichen Um- und Anbauten entfernt, so daß wir heute – wenn auch mit starken Zerstörungen – in etwa den baulichen Zustand der Perikles-Zeit vor uns haben.

Die Umgebung der Akropolis. Am Südosthang der Burg liegt das **Dionysos-Theater.** Die heute sichtbaren Reste stammen aus dem 4. Jh. Südlich von der Skene befand sich der heilige Bezirk des Dionysos Eleuthereus und sein Tempel. In dessen Nähe lag die ursprünglich kreisrunde Orchestra mit dem Altar des Gottes. Diese Stätte mit den schlichten Sitzreihen des Theaters – anfangs saß man am natürlichen Hang oberhalb der Orchestra oder auf Holztribünen – erlebte den Ursprung der attischen Tragödie und damit die Geburtsstunde des europäischen Dramas (s. S. 73).

Westlich vom Dionysos-Theater entstand im 5. Jh. ein **Asklepios-Heiligtum** mit Altar, kleinen Tempeln und Priesterwohnungen. Eine Quellgrotte öffnete sich unmittelbar im Steilhang der Akropolis.

Aus **römischer Zeit** stammt das im Südwesten der Burg gelegene **Odeion des Herodes Attikos**, eines Redners und Staatsmannes aus reicher attischer Familie. Als Förderer der Kunst ließ er neben anderen Stiftungen diesen Bau um 160 n. Chr. in typisch römischer Form errichten. Sein Bühnengebäude lehnt sich an die **Eumeneshalle** an, eine lange, nach Süden offene Säulenhalle, die König Eumenes von Pergamon im 2. Jh. v. Chr. als Wandelhalle besonders für die Besucher des Dionysos-Theaters erbaut hatte.

Unmittelbar vor dem Aufgang zur Burg liegt der **Areopag**, ein kahler Felsrücken, auf dem das älteste Gericht der Athener tagte. Hier hielt Paulus seine berühmte Rede an die Athener (Apg. 17). Die **Pnyx**, südwestlich davon, war der Ort, wo seit der politischen Reform des Kleisthenes die Bürger Athens zur Volksversammlung zusammenkamen. Sie ist ein Hügel mit einer nach Norden leicht geneigten, fast halbrunden Fläche und einer aus dem Felsen gehauenen Rednertribüne im Süden.

Bauten der Stadtmitte. Nördlich von diesen Erhebungen breitete sich inmitten der alten Stadt die **Agora** aus, Verkaufsmarkt und als Zentrum des gesamten öffentlichen Lebens zugleich Staatsmarkt. Säulenhallen umschlossen sie im Süden und Osten, wo die **Attaloshalle** heute wieder aufgebaut ist, und wohl auch im Norden. Hier trennten die berühmte **Stoa Poikile** mit den Gemälden von Polygnot und weitere Gebäude den Markt der Händler vom Staatsmarkt. An dessen Westseite lagen die wichtigsten **Amtsgebäude und Tempel:** das Buleuterion, die Tholos, das kreisrunde Amtshaus der Prytanen (nicht das Prytaneion, das Haus für die Gäste des Staates, das wohl nördlich der Akropolis lag!), das Metroon sowie der Apollon-Patroos-Tempel. Hinter diesen Bauten erhebt sich ein flacher Hügel (Kolonos Agoraios) mit dem bis heute gut erhaltenen Hephaistos-Tempel (fälschlicherweise auch „Theseion" genannt).

Mitten über die Agora lief die breite Staatsstraße zum **Dipylon**, einem von Mauern und Türmen gesicherten Doppeltor, und geradeaus zur Akademie am Kephissos. Hinter dem Dipylon konnte man nach links in die dicht daneben liegende Heilige Straße einbiegen. Diese führte aus der Nähe der Agora durch einen kleinen Durchlaß in der Stadtmauer, das sog. Heilige Tor, nach Eleusis und von da weiter nach Korinth und zur Peloponnes. Unmittelbar vor den Stadtmauern erstreckte sich ein Gräberbezirk von der Heiligen Straße bis zu den Staatsgräbern der Gefallenen an der Staatsstraße vor dem Dipylon. **Kerameikos** heißt dieser Bezirk nach den dort befindlichen Werkstätten der Töpfer (κεραμεύς).

Östlich der Agora liegt ein **römischer Markt** aus der Zeit des Augustus, ein ringsum von Säulenhallen und Verkaufsläden umschlossenes Rechteck. An seiner Ostseite steht der sog. Turm der Winde (Aiolos-Turm), benannt nach den Darstellungen der Windgötter, tatsächlich jedoch eine kunstvoll angetriebene Wasseruhr. Nördlich davon errichtete Kaiser Hadrian einen fast gleich großen Markt mit Gartenanlagen, der nach dem Bibliothekssaal an seiner Ostseite auch **Bibliothek Hadrians** genannt wird. Der große Philhellene auf dem römischen Kaiserthron (s. „Res Romanae" S. 148) erbaute weiter das Hadrianstor als Zugang zur Hadrians-Vorstadt und vollendete den Riesenbau des Olympieions.

DAS DEMETER-HEILIGTUM IN ELEUSIS

Es liegt am Südrande einer fruchtbaren Ebene. So erklärt sich, daß gerade hier der Kult der fruchtbaren „Mutter Erde" seine Stätte fand (s. S. 40). Diese ursprünglich auf die Stadt und Landschaft Eleusis beschränkte Verehrung Demeters fand schon im 7. Jh. Eingang in den Staatskult der benachbarten Athener. Alljährlich im September zog zu den Eleusinien die Festprozession von Athen durch das Heilige Tor über die Heilige Straße zu dem etwa 20 km entfernten Heiligtum.

Die Bauten. In einem Vorhof mit Brunnenhaus, gedeckten Säulenhallen und einem kleinen Artemistempel versammelten und reinigten sich die Pilger. Man durchschritt die Temenosmauern durch die sog. großen Propyläen. Neben ihnen lag der Kallichoros-Brunnen, den man als ehrwürdiges Kultmal bei allen Umbauten frei ließ. Durch ein zweites Tor gelangte man in das Innere des Heiligtums. Am Wege lagen eine Art Fest-

Das Heiligtum von Eleusis

1 Vorhof
2 Kallichoros-Brunnen
3 Säulenhallen
4 Artemis-Tempel
5 Brunnen
6 Festtore
7 Große Propyläen
8 Kleine Propyläen
9 Stadttor
10 Demeter-Tempel
11 Getreidespeicher
12 Telesterion mit Vorhalle

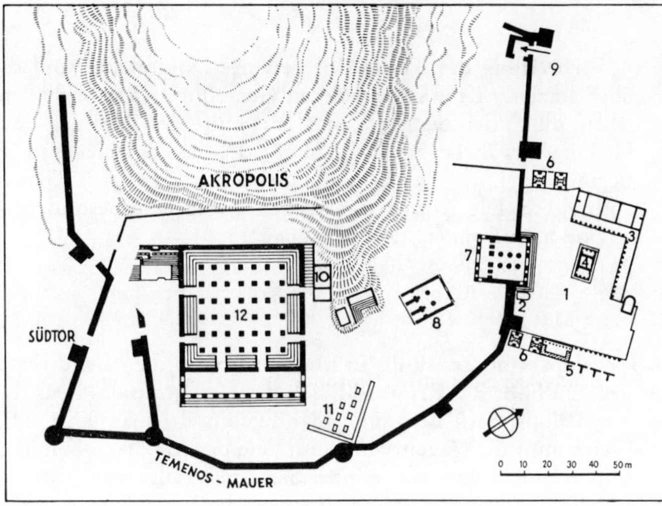

tribüne, Getreidespeicher für die Opfergaben und ein kleiner Tempel der Demeter. Das Hauptgebäude, das **Telesterion** (Weihestätte), war ein vom Tageslicht völlig abgeschlossener, quadratischer Saal für die Feier der Mysterien (s. S. 40). Durch das von zahlreichen Säulen getragene Dach lenkte man sparsames Licht nach unten. Die Zuschauer saßen auf ansteigenden Sitzreihen längs der Innenwände. Unter dem Telesterion wurden ältere Weihebauten und Tempel bis zurück in mykenische Zeit festgestellt, ein Beweis für das hohe Alter des Demeterkultes.

Eine bedeutsame Szene aus dem Mythos der Stätte stellt das **Relief** mit der **Aussendung des Triptolemos** dar, das man im Heiligtum fand (Braun 244). Es zeigt den jungen Triptolemos, der von Demeter Ähren empfängt, die er an alle Menschen weitergeben soll. Hinter ihm steht Kore (Persephone), die den Knaben bekränzt.

DAS ASKLEPIOS-HEILIGTUM IN EPIDAUROS

Lage und Bauten. Epidauros war die bedeutendste Stätte der Asklepiosverehrung (s. S. 42) und zugleich ein berühmter Heil- und Kurort; denn für heilungsuchende Menschen waren die ruhige Lage zwischen schützenden Bergen und das gesunde Klima wie geschaffen. Den doppelten Charakter der Heil- und Kultstätte unterstreichen die Bauten, die nach Zahl und Größe den Vergleich mit einem heutigen Kurort durchaus zulassen: ein großes **Gästehaus** mit 160 Räumen, um vier Binnenhöfe gruppiert, lange, schattige **Liegehallen,** zahlreiche Brunnen, halbkreisförmige Sitznischen, Bäder und Sportanlagen. Etwas abseits vom eigentlichen Festplatz war ein **Theater** für etwa 14 000 Menschen kunstvoll in den Berghang gebaut (s. S. 129). Für Konzerte wurde in römischer Zeit noch ein sog. **Odeion** im Hofe der alten Palaistra errichtet.

Gegenüber diesen Bauten, die vorwiegend dem Kurbetrieb dienten, treten die **Tempel** zurück: der Asklepios-Tempel, der kleine Artemis-Tempel und als Mittelpunkt aller Kultgebäude die kreisrunde **Tholos**, in deren unterirdischen Gängen vielleicht die heiligen Schlangen des Asklepios gehalten wurden.

Verbreitung des Kultes. Interessante Dokumente sind die aufgefundenen Inschriften über einzelne Kranke und deren Genesung. Diese suchte man wohl in einer Art Heilschlaf, durch den der Gott, auch mit Hilfe des Traumes, besonders bei seelischen Leiden, Heilung gewähren sollte (s. S. 37). Epidauros wurde so bedeutend, daß sich bis zum Beginn des 4. Jh. der Kult des Asklepios über ganz Griechenland und seine Kolonien ausbreitete. Die Römer übertrugen durch eine besondere Gesandtschaft den Kult 291 v. Chr. nach Rom (s. „Res Romanae" S. 64).

OLYMPIA

Pelops- und Zeuskult. In Elis, der waldreichen Landschaft im Westen der Peloponnes, liegt am Fuße des Kronos-Hügels das Heiligtum des Zeus. Einen noch älteren Kult besaß hier **Pelops,** nach dem die ganze Halbinsel benannt ist. Die Sage berichtet von seinem Wettkampf im Wagenrennen mit dem benachbarten König Oinomaos um dessen Tochter Hippodameia und von seinem Siege mit Hilfe der Götter (s. S. 133). Zu Ehren dieses Lokalheros veranstaltete man sportliche Wettkämpfe, die als mythischer Ursprung der olympischen Spiele galten. Überörtliche Bedeutung erlangten diese aber erst durch den Kult des **olympischen Zeus,** der dem Ort auch seinen Namen gab.

Die Sage läßt Herakles, dessen Heldentaten in den Metopen des Zeustempels dargestellt sind (s. S. 132 f.), seinem Vater Zeus den eigentlichen Bezirk des Heiligtums weihen. Ein **Orakel** war schon in ältester Zeit mit der Verehrung des Gottes verbunden, trat aber mit der Ausbreitung der Spiele bald stark zurück.

Die Bauten. Sie sind geprägt vom Zeuskult wie von den sportlichen Agonen und erstrecken sich zwischen den Flüssen Alpheios und Kladeos (Taf. I). Zwischen dessen Ufer und der Temenosmauer lagen die sportlichen Übungsstätten, das Gymnasion (hinten rechts) und die Palaistra. Der sich anschließende schlichte, aber hohe Bau, im Mittelalter byzantinische Kirche, war vermutlich die Werkstatt des Pheidias, in der er das berühmte Kultbild des Zeus schuf (s. S. 135). In der Südwestecke lag ein großes Gästehaus mit geräumigem Binnenhofe, nach seinem Erbauer Leonidaion genannt. Südlich von der Altis stand noch ein zweischiffiges Gebäude (vielleicht das Buleuterion) und eine Säulenhalle, im Osten der Hippodrom und das Stadion. Dieses ist erst durch die deutschen Ausgrabungen der letzten Jahre völlig freigelegt worden, wie überhaupt die genauere Kenntnis des Heiligtums das besondere Verdienst der seit 1875 in Olympia arbeitenden deutschen Archäologen ist.

Die Altis (Hain) ist als der eigentliche heilige Bezirk ringsum deutlich abgegrenzt: im Westen und Süden durch Mauern, im Osten durch die zur Altis offene sog. Echohalle, im Norden durch den Kronoshügel. Die wichtigsten Kultgebäude waren der fast 20 m hohe **Zeustempel** mit dem Gold-Elfenbein-Bild des thronenden Gottes und der altertümliche **Heratempel** in der Nordwestecke.

Zwischen beiden lag das Pelopeion, ein kleiner Temenos des Lokalheros Pelops. Hinter dem Metroon, dem kleinen Tempel der Göttermutter, stand auf erhöhter Terrasse die lange Reihe der Schatzhäuser. Das Philippeion, der kleine Rundbau in der Nähe der Westmauer, war wohl eine Art privates Schatzhaus für die Familie Philipps von Mazedonien. Ein Prytaneion für die Verwaltung der Festspiele und mit Räumen für die Priester schloß die Lücke zwischen Heratempel und Temenosmauer.

Die Sportanlagen. Die wichtigste war das **Stadion,** wo die Wettkämpfe durchgeführt wurden. Seine lange ebene Kampffläche maß etwa 215 x 33 m. Die Laufbahn selbst betrug 192 m, ein sog. olympisches Stadion, und war durch zwei Marmorschwellen im Boden markiert. Die westliche (ἄφεσις) zeigt deutlich die eingehauenen Startrillen. An den Längs- und Querseiten waren einfache Erdwälle aufgeschüttet, die nach manchen Erhöhungen etwa 40 000 Zuschauern Platz boten. Die Stadien waren überall recht schlichte Anlagen; steinerne Sitzreihen wie im Theater sind meist spätere Zutaten. Hier in Olympia pflegte man auf den Wällen viele Weihegaben aufzustellen, besonders Bronzewaffen. Diese blieben bei den Aufschüttungen an Ort und Stelle und werden dort heute bei Ausgrabungen in großer Zahl gefunden.

Zum Training diente vorwiegend das **Gymnasion,** ein langgestreckter rechteckiger Platz von etwa 120 × 220 m, der sich von der NW-Ecke der Altis am Ufer des Kladeos entlang nach Norden erstreckte. Die Länge war etwa die eines Stadions; sie konnte an anderen Orten je nach dem Gelände auch geringer sein. Das Gymnasion war hier wie auch sonst größtenteils von offenen Säulenhallen umgeben, die gedeckte Laufbahnen für schlechte Witterung enthielten. Sonst übte man den Lauf im Freien, ebenso die anderen Sportarten, die viel Raum beanspruchten, wie Speer- und Diskuswurf. Die **Palaistra,** aus praktischen Gründen meist in der Nähe angelegt, schloß sich hier unmittelbar an die Südmauer des Gymnasions an. Ihr quadratischer Hof von 66 × 66 m war von Säulenhallen umgeben, hinter denen kleinere Räume für die Sportler und zum Aufbewahren der Geräte lagen. Daneben gab es Aufenthaltsräume, in denen die jungen Griechen oft den Philosophen und Rednern zuhörten. Der **Hippodrom** lag südlich vom Stadion; er war Übungsplatz und zugleich Austragungsstätte für die Wagenrennen. Er wird dem Zweck entsprechend ein geebneter Platz mit gewissen Ablauf- und Zieleinrichtungen gewesen sein. Wegen der erforderlichen Länge von etwa 600 m lagen die Hippodrome oft weiter vom Heiligtum entfernt, wie z. B. in Delphi.

Die olympischen Spiele. Religiöser Mittelpunkt des olympischen Festes waren Tempel und Altar des Zeus. Vom Süden, wo die meisten Festteilnehmer unter den Bäumen zelteten, zogen die **Wettkämpfer** in die Altis, umschritten den Zeustempel und opferten am Altare. Dabei schworen sie, die Kampfregeln zu beachten, und wurden dann von den Hellanodiken (Kampfrichtern) durch den überwölbten Gang ins Stadion geführt. Auf dem Wege dorthin sahen sie vor der Terrassenmauer zur Linken eine Reihe von kleineren Zeusstatuen stehen, die aus Strafgeldern früherer Wettkämpfer errichtet worden waren und noch ein letztes Mal an ehrliche Kampfesweise erinnern sollten. Da die Wettkämpfe zur kultischen Feier gehörten, stand auch am Schluß des Festes die feierliche **Prozession der Sieger.** Der **Kampfpreis** bestand in einem schlichten Kranz aus Ölbaumzweigen und in der öffentlichen Speisung im Prytaneion, sonst eine Auszeichnung nur für hochstehende Persönlichkeiten.

Um diese Spiele und die sportlichen Agone der Griechen richtig zu verstehen und vom **modernen Sportbetrieb** unterscheiden zu können, sind ihre besonderen Bedingungen zu beachten: Diese Kämpfe sind nicht Selbstzweck, sondern Bestandteil des Kultes. – Sie zielen nicht auf meßbare Rekordleistungen in einer einzelnen Übung, sondern auf eine harmonische Ausbildung aller Körperkräfte. – Der einzelne kämpft nicht für sich, sondern in einer Gruppe Gleichgesinnter für den Ruhm seiner Polis.

Als Wettkampf wurde anfangs nur der Lauf über eine Stadionlänge ausgetragen. Daraus entwickelte sich bald der klassische **Fünfkampf:** Weitsprung, Lauf, Diskus- und Speerwurf und Ringkampf. Hinzu kamen das **Pankration,** eine Mischung von Faust- und Ringkampf, sowie die Pferde- und Wagenrennen. Das **Training** war lang und hart; in den letzten Monaten vor den Spielen stand es unter strenger Aufsicht der Hellanodiken. Teilnehmen konnte jeder Grieche, der frei von Blutschuld war. Im Kreise der Besten von ganz Griechenland gesiegt zu haben, war für einen Griechen die höchste Ehre und Auszeichnung (vgl. Pindars Epinikien, s. S. 71).

Jeweils vor den Spielen wurde der olympische **Gottesfriede** ausgerufen (s. S. 38 f.), so daß alle Waffen schwiegen und jeder, ob Freund oder Feind, ungefährdet nach Olympia ziehen konnte. So erhielt diese Stätte zu ihrer religiösen noch eine besondere **politische Bedeutung,** weil sich hier, vielleicht nur hier, alle Griechen als eine Nation fühlen konnten. Deshalb traten mit Vorliebe in Olympia auch Dichter, Philosophen, Redner,

Musiker und Bildhauer zum geistigen Wettstreit an. Jedoch war dieses kein eigentlicher musischer Agon, wie er z. B. in Delphi als fester Bestandteil zu den Spielen gehörte.

Mit dem Aufkommen der **Berufsathleten** seit dem 3. Jh. v. Chr. verloren die olympischen Spiele allmählich ihre religiöse und politische Bedeutung. Sie lebten aber weiter, auch unter römischer Herrschaft, und fanden erst durch das Christentum ihr Ende; Kaiser Theodosius verbot sie endgültig i. J. 394. Die moderne Wiederbelebung der olympischen Idee durch Baron de Coubertin führte 1896 zu den ersten olympischen Spielen der Neuzeit in Athen.

DAS APOLLON-HEILIGTUM IN DELPHI

Landschaft und Kult. In entrückter, großartiger Berglandschaft, am steilen Südhang des Parnaß, hoch über der Bucht von Itea, liegt der heilige Bezirk. Kaum eine andere Stätte ist ähnlich stark vom Charakter der Landschaft bestimmt. Man versteht, daß auf dieser Bergterrasse, über der sich vom frühen Morgen bis zum späten Abend der Bogen eines strahlenden Sonnenlichtes wölbt, der Kult des Phoibos Apollon seine Stätte fand (s. S. 41 f.).

Daneben aber winden sich zwischen steilen Felsen enge, finstere Schluchten, in denen bei Unwetter die Nebel brauen: die Mythen von den dunklen Mächten der Erde, von der Erdmutter **Gaia** und dem Drachen **Python**, der an einem Erdschlund Gaias Heiligtum bewacht, haben hier, lange vor dem Apollonkult, ihren Ursprung. Apollon tötet den Drachen; damit ist in der Sprache des Mythos der Erdkult der Frühzeit durch den lichten Gott der Einwanderer abgelöst worden.

In Apollons Beinamen Pythios aber lebt der alte Kult noch weiter, und **Pythia** heißt die Priesterin, die an jenem Erdschlund sitzend aus den emporströmenden Dünsten ihre dunklen Sprüche erteilt. An diesem Kultmal erbaute man dem neuen Gotte den ersten Tempel (s. S. 36).

Der heilige Bezirk. Um den Apollontempel, der etwa in der Mitte liegt, breitet er sich an dem ziemlich steilen Hange in einer Ausdehnung von ungefähr 130×190 Metern aus. Eine verwirrende und doch eindrucksvolle Menge von Gebäuden und Denkmälern füllt den Raum zwischen den Temenosmauern (Abb. S. 55). Durch das Tor im SO führt der Prozessionsweg ins Heiligtum und steigt in Kehren bis zum Apollontempel hinan.

Den Weg säumen zahlreiche **Weihegeschenke** in eckigen oder halbrunden Nischen und auf besonderen Basen (1). Es folgen die **Schatzhäuser** reicher Städte und Inseln (3), das der Athener oberhalb der ersten Wegkehre ist wieder aufgebaut (4). Links am Wege dann das **Buleuterion** der Kultstätte (5). Die Stützmauer der Tempelterrasse ist aus polygonalen Blöcken kunstvoll zusammengefügt (s. S. 127) und fast ganz überzogen mit Inschriften, die wichtige Quellen für die Geschichte des Ortes und Kultes sind. An diese Mauer lehnt sich die sog. **Halle der Athener,** ein Schutzdach auf schlanken ionischen Säulen für die dort aufgestellten wertvollen Beutestücke (6).

Eine zweite Stützmauer sichert die lange Terrasse des **Apollontempels** (8). An gleicher Stelle stand der im 6. Jh. durch die Alkmeoniden, das aus Athen vertriebene Adelsgeschlecht, erbaute Tempel; er wurde später durch Erdbeben zerstört. Die heute sichtbaren Reste stammen von dem letzten Tempel des 4. Jh. In seinen Giebelfeldern waren Apollon mit den Musen und Dionysos mit den Mänaden dargestellt. Zu den Sprüchen in der Vorhalle des Tempels gehörte auch das bekannte γνῶϑι σαυτόν. In einem unzugänglichen Raume des Tempels, dem **Adyton,** befand sich nach griechischer Vorstellung der Nabel der Erde (ὀμφαλός), dargestellt durch einen halbkugelförmigen Stein. Vor der Ostseite stand der mächtige **Altar** des Gottes, gestiftet von der Insel Chios.

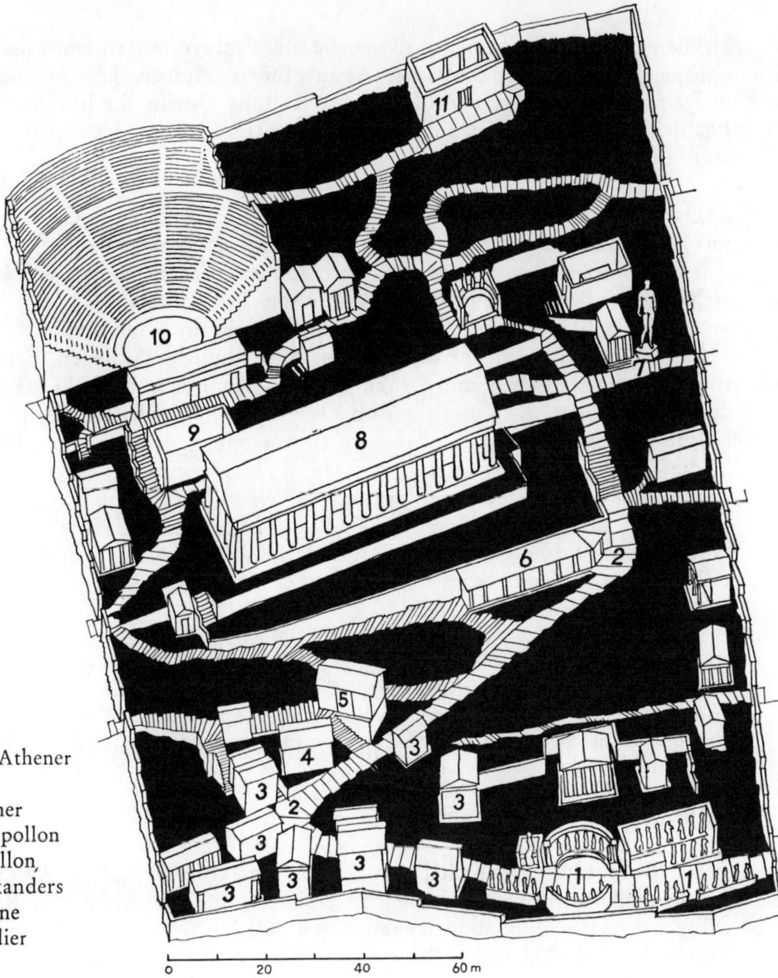

Delphi

1 Weihegeschenke
2 Prozessionsweg
3 Schatzhäuser
4 Schatzhaus der Athener
5 Buleuterion
6 Halle der Athener
7 Standbild des Apollon
8 Tempel des Apollon
9 Löwenjagd Alexanders
10 Theater mit Skene
11 Lesche der Knidier

In der Nähe von Tempel und Altar wurden mit Vorliebe ansehnliche Weihegeschenke aufgestellt, z. B. das von König Attalos I. von Pergamon (241–197) gestiftete riesenhafte Apollonstandbild (7). Die nach Süden offene große Nische oberhalb des Tempels (9) enthielt als Weihegeschenk Alexanders d. Gr. die Darstellung einer Löwenjagd.

Das **Theater** (10) nimmt die äußerste NW-Ecke des Temenos ein. Unmittelbar an der Umfassungsmauer lag auch das Gästehaus (sog. Lesche) der Knidier (11); seine Wände waren mit Gemälden Polygnots geschmückt. Es gab weitere kleine Heiligtümer des Dionysos, Poseidon, Neoptolemos und der Musen.

Das kleine Heiligtum der **Athene Pronaia** lag für die von Osten kommenden Besucher als eine „Vor-Halle" und Hüterin des Apollontempels an der Straße, die von Athen heraufführte. Drei wieder aufgerichtete Säulen einer Tholos markieren diese Stelle in der baumbestandenen Landschaft.

Das **Stadion** liegt nordwestlich oberhalb des Temenos, ist etwas kleiner als das von Olympia und bietet infolge seiner Lage unmittelbar unter den steilen Felsen auch für die Zuschauer weniger Platz. **Gymnasion** und **Palaistra** mußten wegen des abfallenden Geländes auf künstlichen Terrassen angelegt werden. Aus dem gleichen Grunde lag der **Hippodrom** unten an der Bucht von Itea.

Die Festspiele zu Ehren Apollons, die sog. **Pythien,** waren besonders dadurch bekannt, daß zu ihnen auch ein **musischer Agon** gehörte. Aus der großen Bedeutung der Künste in Delphi erklärt es sich wohl, daß die **Kastalia-Quelle,** die in einer tiefen Schlucht der Phaidriaden lag und ursprünglich der Erdmutter Gaia gehörte, später den Musen geweiht wurde und als Dichterborn galt.

Das Orakel. In ihm bestand der Ruhm des Heiligtums (s. S. 36). Da die Pythia sich nur zu bestimmten Zeiten befragen ließ und andererseits oft viele Besucher auf eine Antwort warteten, suchte man durch besondere Verdienste um das Heiligtum ein Vorrecht bei der Befragung des Orakels, die sog. **Promanteia,** zu erlangen. Den Bewohnern von Chios z. B. ist sie durch eine Inschrift auf ihrem Altar bestätigt.

Es waren immer wieder die gleichen oder ähnliche Anliegen, persönliche oder politische, die die Menschen zum Orakel führten. Wenn man bedenkt, daß durch die Vielzahl der Ratsuchenden die Zustände und Ereignisse aller bedeutenden Städte und Länder in Delphi zur Sprache kamen, dann ist zu verstehen, daß man hier eine tiefere Einsicht in die Probleme der Welt und des Menschen gewinnen konnte. Die erteilten Orakel waren freilich keine echten Voraussagen, eher die Lenkung von Entwicklungen und Ereignissen durch eine kluge, hochgebildete Priesterschaft. Hinzu kam, daß Apollon als Hüter menschlicher Ordnung und Gesittung (s. S. 41 f.) dem Orakel eine besondere Geltung verschaffte.

Das Ende Delphis. Nach dem politischen Niedergang Griechenlands verlockten die reichen Kunstschätze Delphis die Heere der Römer und anderer Völker immer wieder zu Raubzügen. Kaiser Hadrian, der große Griechenfreund, gebot dieser Plünderung Einhalt und ermöglichte eine neue Blüte des Heiligtums. Seit dem Verbote des Kultes durch Kaiser Theodosius, der auch die olympischen Spiele verbot (s. S. 54), und infolge zahlreicher Erdbeben verfielen dann bald die Tempel und die anderen Bauten. An der Stelle des heiligen Bezirkes fanden die französischen Ausgräber um 1900 die Häuser eines griechischen Dorfes vor; erst nach dessen Verlegung konnten sie die Reste der antiken Bauten freilegen.

Die Bedeutung der Kultstätten. Trotz des trümmerhaften Zustandes, in dem die griechischen Kultstätten sich heute darbieten, sind die erhaltenen Reste und die Orte selbst mächtig genug, uns den einstigen Reichtum ihrer baulichen Anlagen und die Bedeutung ihrer kultischen Feiern und Spiele ahnen zu lassen. Diese Stätten waren den Griechen **Brennpunkte religiösen, geistigen und kulturellen Lebens.** Bedeutende Heiligtümer wie Delphi und Olympia erfüllten zudem ein nationales Anliegen, wenn dort die griechischen Stämme im Wettstreit miteinander und mit außergriechischen Völkern durch große Werke der Kunst, durch Tempel, Schatzhäuser und wertvolle Beutestücke neben der kulturellen auch ihre politische Leistung repräsentierten.

Manche dieser Stätten und ihrer Kulte überlebten die Römerzeit und die folgenden Jahrhunderte und erlagen erst der geistigen Macht des Christentums. Wie die griechischen Kultstätten in ihrer Frühzeit und Blüte bedeutsam sind für die Entwicklung der Religion und das griechische Denken überhaupt, so zeigt ihr langes Bestehen, oft bis in die christliche Ära hinein, welche verpflichtende Kraft für die Griechen Mythos und Kult besaßen.

DIE LITERATUR

DIE SCHRIFT

Mykenische Schrift. Bei der Ausgrabung minoischer und mykenischer Paläste auf Kreta und im griechischen Mutterland fand man beschriebene Tontäfelchen verschiedenen Alters. Die Schrift der ältesten Täfelchen bestand bis ins 16. Jh. hinein aus vereinfachten Bildern, dann folgten zwei lineare Systeme, ein älteres (A) und ein jüngeres (B), in dem das ältere abgewandelt und mit zusätzlichen Zeichen versehen war. Die **Linearschrift B** wurde im 15. Jh. in Knossos, im 13. Jh. auch auf dem Festlande (Pylos, Mykenai) verwendet (s. S. 8).

Tontafel mit Linearschrift B aus Pylos

1953 überraschten die Engländer Ventris und Chadwick die Welt mit der Entdeckung, daß die Texte der Linearschrift B in griechischer Sprache abgefaßt seien. Sie erschlossen ein System von 88 Silbenzeichen, vereinzelten Bildzeichen und durch Striche dargestellten Zahlzeichen. Es sind keine literarischen Texte, sondern statistische Aufzeichnungen, Listen von Grundstücken, Tieren, Sachlieferungen usw.

Diese **Silbenschrift**, offenbar für eine nichtgriechische Sprache geschaffen, konnte griechische Wörter nur unvollkommen nachbilden. Silbenzeichen sind ungeeignet, Konsonantengruppen wiederzugeben; solche mußten daher entweder durch Weglassung vereinfacht oder durch Vokalisierung erweitert werden. Außerdem wurden Auslaut und Aspiration vernachlässigt, l wurde durch r bezeichnet. So kann pa/te πατήϱ oder πάντες gelesen werden, a/ko als ἄγω, ἀϱγός, ἄϱχω u. a. Vieles läßt sich aber sicher deuten, z. B. a/pi/po/re/we ἀμφιφοϱεύς (= ἀμφοϱεύς), ka/ke/u χαλκεύς, pa/si/re/u βασιλεύς, di/wo/nu/so/jo Διονύσοιο (= Διονύσου).

Übernahme des phoinikischen Alphabets. Mit dem Untergang der minoisch-mykenischen Welt fand auch ihr Schreibwesen ein Ende. Selbst die Erinnerung an die Linearschrift schwand. Deshalb mußten die Griechen ein zweites Mal schreiben lernen. Ein Ioner, dem die Verschiedenheit griechischer und semitischer Sprache klar bewußt war, kam, wahrscheinlich schon im 10. Jh., auf den genialen Gedanken, das phoinikische Alphabet, eine reine Konsonantenschrift, zu einer vollen Lautschrift zu entwickeln, indem er die für Griechen überzähligen Zeichen zur Wiedergabe der Vokale verwendete. Herodots Benennung Φοινικήια γράμματα (5, 58) wird durch die Namen, Formen und Lautwerte der Buchstaben und durch ihre feste Abfolge im **Alphabet** bestätigt. Die Namen, die noch an die Herkunft aus einer Bilderschrift erinnern – aleph = Ochs, bet = Haus, gimel = Kamel, dalet = Hand usw. –, wurden nur leicht umgebildet. Die Lautzeichen wurden auch als Zahlenwerte verwendet.

Durch vertikale oder seitliche Drehung der Zeichen entstanden schon früh verschiedene **Spielarten** des griechischen Alphabets. Nachträglich wurden auch neue Zeichen eingeführt, die nicht überall denselben Lautwert hatten. So war X in den ostgriechischen Alphabeten = kh, in den westgriechischen = ks (daher lateinisches x = ks); westgriechisch wurde X durch Ψ, Ψ durch ΦΣ dargestellt. Das **ionische Alphabet,** in dem H nicht mehr den Hauchlaut, sondern ein offenes e ausdrückte, drang im 5. Jh. in Attika ein; als es i. J. 403 zur Staatsschrift erhoben wurde, bestimmte man Ω als Zeichen für das offene o.

Entsprechend dem semitischen Ursprung der Schrift hatte man zunächst von rechts nach links geschrieben; über die Zwischenstufe des βουστροφηδόν, „wie die Ochsen (beim Pflügen) wenden", d. h. abwechselnd von rechts nach links und von links nach rechts, ging man im 6. Jh. zur **Rechtsläufigkeit** über.

Das Alphabet von Chalkis (Euboia), aus dem das von Kyme (Cumae) hervorging, wurde die Mutter aller **italischen Alphabete.** Hier gab es noch V (vau, digamma) und ϙ (koppa), woraus die Römer ihr F und Q machten. In lateinischer Gestalt ist das griechische Alphabet die **Grundlage der europäischen Schriftentwicklung** geworden, der sich neuerdings auch Türken und Chinesen angeschlossen haben.

DIE SPRACHE UND IHRE MUNDARTEN

Stämme und Dialekte. Nach der zweiten großen Einwanderung in den griechischen Raum (s. S. 7f.) vollzog sich die Aufgliederung der Griechen in die drei Stammes- und Sprachgruppen der **Dorier, Aioler** und **Ioner,** z. T. von Kleinasien her ins Mutterland übergreifend, ohne daß Stammes- und Sprachgruppen sich immer deckten; daß in den verschiedenen Ausprägungen der Stämme die Einheit des Volkes erhalten blieb, bezeugt der Gesamtname Hellenen.

Die genannte Dreigliederung umfaßt jedoch nicht alle Stämme und Dialektgruppen. Sprachliche Betrachtung führt zu folgender Einteilung:

Achäisch in Rückzugsgebieten wie Arkadien und Zypern; das Achäisch von Linear B hat aiolischen Einschlag.

Aiolisch in Boiotien, Thessalien, auf Lesbos und im Nordteil der kleinasiatischen Westküste.

Ionisch auf Euboia, den Kykladen, Chios, Samos und im Hauptteil der kleinasiatischen Westküste, **Ionisch-Attisch** in Attika.

Dorisch im größten Teil der Peloponnes, auf Melos, Kreta, Rhodos, im SW von Kleinasien.

Nordwestgriechisch in Elis und Mittelgriechenland (außer Boiotien und Attika) sowie in Epirus.

An der Kolonisation des 8.–6. Jh. (s. S. 11) waren, außer den letztgenannten, alle Stämme beteiligt.

Literatursprachen. Über die gesprochenen Mundarten erhoben sich die Kunstsprachen der Literatur, deren Gattungen (γένη) sich z. T. fest an die Sprachform banden, in der sie ihre Ausbildung und erste Blüte gewonnen hatten.

Für alle Dichtung in Hexametern – heroische Epen, Lehrgedichte, Hymnen – war bis in die späteste Zeit die **Sprache der homerischen Epen** verbindlich, ein altionischer Dialekt mit aiolischem Einschlag. Auch **Elegie** und **Epigramm,** in denen sich Hexameter und Pentameter zu Distichen verbanden, fügten sich meist der epischen Kunstsprache. Innerhalb homerischer Sprache und homerischen Stils blieb natürlich Raum für den Wandel des Zeitgeschmacks und die Eigenart des Dichters.

Das spätere Ionisch mit seiner durchgehenden Vokalkontraktion eignete sich besser für iambisch-trochäischen Rhythmus; so bürgerte es sich in den **Iamben** (S. 68) und später im **Sprechvers der Tragödie** ein.

Das lyrische **Einzellied,** von lesbischen Aiolern zuerst in eine künstlerische Form gebracht, hielt sich nicht streng an die Mundart seines Ursprungs. Dagegen herrschte in dem auf der Peloponnes ausgebildeten **Chorlied** der **dorische** Dialekt, in den Chören des attischen Dramas wenigstens dorische Färbung.

Weil die **Prosakunst** im kleinasiatischen Ionien entstanden war, legten auch die Dorier Herodot und Hippokrates ihre Forschungen in **ionischer Mundart** nieder. Es dauerte lange, bis der Aufstieg Athens auch in einer überregionalen Geltung des **Attischen** zum Ausdruck kam. Im Verlauf des Peloponnesischen Krieges wurde es als Verkehrs- und Literatursprache führend.

Die Gemeinsprache (Κοινή, sc. διάλεκτος). Philipp von Makedonien machte das Attische zur Staats- und Kanzleisprache, Alexander trug es nach Asien und Ägypten, und in der Welt des Hellenismus (s. S. 28) blieb es, stärker mit ionischen, schwach mit dorischen Bestandteilen durchsetzt, die Grundlage der sich bildenden allgemeinen Umgangssprache. Auch als die Römer Herren der Welt wurden, blieb die Koine die Weltsprache, mußte sich aber später mit dem Lateinischen in diese Rolle teilen.

Gegensatz von Kunst- und Volkssprache. Ähnlich wie bei den Römern (s. „Res Romanae" S. 186) wurde auch im Griechischen im Lauf der Jahrhunderte der Abstand zwischen der Literatursprache und der sich organisch weiterentwickelnden Volkssprache immer größer. Noch im heutigen Griechisch gibt es den Gegensatz zwischen der καθαρεύουσα, der „reinen" Sprache, und der δημοτική (γλῶσσα), der Volkssprache; doch bemüht man sich seit langem mit Erfolg um eine Annäherung.

Griechisch in der modernen Fachsprache. Eine besondere Art des Nachlebens ist dem Griechischen in der heutigen Welt beschieden. Der wissenschaftliche und der industriell-technische Bereich unserer Kultur erzeugen einen ständig wachsenden Bedarf an Fachausdrücken. Daß für diesen Zweck neben lateinischen besonders griechische Wörter und Wortstämme Verwendung finden, erklärt sich daraus, daß das Griechische für Wortbildung und Wortzusammensetzung hervorragende Eignung besitzt, bezeugt aber auch, daß die Wissenschaft dem Geiste des griechischen Volkes ihren Ursprung verdankt.

Sprache als Ausdruck geistigen Lebens. Wenn Hölderlin sagt: „Die Sprache bildet alles Denken, sie ist größer als Menschengeist", so gilt das besonders von der Sprache der Griechen. Sie ist ein Wunder an Reichtum und Beweglichkeit. Die Fülle an Formen und Partikeln, die Fähigkeit zu reicher Wortbildung und die Möglichkeiten der Syntax gestatten ihr, Gedanken und Gefühle bis in feinste Nuancen auszudrücken. Ihre Klangfülle und ihre Bildhaftigkeit gewähren einen geradezu musikalischen Genuß. So konnte sie von großen Dichtern und Schriftstellern zu einem kongenialen Werkzeug ihrer Ideen und Empfindungen ausgebildet werden. Auch die Entwicklung der Denkformen läßt sich an der Entfaltung der griechischen Sprache vom unmittelbaren Ausdruck und lockeren Satzbau zur begrifflichen Formung, zur ausgebildeten Unterordnung gut verfolgen.

I. DAS EPOS

DIE HELDENSAGE

Alter der Heldensage. Zu den geistigen Voraussetzungen der gesamten griechischen Literatur gehört die Welt der Götter und der Helden. Da der Kult vieler griechischer Götter auf die **mykenische Zeit** zurückgeht, möchte man dasselbe von den Heroen annehmen, zumal sich die Hauptstätten, um die sich die Heldensage gruppiert, mit den Hauptorten der mykenischen Kultur decken. Nun aber finden wir in den Urkunden der Linearschrift B zahlreiche aus der Mythologie bekannte Namen als Bezeichnung gewöhnlicher Personen, wie Achilleus, Aias, Hektor, Tantalos, Theseus, Thyestes, Tros. Ist also damals der Heldensang noch nicht verbreitet gewesen, sondern erst nach der Zerstörung der mykenischen Paläste, d. h. während der letzten großen Wanderung, entstanden? Die mit der Verbreitung des Heldensangs verbundene Bewunderung der Helden führte wohl dazu, daß man ihre Namen bei der Namengebung der Kinder vermied.

Mythos und Geschichte. Wenn man von Göttermythen (s. S. 29 f.) und chronologisch nicht fixierten Märchen absieht, so ist der Mythos die geschichtliche Erinnerung eines schriftlosen Volkes, richtiger: seiner Stämme. Der Mythos steht mit der jeweiligen Gegenwart in Wechselwirkung, sie formend und von ihr geformt. Ruhmesliebe und schmükkende Phantasie steigern ihn gern zu Überlebensgröße. Zahlreich sind die Motive des Mythos: Taten und Leiden aller Art, alle Formen menschlichen Verhaltens und Begegnens. Die Herren der mykenischen und nachmykenischen Zeit liebten Kampfessagen, die sich an freundliche und feindliche Beziehungen, an große Unternehmungen der Machthaber knüpften.

Sagenkreise. Um die Sitze der führenden Geschlechter schossen viele örtliche Sagen zusammen. So spielt die Atridensage in der Argolis. Thessalien erzählte von Kentauren und Lapithen, von Peleus, Thetis und Achill, Theben von Laios und Oidipus, von den Kriegen der Sieben und der Epigonen. Athens Beziehungen zu Kreta spiegeln sich in den Sagen von Minos und Theseus. Die größte Sagenkonzentration erfolgte um den **troischen Krieg.**

Die Träger der Heldensage. Die Heldensage ist die größte geistige Tat der vorhomerischen Zeit. Gerade die Vertreibung der Achaier aus dem Mutterlande durch die dorische Wanderung scheint bewirkt zu haben, daß man das alte Erinnerungsgut als eine Art nationaler Klammer festhielt und nachdrücklicher pflegte. Der Wegfall alter örtlicher Bindungen ermöglichte bei den Achaiern Kleinasiens, d. h. den späteren Aiolern und Ionern, eine freiere Ausgestaltung des Mythos durch Verschmelzung, Austausch und Übertragung, durch Aufnahme von freischwebenden Sagenelementen und märchenhaften Motiven (Odysseus, Argonauten). Im Laufe der Zeit haben auch die Dorier die Heldensage übernommen und zu ihrer Formung beigetragen. So wurde sie ein allgemeingriechisches Kulturgut.

Die Ewigkeit des griechischen Mythos. Während die germanische Heldensage mit dem Untergang des Rittertums auf Jahrhunderte in Vergessenheit versank, überlebte der griechische Mythos alle sozialen und politischen Veränderungen des Volkes. Er blieb der Grundstoff fast aller literarischen und künstlerischen Betätigung, machte aber dabei eine Verwandlung durch, in der die Entwicklung des menschlichen Selbstverständnisses erkennbar ist. Vom Epos ging er in das Chorlied, vom Chorlied in vergeistigter Form in die Tragödie über, danach in die gelehrte hellenistische Dichtung. Schließlich wurde er bei den Römern heimisch. Über sie fand er den Weg in die mittellateinische und mittelhochdeutsche Dichtung. Unsere Klassiker gewannen ein neues, unmittelbares Verhältnis zu ihm, und das heutige europäisch-amerikanische Drama scheint seine Unsterblichkeit zu bestätigen.

VORHOMERISCHE EPIK

Die Sänger (ἀοιδοί). Die Überlieferung der Heldensage ist nicht losgelöst von der Form, in die sie gekleidet ist, zu denken. Auch diese läßt sich aus dem homerischen Epos erschließen. Es bekundet sich deutlich als reifen Abschluß einer langen Entwicklung. Berufsmäßige Sänger, von Burg zu Burg ziehend oder im Dienste adliger Häuser, trugen in rhythmischem Sprechsingen, mit Vor- und Zwischenklängen der Laute, den Heldensang vor, und zwar in dem uralten Langvers des daktylischen **Hexameters.**

Die Odyssee nennt zwei Sänger mit redenden Namen, den blinden Demodokos bei den Phaiaken und Phemios auf Ithaka. Demodokos besingt Stoffe aus der troischen Sage. Auch die Argonautensage ist dem Dichter der Odyssee bekannt und vermutlich von ihm benutzt. Der Dichter der Ilias fußt vielleicht auf Gedichten über Meleager und Memnon, auf die er anspielt.

Die epische Technik. Leicht läßt sich aus Homer ablesen, daß mit den wandernden Dichtern auch eine epische Technik gewandert ist, wie sie für eine mündlich weitergegebene Dichtung unvermeidlich war. Dazu gehören die vielen **geprägten Formeln,** die das Epos auch in der Zeit der schriftlichen Überlieferung beibehalten, vielleicht sogar als besonders weihevoll empfunden hat, die aber von Haus aus mit dem gildemäßigen, handwerklichen Charakter des Epos zusammenhingen; dazu auch formelhafte Anreden und stehende Beiworte, ferner die Sitte, die Rede mit einem formelhaften Vers einzuleiten, den erteilten Auftrag wörtlich wiederholen zu lassen. Für Tages Anfang und Ende, für Essen und Trinken, für Darbringung von Opfern, Anlegen der Waffen u. ä. stand den Sängern ein Schatz typischer Wendungen zur Verfügung. Wer solche Technik beherrschte und sich im Stoff der Helden- und Geschlechtersagen und der Stammbäume auskannte, wird in der Lage gewesen sein, den epischen Sang in mündlichem Vortrag zu improvisieren und zu variieren; kaum ein Vortrag wird dem andern geglichen haben. Die volkskundliche Forschung hat ähnliche Verhältnisse bei den Südslawen und andern Völkern festgestellt.

Die Sprachform. Auch die Sprache der erhaltenen Epen führt zu Rückschlüssen auf die Vorgeschichte. Sie ist so, wie sie uns vorliegt, nie und nirgend gesprochen worden. Führend ist in ihr der **ionische** Dialekt, aber gerade in formelhaften Bestandteilen finden sich **Aiolismen** in Menge.

Viele Verse sind metrisch nur dann fehlerfrei, wenn man den im Ionischen früh verschwundenen Laut Ϝ einsetzt; in anderen Versen ist Ϝ gar nicht berücksichtigt. In ähnlicher Weise wurden aiolische Formen wie ἄμμες, κε(ν) neben ionisch ἡμεῖς, ἄν, wurden aiolische und ionische Kasus- und Personenendungen nebeneinander verwendet; mit dem Gebrauch von Artikel und Augment war es nicht anders. Die aiolischen Sänger müssen also schon früh von sich aus ionischen Dialekt aufgenommen, die ionischen bei der Übernahme viel altes Sprachgut beibehalten haben. So blieben Formen verschiedenen Alters und verschiedener Herkunft nebeneinander in Verwendung, zumal der durch die Dialektmischung entstandene Formenreichtum den Sängern zustatten kam: je nach den Bedürfnissen des Versmaßes konnte diese oder jene Form gewählt werden.

DAS HOMERISCHE EPOS

Der epische Kyklos und Homer. Ilias und Odyssee bildeten mit anderen Epen zusammen den epischen Kyklos. Dieser Ring umfaßte außer einer Titanomachie den thebanischen Sagenkreis und mehrere Epen um Troia. Von diesen sind außer Ilias und Odyssee nur Inhaltsangaben und dürftige Bruchstücke erhalten. Wenigstens ein Teil von ihnen lief bis ins 5. Jh. unter dem Namen Homers. Freilich begannen schon bei Herodot die Zweifel an Homers Verfasserschaft, und im 4. Jh. wurden andere Dichternamen genannt. Ilias und Odyssee dagegen galten auch weiterhin als Werke Homers. Eine Richtung der alexandrinischen Philologie (s. S. 91) sprach die Odyssee Homer ab, konnte sich aber nicht durchsetzen.

Die Person Homers. Den verschiedenen, erst in sehr späten Fassungen vorliegenden Lebensbeschreibungen Homers können wir kaum eine zuverlässige Kunde entnehmen. Fest steht, daß er ein **Ioner** war; als Geburtsort des Dichters mag Smyrna gelten. Die Ilias setzt Ortskenntnisse an der mittleren Küste Kleinasiens voraus. Der Name Homeros

(= Geisel) ist ein echter Individualname. Die Lebenszeit Homers war schon im Altertum unbekannt. Nach Angaben der Lyriker würde sie in das 8., nach einer Vermutung Herodots in das Ende des 9. Jh. fallen. Man darf heute mit W. Schadewaldt die Ilias um 750, die Odyssee um 700 ansetzen, muß dabei mit der Möglichkeit späterer Einschübe rechnen.

Vers, Sprache und Stil. Eintönigkeit der **Verse** wird vermieden durch wechselnde Ersetzung von Daktylen durch Spondeen, durch das Übergreifen des Satzes in den nächsten Vers und durch wechselnde Einschnitte (Zäsuren) innerhalb der Versfüße; die häufigsten sind die nach der Länge oder nach der ersten Kürze des 3. Fußes (s. S. 69). Die **Sprache** zeigt trotz ausgiebiger Verwertung überlieferten Formelguts eine unverwechselbare Unmittelbarkeit. Wie versteht Homer, das Toben des Donners und des Meeres, das Zerreißen der Segel, das Rollen des Felsens, das Hinken des Hephaistos zu malen! Er ergeht sich auch durchaus nicht immer in behaglicher „epischer Breite", oft überrascht er geradezu durch wirkungsvolle Knappheit. Fast die Hälfte des Textes besteht aus **Reden,** so daß man ein großes Drama zu erleben glaubt. Diese Reden wachsen wie von selbst aus dem Wesen der sprechenden Personen heraus, sind fein auf Wesen und Situation der Partner abgestimmt und dienen so in hervorragendem Maße der Charakterisierung.

Gleichnisse. Wesentlich für den homerischen Stil sind die Gleichnisse. Auch wenn sie zunächst nur einen Vergleichspunkt erläutern sollen, geben sie einen Gesamtvorgang aus einem dem Hörer geläufigen Gebiet, bald in wenigen Strichen, bald in liebevoller Ausmalung. Sie verraten feinste Beobachtung vor allem der bewegten Natur, des Tier- und Menschenlebens, auch der zeitgenössischen Kultur und sind so dem Hörer eine Brücke zur Gegenwart. Sie schaffen einen lebensvollen Rahmen für die Handlungen der Helden. Manchmal dienen sie auch als retardierendes Moment, um die Wichtigkeit eines Vorgangs oder den Stimmungswert einer Szene dem Hörer zum Bewußtsein zu bringen.

Komposition. Was die homerischen Epen grundsätzlich von ihren Vorgängern trennt, ist die Komposition. Ihnen lag nicht mehr eine lange, fortlaufende Geschichte, sondern eine auf wenige Wochen zusammengedrängte Handlung zugrunde. Eine solche Handlung mit ihren Verzweigungen und Episoden ermöglichte dem Dichter, eine bunte Menge von Menschen und Schicksalen miteinander ins Spiel zu bringen. Das forderte aber einen architektonischen **Erzählstil** mit Verklammerungen und Verzahnungen, mit Rück- und Ausblicken, Verzögerungen und Steigerungen. Das alles war ebenso neu wie das Verlagern der Konflikte in das Innere der Personen.

Bei dem gewaltigen Umfang des Werkes ließen sich dabei Widersprüche und Unstimmigkeiten nicht vermeiden: aus solchen darf man keine übertriebenen kritischen Folgerungen ziehen. Auch muß man dem Dichter das Recht zubilligen, dem Bedürfnis der Situation zuliebe Motive zu erfinden, die er, wenn sie ihren Dienst getan haben, fallenläßt.

Die Ilias

Gang der Handlung. Einleitung: Eine von Apollon gesandte Pest nötigt Agamemnon, die kriegsgefangene Chryseis freizugeben, dafür nimmt er Achill die Briseis. Dieser, in seiner Ehre gekränkt, zieht sich vom Kampf zurück und fleht seine Mutter Thetis um Rache an. Ihr verspricht Zeus, den Troern so lange den Sieg zu verleihen, bis Achill Genugtuung geschehen sei (Buch 1).

Steigende Handlung: Agamemnon stellt die Achaier durch eine nicht ernstgemeinte Ankündigung der Heimfahrt auf eine schwere Probe. Aufmarsch des Heeres. Verzeichnis der achäischen und troischen Streitkräfte (2). In einem Zweikampf mit Menelaos unterliegt Paris, wird aber von Aphrodite entrückt (3). Athene verleitet Pandaros, durch einen Pfeilschuß auf Menelaos den geschlossenen Waffenstillstand zu brechen. Nun beginnt die **erste Schlacht** (4). Aristie des Diomedes (5). Da die Not der Troer wächst, geht Hektor in die Stadt, um ein Gebet an Athene anzuordnen und Paris aufs Schlachtfeld zu holen. Begegnung mit Andromache (6). Hektors Zweikampf mit Aias endet unentschieden. Waffenstillstand. Die Toten werden verbrannt, die Griechen befestigen ihr Schiffslager (7). In der **zweiten Schlacht** gewinnen die Troer die Oberhand (8).

Umschwung: Agamemnons Vorschlag zur Heimfahrt wird bekämpft. Auf Nestors Rat gehen Odysseus, Aias und Phoinix zu Achill, um ihn zur Wiederteilnahme am Kriege zu bewegen. Er aber will erst kämpfen, wenn Hektor den Schiffen der Myrmidonen naht (9).

Fallende Handlung: Nächtlicher Spähergang von Odysseus und Diomedes (10). Die **dritte Schlacht** beginnt mit einer Aristie Agamemnons. Angesichts der großen Verluste der Achaier bittet Nestor den von Achill abgesandten Patroklos, sich dessen Waffen geben zu lassen und mitzukämpfen (11). Inzwischen dringen die Troer in das Schiffslager (12). Doch der Widerstand der Achaier verstärkt sich (13). Trotz Verwundung der führenden Helden, trotz neuer Fluchtgedanken Agamemnons behalten sie noch einige Zeit die Oberhand, bis Hektor sie erneut zu den Schiffen zurücktreibt (14/15). Jetzt darf Patroklos in Achills Rüstung in den Kampf eingreifen, aber nur, um die Troer aus dem Griechenlager zu vertreiben. Er stürmt jedoch bis an die Mauern Troias vor und fällt durch Hektors Hand (16). Die Leiche des Patroklos wird mit Mühe geborgen. Hektor legt die erbeutete Rüstung Achills an. Zeus verkündet den Troern den Sieg (17). Nun fühlt sich Achill herausgefordert. Er schwört, Patroklos nicht eher zu bestatten, als bis er Hektors Haupt und Waffen gewonnen und zwölf junge Troer geopfert habe. Hephaistos fertigt ihm auf Thetis' Bitte eine neue Rüstung an. Schildbeschreibung (18).

Entscheidung: Achill entsagt seinem Groll, und Agamemnon bedauert seine Verblendung (19). **Vierte Schlacht.** Zeus gibt den Göttern die Teilnahme am Kampfe frei. Wütend kämpfend und selbst einmal stark gefährdet, dringt Achill vor die Mauern Troias; die Troer flüchten in die Stadt (20/21). Hektor allein bleibt draußen, aber er hält dem Anblick des Gegners nicht stand und flieht dreimal vor dem Verfolger um die Mauer. Nun wägt Zeus die Geschicke der beiden Helden, die Schale Hektors sinkt – er fällt von Achills Hand. Dieser schleift den Toten an seinem Wagen zu den Schiffen (22).

Schluß. Jetzt erst veranstaltet Achill eine Trauerfeier für Patroklos mit glänzenden Leichenspielen (23). Täglich schleift er den toten Hektor um das Grab des Freundes, bis die Götter eingreifen. Priamos begibt sich nachts zu Achill, wird von ihm freundlich aufgenommen und erhält gegen Lösegeld die Leiche seines Sohnes. Totenklage um Hektor und seine Bestattung (24).

Ineinandergreifende Handlungen. Der Name Ilias könnte irreführen. Denn das Epos gibt nur ein Teilgeschehen aus dem 10. Kriegsjahre, das nicht einmal entscheidend ist, und doch bekommen wir ein Gesamtbild des Krieges, indem der Dichter solche Motive, die ihren Platz eigentlich am Anfang des Krieges haben, geschickt in seine Erzählung einbezieht und Ursache wie Ausgang des Krieges bei passenden Gelegenheiten dem Hörer ins Gedächtnis ruft. Um die Kernhandlung μῆνις Ἀχιλῆος rankt sich eine Fülle von Nebenhandlungen. Die dramatische Bewegtheit im Griechenlager infolge der μῆνις, die ruhiger ausgetragenen Gegensätze in Troia, das Hin und Her auf dem Schlachtfelde, dazu in einer höheren Ebene die Welt der olympischen Götter, teils gleichgültig gegen die Menschen ihren eigenen Launen und Leidenschaften lebend, teils im Streit der Menschen Partei nehmend und eingreifend: all das hat der Dichter im Blickfeld behalten und in kontrastreichen Bildern ausgeführt.

Charaktere. Unter den vielen adelsstolzen Herren, die alle darauf bedacht sind, ihr Bestes zu leisten, um ihrem Geschlecht Ehre zu machen und ihre Geltung untereinander zu wahren, sind mehrere in unvertauschbarer persönlicher Eigenart gezeichnet, am eingehendsten Achill und Hektor. Unter den großen Frauengestalten ragen Helene und Andromache hervor.

Der Gesandtschaft war es nicht gelungen, **Achills** Unerbittlichkeit zu besiegen. Doch während der 3. Schlacht gewinnt er Abstand von seinem Groll. Gespannt beobachtet er vom Heck seines Schiffes Kampf und Niederlage der Achaier. Aus geringfügigem Anlaß schickt er Patroklos, um zu sehen, wie der Kampf steht. Der kommt tieferschüttert zurück, schilt die Erbarmungslosigkeit des Freundes und bittet um die Myrmidonen und um dessen Rüstung, wenn er nicht selbst helfen wolle. Der Tod des Freundes bringt die innere Wandlung. Der Groll gegen Agamemnon weicht dem Rachedurst gegen Hektor. Der 4. Kampftag führt in letzter Steigerung zum Eingreifen Achills und zur grausamen Rache. Die in der Sage gegebene Schändung der Leiche Hektors behält der Dichter bei, aber er erfindet das unvergleichliche nächtliche Zusammentreffen des gramgebeugten Priamos mit dem bisher so maßlosen Jüngling, durch das die beiden in dem Bewußtsein der Vergänglichkeit alles Irdischen zueinander finden. Erst durch diese Selbstüberwindung wird Achill zum vorbildlichen Helden.

Mit besonderer Liebe hat Homer den Charakter des Troers **Hektor** gestaltet, der sich nicht frei auslebt wie Achill, sondern ganz in der Sorge für das Vaterland und die Seinen aufgeht. Ihn trägt ein tiefes Pflicht- und Verantwortungsgefühl und trotz der Verachtung der Zeichen ein sicheres Gottvertrauen, obwohl die düstere Ahnung des Untergangs seiner Vaterstadt ihn stets begleitet. Die Begegnung mit Andromache ist vom Dichter schon wie ein endgültiger Abschied gestaltet.

Lebensauffassung. Wie über Hektor und Achill, so liegt über dem ganzen Geschehen der Ilias ein tragischer Schimmer. Dadurch wird aber die grenzenlose Liebe zum Leben, die alle Helden erfüllt, nicht gehemmt, sondern eher bestärkt. Auch die herrschenden Vorstellungen vom Jenseits (s. S. 33 f.) steigern nur die Bedeutung des irdischen Lebens. Denn dieses allein gibt die Möglichkeit, Ehre und Ruhm zu erwerben.

Die Odyssee

Gang der Handlung. Die Telemachie: Durch Poseidons Groll wird Odysseus von der Nymphe Kalypso auf der Insel Ogygie zurückgehalten. In Abwesenheit Poseidons beschließt die Götterversammlung auf Athenes Rat die Heimkehr des Odysseus. Athene begibt sich nach Ithaka und rät Telemach, vor der Volksversammlung ein Ende des Treibens der Freier zu fordern und auf Kunde nach seinem Vater auszuziehen (1). In der Versammlung erntet er nur Hohn, aber Athene besorgt ihm ein Schiff (2). Am Strande von Pylos treffen sie Nestor. Dieser erzählt, was er von der Heimkehr der Griechen weiß; wegen Odysseus weist er sie nach Sparta an Menelaos. Athene entschwindet. Telemach fährt nach Sparta (3). Hier erzählt ihm Menelaos von seinen eigenen Irrfahrten und teilt ihm mit, daß Odysseus von Kalypso zurückgehalten wird. Die Freier beschließen, den heimkehrenden Telemach zu töten (4).

Odysseus bei den Phaiaken: In einer neuen Götterversammlung beschließt Zeus auf erneute Vorstellungen Athenes, Hermes zur Nymphe zu schicken. Ungern entläßt diese Odysseus. Nach 17 Tagen ruhiger Fahrt auf selbstgezimmertem Floß ist er Scherie nahe, da wird es von Poseidon zerschmettert. Erst am dritten Tage rettet er sich an das Ufer, wo er in Schlaf sinkt (5). Am nächsten Morgen entdeckt ihn die Königstochter Nausikaa am Strande. Er erhält von ihr Kleider und folgt ihr bis vor die Stadt (6). Von Alkinoos freundlich aufgenommen, schildert er seine Schicksale seit der Abfahrt von Ogygie und erhält das Versprechen, am nächsten Tage nach Hause gebracht zu werden (7). Beim Gastmahl singt Demodokos vom Streit des Achill mit Odysseus, später von der Buhlschaft des Ares mit Aphrodite, abends vom hölzernen Pferde. Odysseus weint, und Alkinoos fragt ihn nach dem Namen (8). Jetzt gibt der Held sich zu erkennen und erzählt bis tief in die Nacht von seinen Irrfahrten (9–12).

Odysseus' und Telemachs Heimkehr: Am nächsten Abend bringt das Phaiakenschiff Odysseus nach Ithaka. Er erkennt zunächst seine Heimat nicht. Athene erteilt ihm Weisungen und verwandelt ihn in einen Bettler (13). Er sucht seinen alten Schweinehirten Eumaios auf, dem er erfundene Geschichten erzählt (14). Inzwischen ist Telemach zurückgekehrt. Er begibt sich zu Eumaios (15). Vater und Sohn erkennen sich, während sie allein sind, und beraten die Rache an den Freiern. Diese schmieden indes neue Anschläge gegen Telemach (16). Am nächsten Morgen sucht Telemach seine Mutter auf. Gegen Mittag kommt Odysseus. Während Freier und Gesinde ihn unwürdig behandeln, fragt ihn Penelope, ob er etwas von ihrem Gemahl wisse; er verschiebt die Antwort bis zum Abend (17). Penelope deutet vor den Freiern ihre Wiedervermählung an; nach ihrem Weggang ergehen sie sich wieder in Hohn und Spott gegen Odysseus (18). In der Nacht schaffen Vater und Sohn die Waffen aus dem Saal. Odysseus bereitet Penelope durch z. T. erdichtete Berichte auf seine Heimkehr vor. Die Amme Eurykleia erkennt ihren Herrn bei der

Fußwaschung an einer Narbe. Penelope teilt Odysseus ihren Plan mit, den Sieger des morgigen Wettkampfs im Bogenschießen zu heiraten (19). Die Mägde bereiten das Festmahl vor. Vogelzeichen und Weissagung schrecken die Freier (20).

Freiermord und Ausklang: Die Aufgabe des Wettkampfes ist, mit dem Bogen des Odysseus durch die Stiellöcher von zwölf hintereinanderstehenden Äxten zu schießen. Die Freier versuchen vergeblich, den Bogen zu spannen. Draußen gibt sich Odysseus den beiden treuen Hirten zu erkennen und läßt alle Türen schließen. Er erreicht die Beteiligung am Wettkampf und tut den Meisterschuß (21). Im Verein mit Telemach und den Hirten tötet er, von Athene unterstützt, die Freier und straft die ungetreuen Mägde (22). Penelope, die von alledem nichts gehört hat, erfährt durch Eurykleia von Odysseus' Heimkehr und der Rache an den Freiern. Sie verharrt im Zweifel, bis er sich ihr durch Mitteilung eines nur ihnen beiden bekannten Geheimnisses ausweist. Darauf erzählt er ihr von seinen Schicksalen. Sie hält sich noch im Hause verborgen, während Odysseus und Telemach zum Landgut des Laertes hinaufgehen (23). Hermes geleitet die Seelen der Freier in die Unterwelt. Odysseus gibt sich Laertes zu erkennen. Mit den Verwandten der Freier und dem Volke kommt ein Friedensvertrag zustande (24).

Thema. Während Buch 5 bis 12 der Odyssee vorzugsweise abenteuerliche Erlebnisse und märchenhafte Erzählungen von Seefahrern zum Inhalt haben, bringt die Telemachie und die 2. Hälfte des Epos eine Verwicklung des Familienlebens; die Verschollenheit des Hausherrn wirft die Fragen nach dem Schicksal der Frau, der Stellung des Sohnes, dem Bestand des Vermögens auf. Die Lösung erfolgt durch die Heimkehr des Herrn in dem Augenblick, wo die Frau sich einer neuen Heirat nicht mehr entziehen kann. Der Heimgekehrte trifft sich bei einem treuen Diener mit dem Sohne, der mit Mühe einem Mordanschlag der Freier entgangen ist. Das ist ein novellistisches Motiv, ebenso wie die Bogenprobe.

Schauplätze; Charaktere. Aus der kampfesfrohen Adelswelt der Ilias treten wir hier in eine Gesellschaft, die nicht allein vom Adel, sondern ebenso von der **Welt der kleinen Leute**, von Knechten und Mägden, bestimmt ist, die unter einem entarteten Adel zu leiden haben. Dabei wird aber die **Beziehung zur heroischen Welt** offen gehalten: Odysseus besucht die Phaiaken, Telemach Nestor und Menelaos; Sänger singen von Odysseus' Taten vor Troia. Und vom beschränkten Ithaka aus geht der Blick in eine weite Welt, zum Teil eine **Märchenwelt**, die man jedoch schon früh zu lokalisieren begann. Nachdem Odysseus sein Heldentum in Wind und Wetter, in Not und Gefahr bewährt und Begegnungen mit Riesen und Dämonen gemeistert hat, wird er mit Hilfe seiner Schutzgöttin und einiger ihm treu ergebenen Diener auch mit den Schwierigkeiten fertig, die ihn in der Heimat erwarten. Im ganzen ist die Odyssee in ihren Personen und Zustandsschilderungen viel **gegenwartsnäher** als die Ilias, ein Spiegel des kolonisierenden Ionertums, ein Zeugnis der sozialen Weiterentwicklung in der griechischen Welt (s. S. 10 f.) und der wachsenden seelischen Vertiefung. Letztere wird auch in Gestalten wie Nausikaa und Penelope sichtbar, in denen sich echt frauliches Empfinden mit sicherem Auftreten in der Gesellschaft verbindet.

Komposition. Sie ist nicht gradlinig wie die der Ilias, sondern verschlungen. Der Dichter setzt bei der vorletzten Station der Irrfahrten ein und läßt die früheren in einer Ich-Erzählung nachtragen. Um die Verhältnisse auf Ithaka und Telemachs Heranreifen zu zeigen, hat er die Telemach-Handlung vorausgeschickt, die erst im 15. Gesang in die Haupthandlung einmündet. Diese selbst ist zweifach: die erste Handlung führt vom Götterbeschluß der Heimkehr über den Schiffbruch und den Aufenthalt im Phaiakenlande nach Ithaka, die zweite von der Aufklärung durch Athene über leidvolle Erlebnisse und über die Erprobung der Seinen in dramatischen Erkennungsszenen bis zum Meisterschuß und Freiermord. Das Bindeglied der beiden Handlungen ist das Nichterkennen der Heimat nach der nächtlichen Landung.

Die homerische Frage

F. A. Wolf und K. Lachmann. Schon die alexandrinischen Philologen haben sich mit den Widersprüchen und Unstimmigkeiten in den homerischen Epen beschäftigt. Erst Friedr. Aug. **Wolf**, der Begründer der modernen Altertumswissenschaft, Universitätsprofessor in Halle, später in Berlin, hat in seinen Prolegomena ad Homerum (1795) die Folgerung gezogen, daß es den *einen* Dichter Homer gar nicht gegeben habe, sondern daß Ilias und Odyssee von verschiedenen Dichtern im Laufe von Jahrhunderten geschrieben worden seien. Wolfs Voraussetzungen: die Schriftlosigkeit der frühen Jahrhunderte, die Unmöglichkeit, daß nur *ein* Dichter ein zusammenhängendes Gedicht von Tausenden von Versen erdacht, daß nur *ein* Rhapsode ein solches auswendig gelernt habe, die Annahme einer endgültigen Redaktion der homerischen Epen durch eine Kommission des Peisistratos in Athen, sind längst widerlegt, aber sein Grundgedanke von dem komplexen Charakter der Ilias und Odyssee hat bis zur Gegenwart immer wieder zu Versuchen geführt, aus den uns vorliegenden Epen die „Urilias" und „Urodyssee" herauszutrennen oder sie überhaupt in ihre Bestandteile aufzulösen. Diese verstandesmäßige, den dichterischen Genius häufig verkennende Arbeit konnte sich zeitweise auf die mystische Vorstellung der Romantik von dem dichtenden Volksgeist stützen. Karl **Lachmann**, der das Nibelungenlied in 20 Einzellieder zerlegt hatte, glaubte aus der Ilias 16 Balladen herausschälen zu können. Gegenüber solchen „Liederjägern" hatten die „Einheitshirten" im 19. Jh. einen schweren Stand.

Schichtenanalyse. Der historische Sinn des 19. Jh. versuchte, gestützt auf die Sprachforschung und auf eine durch großartige Entdeckungen und Funde ermöglichte Chronologie der Vorgeschichte, ältere und jüngere Bestandteile zu scheiden. Man stellte innerhalb jedes der beiden Gedichte Unterschiede auf den verschiedensten Gebieten fest, z. B. in der Religion, in den Lebensgewohnheiten und gesellschaftlichen Sitten, in der Waffentechnik (Lang- und Rundschild, Bronze und Eisen), und hoffte dadurch Kriterien für frühere oder spätere Entstehung zu gewinnen. Aber, wie die sprachliche (s. S. 61), so hat auch die Kulturschichtenanalyse nicht viel Entscheidendes erbringen können. An sich neigt eine noch wenig reflektierende, volkstümliche Kunst zum Anachronismus, d. h. zur Darstellung einer fernen Vergangenheit in zeitgenössischer Gestaltung – so finden wir es bei Homer in den Gleichnissen und etwa bei der Schildbeschreibung bestätigt –, dem wirkt aber ein durch Tradition geformter **archaisierender Stil** des Heldenepos entgegen, den wir nicht als ein Bemühen um historisch echte Darstellung, sondern als eine idealisierende Abhebung von der Gegenwart aufzufassen haben. So ist es kein Wunder, wenn einerseits bestimmte Verhältnisse und Zustände der Zeit Homers in den Epen überhaupt nicht erwähnt werden, andere keinen einheitlichen Niederschlag finden.

Motiv- und Strukturanalyse. Die analytische Arbeit am Homer gipfelte in außerordentlich voneinander abweichenden Hypothesen über Art und Umfang der Vorlagen, die von den Bearbeitern unserer Ilias und unserer Odyssee durch Ein- und Umdichtungen zu einem Ganzen zusammengefaßt worden seien. Die Widersprüchlichkeit dieser Forschungsergebnisse verstärkte die Front derjenigen, deren Anliegen es ist, vor allem die Dichterpersönlichkeit Homers ins Blickfeld zu bekommen. Zwar glaubt man nicht mehr, daß Ilias und Odyssee von demselben Dichter stammen (s. S. 61), sieht aber in den Dichtern der Ilias und der Odyssee schöpferische Geister, die unter Verwertung früherer Epen und Übernahme von Motiven daraus mit großer baumeisterlicher Kunst gewaltige neue Werke schufen, in denen sie zugleich den alten Mythos vermenschlichten, versittlichten und durchseelten.

Nachfolge und Wirkungen Homers

Die Rhapsoden. An die Stelle der in den homerischen Gedichten gerühmten Sänger zur Laute waren schon lange wandernde Rhapsoden (ᾠδὴν ῥάπτειν einen Gesang „nähen") mit dem Stabe getreten, die abschnittweise epische Dichtungen vortrugen. Bei Götterfesten und Leichenspielen, allein oder im Wettbewerb auftretend, verbreiteten sie die ionische Epik in der ganzen griechischen Welt, so daß Homer bald ein gemeingriechischer Besitz wurde. Homerrezitationen wurden staatliche Einrichtungen, wie in Athen bei den Panathenäen (s. S. 39).

Die homerischen Hymnen. Früh wurde es üblich, daß die Rhapsoden zur Einleitung ihrer oft mehrtägigen Vorträge an Götterfesten ein selbstverfaßtes Preislied zu Ehren des gefeierten Gottes vortrugen. Die erhaltenen Hymnen dieser Art, deren älteste aus dem 7. Jh. stammen, behandeln entweder in ernster Sprache Kultlegenden der Götter (Apollon, Demeter), oder sie malen Szenen aus deren Leben, wie die Schelmenstreiche des kleinen Hermes, in ansprechender Form aus. Der delische Apollonhymnos schließt mit einer Selbstvorstellung des Rhapsoden; er nennt sich den blinden Sänger von Chios.

Homer als Erzieher. Kein Dichter hat einen so großen Einfluß auf sein Volk und auf die Nachwelt überhaupt ausgeübt wie Homer. Seine Epen wurden **Fibel und Bibel** der Griechen (doch s. S. 42 f.). Durch die Schule, die an ihm Schreiben, Lesen, Hören und Verstehen lehrte, wurde Homer das Bildungsmittel der Jugend; die Welt Homers befruchtete ihre Phantasie, aus seinen Helden wählte sie sich Vorbilder. Homer wurde das einigende Band hellenischen Nationalgefühls über aller staatlichen und sprachlichen Zersplitterung. Der troische Krieg galt als das erste gesamtgriechische Kriegsunternehmen.

Nachwirkung in Dichtung und Kunst. Viele Dichter versuchten sich an Nachahmungen der homerischen Gedichte, aber es ergab sich, daß diese weder überboten noch erreicht werden konnten. Als Lyrik und Drama aufblühten, blieb Homers Sprache ein Muster und seine Dichtung eine unerschöpfliche Fundgrube von Motiven für die neuen Dichtungsgattungen. Auch die bildende Kunst nahm aus Homer Anregungen und Maßstäbe.

Hesiod. Der bäuerliche Rhapsode Hesiodos (um 700) ist der erste griechische Dichter, der seinen Namen nennt und vom eigenen Schicksal spricht, so daß wir eine gute Vorstellung seines Wesens gewinnen. Er verwarf das spielerische Dasein der homerischen Götter und die Wertwelt der homerischen Helden und gab aus der selbsterlittenen Gegenwart heraus der überlieferten Form des Epos einen völlig neuen Inhalt. Als grüblerischer **Denker** suchte er in der bunten Menge der Götter des Mythos und des Kultes einen sinnvollen Zusammenhang herzustellen und als mahnender **Prophet** in einer verderbten Zeit der Stimme der in Zeus verkörperten Gerechtigkeit Gehör zu verschaffen. Er ist der **Schöpfer des Lehrgedichts.**

Sein Vater, ein verarmter Kaufmann aus der kleinasiatischen Aiolis, siedelte sich in dem kärglichen Askra am Helikon in Boiotien an. Beim Schafehüten erlebte Hesiod, wie die Musen ihn zum Dichter weihten und ihm die wirkliche Wahrheit zu verkünden versprachen. Bei einem Rhapsodenwettstreit in Chalkis gewann er einen Dreifuß, den er den Musen weihte.

Die **Theogonie** schildert die mit unerhörten Gewalttaten verbundene Abfolge des Königtums im Himmel bis zu Zeus, der nach dem Sturz der Titanen zum Schirmer des Rechts geworden ist, führt in genealogischer Form die weitverzweigten Sippen der Götter vor und schließt die Heroengeschlechter an. Die **Werke und Tage** fordern die Wiederherstellung der gerechten Weltordnung durch Anweisungen zu redlicher, bäuerlicher Arbeit. Angehängt ist ein Bauernkalender für die Feldarbeit. Eingestreut sind Mythen zur Erklärung des Bösen in der Welt: das Absinken der Menschheit vom goldenen zum eisernen Weltalter und die Strafe an der Menschheit für den doppelten Trug des Prometheus. Trotz der archaischen Umständlichkeit der Gedankenführung wirkte das Werk durch seine bekenntnishafte Aussage. Noch Vergils Georgika standen unter seinem Einfluß (s. „Res Romanae“ S. 87).

Mit Recht gilt Hesiod trotz seines mythischen Denkens als **Vorläufer der Philosophie.** Er liebt die Wahrheit, fragt nach Ursache und Anfang, hat ein starkes Bedürfnis nach systematischer Ordnung und nach Abstraktion und begründet die Existenz des Bösen aus einem Gesetz der Vergeltung (s. S. 34; 96).

II. DIE LYRIK

ARTEN UND FORMEN DER LIEDER

Ursprünge. Wie bei andern Völkern, verschönte auch bei den Griechen schon in vorliterarischer Zeit der Gesang Höhepunkte des menschlichen Zusammenlebens und unterstützte gemeinsame Arbeitsverrichtungen. Aus Homer erfahren wir von Hochzeits- und Begräbnisliedern, von Sieges- und Kultliedern, von Liedern zur Weinlese und zum Weben. Heischelieder von Kindern und andere Volkslieder besitzen wir aus späterer Zeit; kunstlose Volkslieder hat es gewiß zu allen Zeiten gegeben. Das 7. Jh., die Zeit des **Erwachens der Persönlichkeit,** zeigt bereits eine vollendete kunstmäßige Lyrik mit überraschendem Reichtum von Gattungen (γένη). Damit endet die bisherige Anonymität literarischer Leistungen, die als erster Hesiod aufgegeben hatte.

Musik und Tanz. Die Lyrik ist ohne Musik und Reigentanz nicht zu denken. Die lyrischen Versmaße stammen aus den Bewegungsrhythmen des Tanzes. Die Instrumente sind vorgriechischen oder asiatischen Ursprungs: die schlichte **Lyra,** die **Kithara** mit größerem Schallkasten, die schrill und scharfklingende Flöte (**Aulos,** eine Oboenart). Von den drei Grundtonarten hat nur die dorische, die streng und männlich wirkte, einen griechischen Namen; die lydische galt als schwermütig und weichlich, die phrygische als fromm ekstatisch. Die Griechen durchtränkten ihr ganzes privates und staatliches Leben mit Musik. Sie war das wichtigste Erziehungsmittel zu Sittlichkeit und Gemeinschaftssinn; s. Taf. V.

Kitharodie und Aulodie. Während in der Lyrik die Instrumente nur zur Begleitung und Untermalung dienten, übernahmen sie in der Kitharodie und Aulodie die Führung. Es waren festgefügte Weisen (νόμοι), denen meist ein Homertext zugrunde lag. Als Erfinder des kitharodischen Nomos galt **Terpandros** von Lesbos, der um 675 in Sparta in einem Agon siegte und dort eine Musikschule begründete.

Arten der Lyrik. Für die Griechen ist Lyrik nur das gesungene, von Instrumenten begleitete Lied: Einzellied und Chorlied. Wir rechnen auch die nur gesprochenen Gattungen Elegie, Epigramm und Iambos dazu. Über die Sprachform der Lyrik S. 58 f.

Die **Elegie** steht durch ihren Vers, das aus Hexameter und Pentameter zusammengesetzte elegische Distichon (= Zweizeiler), dem epischen Versmaß noch nahe, galt aber als geeignet, die Motive der redenden Personen des Epos in die Gegenwart zu verlegen und überhaupt eine persönliche An- und Aussprache zu ermöglichen. Der Inhalt der Elegie ist von Anfang an vielschichtig: kriegerische Mahnung, politische Propaganda, Widmung an die Götter, Weisheitssprüche, auch Wein und Liebe. Den „elegischen" Charakter bekam dieses γένος erst im Hellenismus (s. „Res Romanae" S. 91).

Einzelne oder wenige Distichen wurden gern als **Epigramme** (Aufschriften) für Grabstelen und Weihgeschenke benutzt. Hier war knappe, scharfe Fassung erwünscht; so entwickelte sich aus dem Epigramm das Sinngedicht.

Der **Iambos,** zu dem auch trochäische Maße gerechnet wurden, stand der Sprechweise des Alltags nahe und war deshalb geeignet, das Persönliche stark hervortreten zu lassen; er wurde gern für Schelt- und Rügelieder verwendet.

Im **Einzellied** (μέλος) kamen persönliche Gefühle und Stimmungen am stärksten zum Ausdruck. Es blühte besonders auf der aiolischen Insel **Lesbos.** Auch das Melos war meist Anrede und Ansprache an einen engeren oder weiteren Kreis von Gleichgesinnten. Die Formen waren mannigfaltig, meist Strophen von 2–4 Versen, Auflösung der Länge in zwei Kürzen war nicht gestattet. Beliebt waren die sapphische und alkäische Strophe, die Horaz zum Vorbild dienten.

Ausgesprochene Gemeinschaftskunst war die im **dorischen** Kulturgebiet beheimatete **Chorlyrik.** Sie verherrlichte Götter in Hymnen, Paianen (urspr. Lieder auf Apoll), Dithyramben (urspr. Lieder auf Dionysos), Prozessionsliedern, und Menschen in Sieges- und Hochzeitsliedern u. a. Es gab Männer-, Frauen-, Knaben- und Jungfrauenchöre. Auch bei der Ehrung von Menschen stand der Mythos im Mittelpunkt. Durch ihn wurde das Gegenwartsgeschehen in eine höhere Sphäre gehoben, zugleich aber an einem höheren Maßstab gemessen. So konnte das Gedicht auch mit einer allgemeingültigen Sentenz (Gnome) enden. Es war aber dem Dichter nicht verwehrt, persönliche Äußerungen einfließen zu lassen. Die Metrik der Chorlieder war äußerst kunstvoll und kompliziert. (Noch Goethe glaubte, bei Pindar freie Rhythmen zu finden und durch solche ihn nachzuahmen.) Die Komposition war häufig triadisch: Strophe, Gegenstrophe und Nachgesang.

Die wichtigsten Metra, Verse und Strophen

I. Iambus ◡̄ — ◡ —   Trochäus — ◡ — ◡̄

Bei beiden Metra können die Längen in 2 Kürzen aufgelöst werden.

Dem iambisch-trochäischen Rhythmengeschlecht gehören durch Verkürzung (Katalexe), Unterdrücken von Senkungen (Synkope), Umschlagen der Quantität (Anaklasis) entstandene Metra an, wie:

Choriambus — ◡ ◡ —   Antispastus ◡ — — ◡
Kretikus — ◡ —   Bakchēus ◡ — —
steigender Ionikus ◡̄ ◡ — ⏓   fallender Ionikus ⏓ — ◡ ◡̄

Der iambische Trimeter ◡̄ — ◡ — | ◡̄ ⁝ — ◡ ⁝ — | ◡̄ — ◡ ⏓ wird durch Umschlagen der Quantität im 6. Fuß bzw. durch Ersetzung des 3. Metrums durch den Antispast zum Hinkiambus

◡̄ — ◡ — | ◡̄ — ◡ — | ◡̄ — — ◡

II. Daktylus — ◡ ◡

Spondēus — —

Anapästischer Dimeter ◡◡̄ ◡◡ | ◡◡̄ ◡◡, katalektisch ◡ ◡ — | —

Der Hexameter besteht aus 6 Daktylen, deren letzter katalektisch ist. Die ersten 4 Daktylen, selten der 5., können durch Spondeen ersetzt werden (über die Zäsuren s. S. 62):
— ◡◡̄ | — ◡◡̄ | — ◡◡̄ | — ◡◡̄ | — ◡ ◡ | — ◡̄
Der sog. Pentameter besteht aus 2 katalektischen daktylischen Trimetern; in der 2. Hälfte dieses Verses darf kein Spondēus gebildet werden:
— ◡◡̄ | — ◡◡̄ | — || — ◡ ◡ | — ◡ ◡ | —

III. Dem choriambischen Dimeter — ◡ ◡ — | — ◡ ◡ — sind viele Verse metrisch gleichwertig, deren Anfang, Mitte oder Ende von einem Choriambus gebildet wird, während die übrigen 4 Silben große Variationen aufweisen. Dazu gehören
u. a. die verschiedenen Formen des Glykonēus, z. B. — ◡ — ◡ ◡ — ◡ ⏓,
des Pherekratēus, z. B. — ◡ — ◡ ◡ — ⏓ und des Dochmius, z. B. ◡ — | — ◡ —

IV. Wird in dem iambisch ausklingenden Glykonēus der Choriambus zwei- bzw. dreimal wiederholt, so entsteht der kleine bzw. große Asklepiadēus,

— — — ◡ ◡ — — ◡ ◡ — ◡ — (vgl. Horaz c. 1, 1)

— — — ◡ ◡ — — ◡ ◡ — — ◡ ◡ — ◡ — (vgl. Horaz c. 1, 11).

Die **sapphische Strophe** besteht aus dreimal wiederholtem Elfsilber und einem Adoneus

— ◡ — ◡̄ — ◡ ◡ — ◡ — ◡̄

— ◡ ◡ — ⏓

Die **alkäische Strophe** besteht aus zwei Elfsilbern, einem Neunsilber und einem Zehnsilber

◡̄ — ◡ — ◡̄ — ◡ ◡ — ◡ —

◡̄ — ◡ — ◡̄ — ◡ — ◡

— ◡ ◡ — ◡ ◡ — ◡ — —

DIE BEDEUTENDSTEN LYRIKER

Die Elegiker. Als Begründer der Elegie galt der Ioner **Kallinos** von Ephesos (um 650), der in kraftvollen Versen zum Kampf gegen eingefallene Barbarenvölker aufrief. Gleichzeitig feierte **Tyrtaios** in Sparta packend und anschaulich das spartanische Mannesideal, die Arete, und forderte Bewährung bis zum Heldentode (s. S. 16). Dagegen klagte **Mimnermos** von Kolophon (um 600) in weichen Tönen über die Vergänglichkeit des Lebens und verfocht das Recht auf Lebensgenuß; er begründete die Liebeselegie.

Solon (um 600), der große athenische Staatsmann (s. S. 18 f.), führte die ionische Elegie in Athen ein. In kraftvollen, bilderreichen **Elegien und Iamben** äußerte er vor allem seine Reformgedanken; er benutzte sie als Mittel der politischen Erziehung seiner Bürgerschaft. Durch eine auf dem Markte vorgetragene Elegie hatte er zum Kampf um Salamis aufgerufen.

Ganz anders als die Verse Solons muten die in dem Sammelbuch des **Theognis** aus Megara (550–490) vereinigten kürzeren und längeren Elegien an, denen freilich viel fremdes Gut untermischt ist. Theognis war ein fanatischer Aristokrat, der vielerorts als Emigrant leben mußte und den Demos glühend haßte. Er wollte einen jungen Freund mit den Grundsätzen adliger Lebensführung vertraut machen zu einer Zeit, wo diese bereits zum Untergang verurteilt war.

Xenophanes kämpfte in seinen Elegien gegen den homerischen Anthropomorphismus der Götter (s. S. 101).

Iambographen. Archilochos von der ionischen Insel Paros (um 650) ist der Schöpfer und zugleich der Klassiker der Iambendichtung. Er stellt sich selbst als Gefolgsmann des Kriegsgottes und Meister der Dichtkunst vor. Als Landsknecht beteiligte er sich an Kämpfen auf Thasos und in Thrakien und fiel in einer Fehde gegen Naxos. Wie er selbst unbekümmert um anerkannte Adelswerte kein Hehl daraus machte, daß er Bastard eines Adligen war und daß er seinen Schild in einem verlorenen Gefecht weggeworfen hatte, so griff er rücksichtslos und mit beißendem Spott alle an, die seine Ehre und sein Recht verletzten. Doch finden sich auch besinnliche Äußerungen und Reflexionen über das Auf und Ab der irdischen Dinge. Die meisten Gedichte sind in iambischen Trimetern oder trochäischen Tetrametern geschrieben. Auch die Form der **Epode,** in der ein kürzerer Vers auf einen längeren folgt, und das elegische Distichon verwendet er.

Ein Nachzügler des Archilochos ist **Hipponax** von Ephesos (um 540), den politische Wirren zum Bettler gemacht hatten. In der Sprache des niederen Volkes bettelt er um Nahrung, Kleidung und Geld. Er schuf den **Hinkiambos,** der später vor allem in satirischer Dichtung beliebt wurde.

Meliker. Alkaios (um 600) aus Mytilene auf Lesbos, einem alten Adelsgeschlecht entstammend, kämpfte für seine Vaterstadt gegen Athen am Hellespont, wurde zweimal verbannt und schließlich zurückberufen. In der Zeit der Verbannung nahm er in Thrakien, wohl auch in Ägypten Kriegsdienste. Diese Verhältnisse spiegeln sich in kunstvollen Liedern wider, in denen er seinen Anhängern von Haß, Verzagtheit und Jubel, von Kampfes- und Seenot, von der Freude des gemeinsamen Trinkens singt. – Neue Funde haben auch Hymnen und Heroenlieder von Alkaios gebracht.

Sappho aus Eresos auf Lesbos (um 600) ist die erste und größte griechische Dichterin. Auch sie war eine Zeitlang verbannt und lebte mit ihrem Mann auf Sizilien. Nach ihrer Rückkehr war sie in Mytilene der Mittelpunkt eines Kreises adliger junger Mädchen, die sie bis zu ihrer Verheiratung in feiner Sitte, in Gesang, Tanz und Saitenspiel ausbildete. Das gemeinsame Leben dieses Kreises war auf gegenseitige Freundschaft und Liebe eingestimmt. Den weiblichen Gefühlen, ihren eigenen und denen ihrer Mädchen, hat sie in ihren schlichten und innigen, aber auch leidenschaftlichen Liedern künstlerischen Ausdruck verliehen. Sie dichtete viele Götterhymnen und Hochzeitslieder. Catull (s. „Res Romanae“ S. 83 f.) hat zwei ihrer Gedichte nachgebildet. Ihr Sturz von der Meeresklippe aus unerwiderter Liebe zu Phaon ist eine späte Erfindung (Grillparzer).

Anakreon aus der ionischen Stadt Teos (um 520) lebte eine Zeitlang an den Tyrannenhöfen auf Samos und in Athen und dichtete leichte, fröhliche Lieder von Wein und Liebe. Diese wurden ebenso wie Sprüche aus dem Elegienbuch des Theognis beim Gelage verwendet. Hier war es üblich, daß die Teilnehmer Lieder zur Laute improvisierten; die Reihenfolge wurde durch das beliebige Weiterreichen eines Myrtenzweiges bestimmt; diese Lieder hießen daher **Skolia** (σκολιός krumm). Sie feierten in aiolischen Maßen und aiolischer Sprache Wein und Liebe, zumeist jedoch Götter, Heroen, Tyrannenmörder.

Chordichter. Alkman aus Sardeis (vor 600) kam in Sparta durch kultische Chorlieder, die er selbst in Musik setzte, einübte und begleitete, zu hohem Ansehen. Er flocht gern Persönliches in seine Lieder. Goethes „Wanderers Nachtlied“ erinnert an sein „Abendlied“, das beginnt: „Εὕδουσιν δ'ὀρέων κορυφαί τε καὶ φάραγγες“ „Es schlafen der Berge Gipfel und Gründe“.

Simonides aus Keos (556–468) wurde als geistreicher Gesellschafter und vielseitiger Dichter von Chorliedern, Elegien und Epigrammen besonders an den Tyrannenhöfen geschätzt. Berühmt war sein Trauerlied auf die Gefallenen von Thermopylai. Er war der erste Dichter von Siegesliedern für gymnische und hippische Agone. In seiner skeptischen Denkweise galt er als Vorläufer der Sophistik.

Sein Neffe und Landsmann **Bakchylides** (510–450) dichtete Einzel- und Chorlieder aller Art. Diese erreichten nicht die Tiefe der Dichtung seines Oheims, erst recht nicht die des großen Pindar, waren aber anmutig und gefällig. Er dichtete auch Heldenballaden, damals Dithyramben genannt (s. S. 72), die in Rede und Gegenrede bereits dramatisch angelegt waren.

Pindar (um 520–442) entstammte einem alten Geschlecht aus dem Umkreis des sagenreichen Theben, lernte in Athen das Technische der Chorlyrik (Dichten in dorischer Sprache, Komponieren und Chorführung), trat früh in Beziehungen zur delphischen Priesterschaft und wurde Gastfreund vornehmer Geschlechter des Mutterlandes und Siziliens.

Von den 17 Büchern seiner Chorlieder besitzen wir u. a. die ersten vier mit 44 Epinikien auf Sieger bei den Nationalspielen in Olympia, Delphi, bei Nemea und am Isthmos. Sie wurden z. T. am Ort des Sieges, meist in der Heimat des Siegers aufgeführt. Die metrische Form wiederholt sich nie, der Aufbau in Strophe, Gegenstrophe und Abgesang ist streng. Auf die Erwähnung des Anlasses, das Lob des Siegers, seines Geschlechts oder seiner Stadt folgt als Hauptteil ein geeigneter Mythos unter Hervorhebung bestimmter Punkte; das Gedicht schließt mit einer Spruchweisheit oder einem Gedanken persönlicher Prägung. Wuchtig wirkt die eigenwillige Führung der Gedanken und die bilderreiche Sprache. Pindar ist der Schöpfer der feierlichen Odendichtung mit ihrem erhabenen Stil.

Die Geisteswelt Pindars gehört im Grunde noch der Zeit vor den Perserkriegen an. Er fühlt sich als Lehrer einer verinnerlichten Adelsethik mit stark religiösem Einschlag. Seiner Sendung ist er sich voll bewußt. „Wer bloß Gelerntes besitzt, ist ein dunkler Mann, bald von dem, bald von jenem begeistert, und tritt niemals auf mit sicherem Fuß, und von tausend Künsten kostet er mit ziellosem Sinne“ (Nem. 3, 41 f.). „Diese Worte sind mir wie Schwerter durch die Seele gegangen“: so Goethe an Herder am 10. 7. 1772.

III. DAS DRAMA

URSPRUNG, ARTEN UND AUFBAU DER SCHAUSPIELE

Die Schöpferkraft der Griechen. Beim Übergang von der Lyrik zum Drama sei darauf hingewiesen, daß die Griechen die Dichtungsgattungen **Epik, Lyrik** und **Drama** gleichsam in einer zwangsläufigen Logik als Ausdruck bestimmter geistiger Situationen nacheinander geschaffen haben. Ohne daß die alte Gattung abstarb, erhob sich aus ihrem Schoße eine neue. Dabei lösten sich in der Durchführung der poetischen Gesamt- und Teilaufgaben die Stämme mit ihren Untergliederungen ab (s. S. 58 f.). Das Epos und die Lyrik treten uns gleich im Anfang so künstlerisch vollendet entgegen, daß es der Forschung außerordentlich viel Mühe macht, die zweifellos vorhanden gewesenen Vorstufen zuverlässig zu ergründen; beim später entstandenen Drama sehen wir etwas klarer. Jedenfalls sind die ersten erhaltenen Vertreter aller Dichtungsgattungen bereits deren unbestrittene Meister. Gerade in diesem geschichtlichen Werdegang der literarischen Gattungen und Untergattungen und ihrer Ausgestaltung zu Gebilden vollendeter Kunst, die fast wie Natur erscheint, zeigt sich die wunderbare Schöpferkraft des griechischen Volkes. Ähnliches gilt für die Entwicklung der **Prosa** wie auch der **Wissenschaft** und der **Kunst.** Was der hellenische Genius geschaffen und erarbeitet hat, benutzen wir als selbstverständlichen Besitz und vergessen leicht, in welchem Maße es griechisches Erbe ist.

Ursprünge des Dramas. Das Drama ist primär aus kultischen Begehungen mit magischem Hintergrund erwachsen. Für das attische Drama wird diese Tatsache durch Aristoteles bestätigt, der in seiner Poetik die Tragödie von den Anstimmern des Dithyrambos, die Komödie von denen der phallischen Umzüge (s. S. 35) herleitet. Für viele Orte Griechenlands sind ausgelassene Umzüge in verschiedenartigen Kostümen bezeugt. Die dabei üblichen Spöttereien sollten Unheil abwehren.

Die aus solcher Wurzel entstandene **Volksposse** ist zuerst in Sizilien zu einer literarischen Kunstgattung geworden. Die δράματα des Siziliers **Epicharmos** (um 550–460) waren **Lustspiele,** in denen in der Art des Mimus Typen des Alltags dargestellt, aber auch mythische Gestalten verspottet wurden (z. B. Herakles als Vielfraß). Ein Chor wirkte nur selten mit.

Bei der **attischen Komödie** (κῶμος = lustiger Umzug) war von Anfang an der Chor die Hauptsache. Sie wurde erst 486 eine staatliche Einrichtung; für einen Wettstreit mehrerer Komödien an den Dionysien wurden Choregen bestellt, reiche Bürger, die für die Einstudierung zu sorgen hatten. Auch dies war eine Art der λειτουργίαι (s. S. 19).

Die **attische Tragödie** war schon 534 zu einer staatlichen Einrichtung geworden.

Diese war hervorgegangen aus Maskenaufzügen zu Ehren des **Dionysos** (s. S. 40), wie sie auf Vasenbildern des 6. Jh. zu sehen sind: der Gott von flöteblasenden Satyrn oder Silenen mit Bocksbärten und Pferdeschwänzen umgeben (s. Taf. VI). Inzwischen hatte der aus Lesbos stammende Chordichter **Arion** (um 600) in Korinth den **Dithyrambos** zu Ehren des Dionysos in eine kunstgemäße Form gebracht und von Satyrchören singen lassen. Dieser „Bocksgesang" (τραγῳδία) kam nach Athen. Hier machte er drei wichtige Wandlungen durch, ehe er seine **klassische Form** erhielt. Ein „Antworter" (ὑποκριτής) trat auf, der sich in iambischen und trochäischen Versen mit dem Chor unterhielt. Ferner wurde die Beschränkung auf Dionysos fallen gelassen und der Stoff beliebigen Heroensagen entnommen. Schließlich gab man die grotesken Elemente des bisherigen Spiels auf.

Erstmals wurde durch **Peisistratos** i. J. 534 an den von ihm eingerichteten großen Dionysien eine Tragödie in das Festprogramm aufgenommen. Dichter und Schauspieler war **Thespis** aus Ikaria (Attika). Der Chor setzte sich aus attischen Bürgern zusammen.

Orchestra und Skene des Dionysostheaters

Doch das satyrhafte Element war ein so wesentlicher Teil des Kultus gewesen, daß es sich nicht völlig verdrängen ließ. Es wurde fortan als besonderes **Satyrspiel** gestaltet und als erholsame Zugabe der Aufführung von je drei Tragödien angehängt. Auch dieses blieb nicht auf Stoffe aus dem Dionysosmythos beschränkt.

Der **tragische Agon** (drei Tragödien, ein Satyrspiel) und die **Choregie** reicher Bürger wurden noch vor 500 eingeführt. Seit 450 gab es auch Agone der tragischen und der komischen Protagonisten (ersten Schauspieler).

Die Aufführungen. Sie fanden statt am SO-Abhang der Akropolis im Bezirk des Dionysos Eleuthereus (s. S. 49, 129). Für die großen Dionysien beantragten die Dichter beim 1. Archon einen Chor. In der Regel wurden drei Dichter zum Wettkampf zugelassen. Es wurden Choregen bestimmt, die auf eigene Kosten den Chor zusammenzubringen, ihn während der Übungszeit zu beköstigen und Kostüme und Masken zu beschaffen hatten (λειτουργία). Die Regie hatte der Dichter, der ursprünglich selbst mit auftrat, als χοροδιδάσκαλος.

Am Vorabend der großen Dionysien wurde das Kultbild des Dionysos Eleuthereus in der Orchestra aufgestellt. Der erste und zweite Tag sah Männer- und Knabenchöre und lyrische Agone. Der dritte Tag begann mit der Auslosung der Reihenfolge der Aufführungen und der Wahl der Preisrichter. Dann wurden fünf, später drei Komödien aufgeführt, an den drei folgenden Tagen je drei Tragödien mit je einem Satyrspiel. Am Schluß wurden die Sieger festgestellt, verkündet und bekränzt; der Chorege erhielt einen Dreifuß, der Dichter einen Ehrensold. Das Eintrittsgeld von zwei Obolen wurde seit Perikles zurückerstattet. Die Aufführungen wurden urkundlich festgehalten in den διδασκαλίαι, die später Aristoteles veröffentlichte. An den kleinen Dionysien und den Lenäen wurden die Stücke wiederholt, an den letzteren auch neue Komödien aufgeführt.

Tracht der Schauspieler und des Chores. Die Tracht der tragischen Schauspieler weist zurück auf die Darstellung eines Gottes, die der komischen auf Darstellung dämonischer Wesen. Die Tragöden trugen einen reichverzierten langen Chiton und darüber Himation oder Chlamys, die Komöden einen kurzen Chiton. Der Gebrauch der **Gesichtsmaske** (πρόσωπον) wies auf den kultischen Ursprung des Spiels hin. Die Masken der Tragödie waren ernst und würdig, die der Komödie karikierten das Aussehen der verspotteten Personen. Die natürlichen Masken der älteren Zeit wurden später fratzenhaft verzerrt. Die weite Mundöffnung der späteren Zeit diente angeblich der Schallverstärkung. Die Maske, in einem hohen Haaraufsatz endigend, wurde wie ein Visierhelm aufgestülpt und bedeckte den ganzen Kopf. In der Gesichtspartie konnte man Alter und Charakter der Personen zum Ausdruck bringen. Der Schuh des Schauspielers war der Jagdstiefel des Dionysos; erst später bekam er stelzenartige Form (κόθορνος, Kothurn). In der Komödie erinnerten dicke Polsterung von Bauch und Gesäß und ein

Komische Maske
(Theater von Priene)

lederner Phallos an ihre Herkunft. Die Tracht des Chors der Tragödie richtete sich nach dem, was er darzustellen hatte; er trug Halbschuhe. Im Satyrdrama stellte der Chor Satyrn dar. Der Chor der Komödie bestand vielfach aus Tiergestalten (z. B. Wespen, Vögeln) und war entsprechend vermummt. Sämtliche Rollen, auch die weiblichen, wurden von Männern gespielt.

Form und Aufbau der Tragödie. Chorlyrik war die Wurzel der Tragödie und blieb sehr lange ihr Hauptbestandteil. Im Laufe der Zeit verstärkte sich das dialogische Element und umfaßte schließlich etwa Dreiviertel des Gesamttextes. Aischylos führte den zweiten, Sophokles den dritten Schauspieler ein. Jeder Schauspieler spielte mehrere Rollen. Die Zahl der Statisten war unbeschränkt. Der Chor war 12, später 15 Mann stark.

Die festen Teile der klassischen Tragödie waren der **Prolog** (monologisch oder dialogisch) zur Exposition der Handlung, die **Parodos** (Einzugslied) des Chores zur Exposition der Stimmung, dann drei bis fünf Dialogszenen, **Epeisodia** (benannt nach dem Hinzutreten eines Schauspielers), wechselnd mit **Stasima** („Standliedern" des Chores, meist in Strophe, Gegenstrophe, Abgesang gegliedert), endlich der Schlußteil, die **Exodos,** ursprünglich das Abzugslied des Chores. Innerhalb der Epeisodien gab es Redeagone, die sich zu Stichomythien (Wechsel der Sprechenden von Vers zu Vers) steigerten, lange Botenreden (Gewalttat und Selbstmord wurden nicht auf der Bühne dargestellt), Wechselreden und Wechselgesänge zwischen Chor (Chorführer) und Schauspieler, besonders die κομμοί (urspr. Klagegesänge). Später wurden den Schauspielern auch Gesangspartien (Arien) gegeben.

Die **Komödie** übernahm vieles von der älteren Schwester, blieb aber immer lockerer gebaut. In der Zahl der Schauspieler war sie weniger beschränkt; Chor und Dialogpartien griffen stärker ineinander. Ein altertümlicher, fester Bestandteil ist die **Parabase** etwa in der Mitte des Stücks. Der Chor (24 Mann stark) zog mit abgelegten Masken durch die Orchestra an den Zuschauern vorbei, und der Chorführer trug dem Publikum persönliche Angelegenheiten des Dichters, seine Wünsche, Klagen, Rechtfertigungen, vor; dabei war die Handlung des Stücks völlig unterbrochen. In der Komödie bedienten sich Chor und Schauspieler des attischen Dialekts, während die Chorlieder der Tragödie ihrer Herkunft entsprechend eine dorische Färbung behielten.

Der Chor verkörperte die kultische Gemeinschaftsfeier der Polis, in der Handlung des Stücks aber war er der Hauptperson zugeordnet und deshalb verhältnismäßig unselbständig, am aktiven Eingreifen in die Handlung gehindert; er berät und warnt, zeigt sich oft ängstlich und furchtsam. Zuweilen benutzt ihn der Dichter, um Stimmungswerte zu vermitteln, Kontraste zu schaffen oder des Spieles tieferen Sinn zu erschließen. So steht der Chor sowohl in wie über der Handlung.

Für **Gesang** und **Tanz** des Chores sowie die **Flötenbegleitung**, die zu erfinden auch Aufgabe des Dichters war, fehlt es an genaueren Nachrichten. Herrschend aber war das modulationsfähige Wort. Später sank der Chor vielfach zur Zwischenaktmusik herab. Seine technische Aufgabe bestand darin, die Szenen zu gliedern und voneinander abzusetzen.

DIE TRAGÖDIE

Tragödie und Mythos. Neben dem durch die Polis bestimmten kultischen und dem agonalen Charakter war für die Tragödie der Mythos wesenhaft, der jetzt in einer nichtmythischen Welt zum drittenmal als Erziehungsmacht wirksam wurde. Anfangs wagte man sich zwar auch an zeitgeschichtliche Stoffe. So wurde z. B. 472 der Sieg bei Salamis von Aischylos dramatisiert. Solche Versuche wurden aber später nicht wiederholt. Auch reine Götterdramen wie die Prometheustrilogie des Aischylos blieben vereinzelt. Häufiger wurde ein **Zusammenspiel der Götter mit den Heroen,** wie es bei Homer üblich war, auf die Bühne gebracht (Aischylos' Orestie, Sophokles' Aias, Euripides' Hippolytos).

Im allgemeinen stellte die Tragödie den Entscheidungstag eines heroischen Lebens dar. Dabei mußte der Dichter den aus der Vergangenheit stammenden Mythos für eine ganz anders empfindende Gegenwart glaubhaft machen. Er konnte weder einfach eine alte Sagengestalt nachzeichnen noch einen modernen Menschen in ein unzeitgemäßes Gewand stecken. Es kam zu einer Verwebung beider Elemente in einer überzeitlichen Ebene. Der Dichter schaltet frei mit dem Ereignishaften, läßt fort, was ihm nicht paßt, entlehnt Züge aus anderen Mythen, verändert die Akzente, belebt durch Kontrastfiguren. Vor allem werden die Motive fortgebildet und neu gedeutet, die Handlung in das Leben der Polis hineingestellt. So wird der Sinn der alten Sage vertieft und vergeistigt. In dieser Form ist besonders für Aischylos und Sophokles der Mythos das geeignete Mittel, eine heilsame seelische **Erschütterung** der Zuschauer zu bewirken und sie zu eigener sittlicher und politischer Verantwortung zu erziehen. Aristoteles sieht die Wirkung der Tragödie in der **Reinigung des Gemüts** (κάθαρσις) durch Auflösung von Mitleid und Furcht.

Aischylos

Leben und Wirken. Aischylos, um 525 in Eleusis geboren, kämpfte 490 als Hoplit bei Marathon mit; nur diese Tat wollte er später in seiner Grabschrift verewigt wissen. Seit etwa 500 beteiligte er sich an tragischen Agonen. 484 errang er den ersten Sieg, dem zwölf weitere bis zur Orestie 458 folgten. Er starb 456 in Sizilien. Von seinen etwa 70 **Tragödien** sind sieben erhalten, darunter eine Trilogie, die Orestie. Von einigen seiner etwa **20 Satyrdramen** sind neuerdings Reste zum Vorschein gekommen.

Die Tragödien. Die **Perser** (472) stellen die persische Niederlage bei Salamis als ein Gottesgericht dar. Der Königinmutter Atossa berichtet ein Bote ausführlich von der Niederlage. Der Geist des Dareios wird beschworen, er enthüllt die Vermessenheit des Xerxes, prophezeit die Niederlage von Plataiai und rät, die Freiheit Griechenlands nicht anzutasten. Während der Chor das Glück Persiens unter Dareios mit dem jetzigen Unheil vergleicht, erscheint Xerxes in elendem Aufzug mit Selbstvorwürfen. Mit steigender Verzweiflung endet das Drama, in dem ein Ereignis der jüngsten Vergangenheit, der gerechte Sieg der Griechen über die Hybris des Xerxes, ohne eine Spur nationalen Hasses, in die Höhe des Mythos erhoben wird.

Der **Gefesselte Prometheus** ist das erste Stück einer Trilogie. Diese behandelt Streit und Versöhnung des neuen Weltherrschers Zeus mit dem Titanen Prometheus, der sich gegen Zeus' Willen für die Erhaltung des Menschengeschlechts eingesetzt und diesem durch Vermittlung des Feuers zur Kultur verholfen hat. Epochemachend ist der neue Gedanke des stellvertretenden Leidens. – Vgl. C. Orff, Aischylos' Prometheus (1968).

Die **Sieben gegen Theben** gehören einer thebanischen Tetralogie an: Laios – Oidipus – Sieben gegen Theben – Satyrspiel: Sphinx. Die **Schutzflehenden** (Hiketiden), das erste Stück einer Danaidentrilogie, wirken durch das Überwiegen des chorischen Elementes besonders archaisch; der Chor der 50 Töchter des Danaos ist ein Hauptträger der Handlung.

Die **Orestie** schildert im **Agamemnon,** wie Klytaimestra, das dämonische Weib mit dem männlichen Willen, den heimkehrenden Gatten und seine Beutefrau, die Seherin Kassandra, ermordet, in den **Choephoren** (das sind die Dienerinnen, die Klytaimestra mit einer Opferspende zum Grabe Agamemnons sendet), wie der bei dem Vater des Pylades herangewachsene Orest auf Befehl Apollons Blutrache übt und zuerst Aigisthos, den Buhlen seiner Mutter, und dann, wenn auch mit schwersten Hemmungen, die Mutter tötet, deren Rachegeister ihn alsbald verfolgen. In den **Eumeniden** wird gezeigt, wie Athene die Schuld des Muttermörders durch den Spruch des Areopags und seinen Fluch durch Besänftigung der Erinyen und Verwandlung der Unholde in Segensmächte aufhebt. Im Agamemnon steigert sich die düstere Stimmung von der Ahnung des Wächters bis zum Todesschrei des Heimgekehrten. Kassandra durchdringt mit Seherkraft die blutige Vergangenheit und Zukunft des Hauses, aber auch die gegenwärtigen grausigen

Geschehnisse im Hause und geht dann gefaßt dem Tode entgegen. Klytaimestra nimmt allein in eigener Verantwortung die schlimme Tat auf sich, bekennt sich zu ihr und erstickt den Aufstand gegen den schwächlichen Aigisth durch ihr Machtwort. In den Choephoren stehen die Wiedererkennung der Geschwister, die Listen des Orest und vor allem seine herzzerreißenden Gefühlsregungen vor und nach der von Apollon befohlenen Tat im Vordergrund. Das dritte Stück spielt zunächst in Delphi, dann in Athen. Es ist eine Huldigung für den Areopag. Es schloß mit einer feierlichen Prozession, in der Athene mit ihren Priesterinnen die Eumeniden beim Schein der Fackeln durch die Volksmenge aus der Orchestra geleitet. – Vgl. Seneca, Agamemnon; Sartre, Les mouches (1943). Die bedeutendste Neugestaltung der Atridensage: Gerh. Hauptmann, Atridentetralogie: Iphigenie in Aulis – Agamemnons Tod – Elektra – Iphigenie in Delphi (1941–47).

Der Glaube des Aischylos. Die Erfahrungen der **Perserkriege** hatten in der Generation des Aischylos die Ahnung von der Allmacht und **Gerechtigkeit des göttlichen Weltregiments** verstärkt. Aus diesem Gefühl heraus knüpfte Aischylos an die großen handelnden und leidenden Gestalten des Mythos die Frage nach freiem Willen und Schicksal, Selbstverantwortung und Gottgebundenheit, Schuld und Sühne, überhaupt nach dem Verhältnis zwischen menschlichem Wesen und höheren Mächten und gab die Antwort, daß dies Verhältnis rational unauflösbar sei. In seinem Werk, besonders in den großartigen Chorliedern, treten bestimmte Grundlinien einer Welt- und Gottesschau hervor, durch die er über die kultische Frömmigkeit hinaus das religiöse Denken und Fühlen seines Volkes fördern wollte. Er vertiefte den altgriechischen Gedanken der **Hybris,** der selbstherrlichen Überschreitung der dem Menschen gesetzten Grenzen, die notwendig zum Leid, ja zur Vernichtung führt. Er zeigte, daß gerade bedeutende Menschen, die ihr Wesen und ihren Wert (ἀρετή) zu erfüllen streben, leicht in die Versuchung zur Hybris geraten und daß diese mit der Verantwortung auch das **Leid** als Folge ihrer Handlungsweise tragen müssen: πάθει μάθος (Ag. 177; Herodot s. S. 84). Das Leid gehört schlechthin zum Menschen, es unterscheidet ihn von den Göttern. Über die Berechtigung des ihn treffenden Leides hat er nicht zu urteilen; er muß trotz allem der Gerechtigkeit, ja der **Güte des Weltherrschers Zeus** vertrauen und ihn verehren, wenn er den Kreislauf von Gewalttat und Vergeltung sprengen will (Ag. 160 ff.).

Bindung an die Polis. Das sinnvolle Walten des Zeus ist erst aus grausigen Götterkämpfen hervorgegangen (s. S. 34), und auch unter dem Regiment des Zeus gibt es noch Gegensätze zwischen den Göttern, unter denen Menschen zu leiden haben, z. B. der Muttermörder Orest unter dem Widerstreit zwischen einer erdgebundenen Religion und dem Wirken der olympischen Mächte. Hier räumt Aischylos den staatlichen Faktoren erheblichen Einfluß ein. Die rechtsetzende Polis löst den zur Blutrache verpflichteten Sippenverband ab; sie ist im Bunde mit der Religion, die von ihr geschützt und weitergebildet wird, eine **sittliche Macht,** für die der Bürger kämpfen und sterben muß (Sieben gegen Theben).

Sprachkunst. Die tiefsinnigen Gedanken des Aischylos sind in eine Sprache von unerhörter Bildhaftigkeit gekleidet. Einzig ist seine Kunst, die tragische Atmosphäre lyrisch-musikalisch einzufangen. Er war der **Schöpfer des hohen tragischen Stils.** Zugleich schuf er großartige Bühnenbilder.

Sophokles

Leben und Wirken. Sophokles (496–406), der Sohn eines reichen Industriellen, stammte aus dem Demos Kolonos bei Athen. 468 erhielt er den ersten tragischen Chor und siegte über Aischylos. Mit über **120 Dramen** errang er mindestens 18 erste Preise, Dritter wurde er nie. Die erhaltenen sieben Dramen stammen aus seiner zweiten Lebenshälfte. Er bekleidete **hohe Staatsämter:**

443 war er Verwalter des Bundesschatzes, 441 Stratege. Mit 89 Jahren schrieb er den Oidipus auf Kolonos, der allerdings erst einige Jahre nach seinem Tode aufgeführt wurde. Ein Papyrusfund hat uns etwa die Hälfte eines Satyrspiels beschert („Spürhunde"). Sophokles war **Priester** eines attischen Heilheros, führte den Kult des Asklepios in Athen ein (s. S. 42) und wurde nach seinem Tode selbst als Heros verehrt.

Die Tragödien. Der **Aias** ist wohl das älteste der erhaltenen Dramen. Im Streit um die Rüstung Achills zwischen Aias und Odysseus hat durch ungerechten Richterspruch der Atriden Odysseus gesiegt. In seiner Ehre gekränkt, plant Aias einen Mordanschlag auf die Atriden. Um diese zu retten, schlägt Athene Aias mit Wahnsinn, so daß er Hirten und Schafherden niedermetzelt. Zur Besinnung gekommen, sieht er keinen andern Ausweg als Selbstmord. Durch scheinbare Ruhe weiß er die Angst seiner Gattin zu beschwichtigen; am einsamen Meeresstrande stürzt er sich nach einem ergreifenden **Abschiedsmonolog** ins Schwert. Die Atriden verbieten die Bestattung. Nach langem Streit mit Aias' Halbbruder Teukros erwirkt der frühere Gegner Odysseus die Bestattung; sie stellt die Ehre des Helden wieder her.

Die **Trachinierinnen** behandeln die unbeabsichtigte Vergiftung des Herakles durch seine Frau Deianeira, die ihn eifersüchtig liebt, in Trachis am Oeta.

Die **Antigone** ist, wie der Aias, zweiteilig gegliedert. Mit der Verurteilung der Antigone hat Kreon gesiegt. Aber die Götter greifen durch den Seher ein, und Kreon wird innerlich vernichtet, während Antigones Sache zum Siege gelangt. Bei diesem Drama hatte Sophokles am Mythos nur geringe Anhaltspunkte. Alles Dramatische ist des Dichters Leistung: das Gegenspiel der Schwestern, die Doppelung der Bestattung und der Aufdeckung, die Wächterszene, die Begegnungen Kreon/Antigone und Kreon/Haimon, die Teiresiasszene, das Kerkerbild, Kreons Zusammenbruch. Als Gegensätze treten hervor die religiöse Grundlage des Staates und die Staatsgewalt im Sinne der sophistischen Machttheorie, die sich über die ungeschriebenen Gesetze erhaben dünkt. Sie spitzen sich durch die Charaktere der Antagonisten zu: Kreon sieht in dem Vorfall nur eine Probe auf seine Autorität, er zeigt sich halsstarrig und herzlos, sein Eigensinn steigert sich zur Wut, ja zur Lästerung des Zeus. Seine Tragik liegt in dem Zuspät. Antigone ist unerbittlich und kann trotz ihres Wortes vom συμφιλεῖν (523) sogar ihre Schwester, die in rührender Weise mitschuldig sein will, schroff zurückstoßen. Die **Chorlieder** dieser Tragödie sind Perlen der Lyrik. Sie sind dem Dichter wesentlich ein Mittel des Kontrastes zur Erhöhung Antigones und zur Verstärkung der tragischen Ironie. – Vgl. Honegger, Antigone, Oper (1922), Text von Cocteau; Anouilh, Antigone (1942); Orff, Antigonä, Oper (1949, nach der Übersetzung Hölderlins).

Der **König Oidipus** ist ein Enthüllungsdrama. Die Orakel sind beim Einsetzen der Handlung schon erfüllt. Das Tragische liegt darin, daß der durch Götterfügung unrein Gewordene einer der edelsten Menschen ist, den die bis zur Selbstverfluchung gehende Dämonie des Wissenwollens um jeden Preis zur Vernichtung führt. Das menschliche Wollen überhaupt erweist sich als fragwürdig: Was ist der Mensch und alle menschliche Weisheit gegen die Götter? Wer sich ihrem Willen entziehen will, muß ihn vollenden. Dramatisch höchst wirkungsvoll ist die auf dem Gegensatz zwischen dem ahnungslosen Helden und dem wissenden Zuschauer aufgebaute tragische Ironie. – Vgl. Seneca, Oedipus; P. Corneille, Oedipe (1659); H. v. Hofmannsthal, Vorspiel zur Antigone — Ödipus und die Sphinx – König Ödipus (1906); Strawinskij, Oedipus Rex (Oratorium, 1928).

Die **Elektra** entspricht stofflich den Choephoren des Aischylos, aber Orest tritt hier vor der Titelheldin zurück, und Klytaimestra hat nichts von der Größe, die Aischylos ihr verlieh. Die eindrucksvolle Wiedererkennungsszene wird weit hinausgeschoben. Der Muttermord ist ein göttlicher Auftrag und gibt keinen Anlaß zu Gewissensskrupeln. Die Aufmerksamkeit wird auf die geschickte und entschlossene Durchführung des Anschlags abgelenkt. Das Stück zeichnet sich aus durch überraschende, bühnenwirksame Szenen und durch ergreifende Stimmungsumschwünge.

Im **Philoktet** übernimmt es Odysseus auf Grund eines Orakels, den wegen einer ekelhaften Krankheit auf Lemnos ausgesetzten Philoktet, der den Bogen des Herakles besitzt, nach Troia zu schaffen. Der Listenreiche bedient sich dabei des ritterlichen jungen Neoptolemos, der aber auf die Dauer keiner Falschheit fähig ist. Er gibt Philoktet den Bogen zurück und will ihn sogar in seine Heimat fahren. Da erscheint Herakles, der gottgewordene Freund Philoktets, um ihm den Weg zu Heilung und Ruhm nach Troja zu weisen.

Der **Oidipus auf Kolonos,** etwa 20 Jahre nach dem König Oidipus verfaßt, schließt in den Voraussetzungen nicht unmittelbar an das frühere Stück an. Oidipus ist erst nach Jahren von Kreon, im Einvernehmen mit seinen eigenen Söhnen, verbannt worden. Von Antigone geführt, kommt der blinde Greis auf seiner Wanderschaft an den Eumenidenhain in der Gemeinde Kolonos bei Athen. Theseus gewährt ihm Schutz. Inzwischen haben sich die beiden Söhne in Theben entzweit, und jeder sucht auf Grund eines Orakels den greisen Vater in seine Gewalt zu bekommen. Theseus vereitelt das. Oidipus aber flucht den Söhnen und weissagt ihnen, sie würden sich gegenseitig töten. Von einer inneren Läuterung des Oidipus zu sprechen ist insofern berechtigt, als er sein Schicksal willig auf sich nimmt. Seiner neuen Heimat gereicht er, auf geheimnisvolle Weise entrückt, zum Segen. Die Götter haben ihn nach dem übergroßen Leid, das sie über ihn verhängten, zum Heros gemacht.

Dramatische Technik. Sophokles hat durch Einführung des dritten Schauspielers und Zurückdrängung der chorisch-musikalischen Bestandteile den dramatischen Charakter der Tragödie verstärkt und durch Verzicht auf Trilogien die Straffung des einzelnen Dramas gefördert. Seine Helden sind vielfach großgeartet und schroff und treiben den Konflikt aufs Äußerste. Die Sicherheit der Charakterzeichnung verbindet sich bei Sophokles mit einem durchsichtigen Aufbau der Handlung und einem untrüglichen Gefühl für Bühnenwirksamkeit. In verschiedenen Dramen werden dieselben Personen von ihm verschieden gestaltet (vgl. Odysseus im Aias und im Philoktet, Kreon in König Oidipus und Antigone, Antigone als Titelheldin und im Oidipus auf Kolonos). Die niederen Rollen (Bote, Wächter) sind realistisch belebt. Als Meister der dramatischen Technik beherrscht Sophokles die Gesetze der **Spannung,** der **Steigerung** und des **Kontrastes.** In seinen späteren Dramen hat er von der Technik des **Euripides** gelernt (Intrige, deus ex machina), ihn jedoch in der Verinnerlichung der Handlung und in der Gestaltung der Chorlieder übertroffen. In der Einheit von Gehalt und Gestalt seiner Werke vollendete sich die klassische Tragödie.

Sein Weltbild. Sophokles war in seinem Bürger- und Dichterleben erfolggekrönt und nach allem, was wir wissen, ein Freund der Schönheit und der heiteren Lebensfreude. Daß dies harmonische Lebensbild in der Vertrautheit mit den Gefahren und Abgründen des menschlichen Seins und Handelns gründete, zeigen seine Tragödien. In ihnen rang er um den Glauben an die Allmacht der Götter, gestaltete er das Leiden unschuldig schuldig werdender Menschen, deren Gebrechlichkeit und die Verderblichkeit der Hybris. In all dem offenbart sich die tiefe Gläubigkeit des Dichters, der sich der Forderung des delphischen Gottes stellt: γνῶϑι σαυτόν.

Euripides

Leben und Wirken. Im Gegensatz zu Sophokles ist Euripides, geb. vor 480, politisch nicht hervorgetreten. Dafür öffnete er sich den modernen Bildungsbestrebungen und setzte sich mit ihnen in seinen Dramen auseinander. 455 beteiligte er sich zum ersten Male am tragischen Agon, den ersten Sieg errang er 441. Das älteste der erhaltenen 18 Stücke ist die Alkestis von 438. Er schrieb **84 Tragödien** und **8 Satyrspiele,** erhielt aber zu Lebzeiten nur viermal den ersten Preis. Im Jahre 408 folgte er einer Einladung des makedonischen Königs nach Pella, wo er die Iphigenie in Aulis und die Bakchen verfaßte und im Jahre 406 starb. Vgl. das Porträt auf Taf. XII.

Bekanntere Dramen. Die **Alkestis** ist ein Märchenspiel von der edlen Gattin, die statt ihres Mannes in den Tod geht, und von dem starken Manne (Herakles), der mit dem Tode kämpft und die Verstorbene aus dem Hades zurückholt. – Vgl. Thornton Wilder, Alkestiade.

In der **Medea** hat Euripides ein Gegenbild zur Alkestis geschaffen: die in ihrem Innersten zutiefst verletzte Frau. Von ihrem Gatten Jason verlassen, tötet Medea ihre Nebenbuhlerin und, nach leidenschaftlichem Kampfe zwischen Mutterliebe und Rachsucht, auch ihre beiden Kinder. Dies ist eine Erfindung des Dichters. – Vgl. Seneca, Medea; Grillparzer, Goldenes Vließ; Robinson Jeffers, Medea; Anouilh, Medée (1946).

Die **Troerinnen** (415) führen eine Reihe von Einzelschicksalen vor. Die edlen Frauen von Troia warten als Kriegsgefangene auf ihre Einschiffung nach Griechenland und äußern vor dem Hintergrunde der brennenden Stadt ihre Gefühle und Gedanken: Hekabe, Andromache, Helena. Kassandra singt in wilder Verzückung ihr eigenes Hochzeitslied. Für die Götter ist das alles ein Spiel. Sie haben auch den heimkehrenden Siegern Untergang in Aussicht gestellt. – Vgl. Franz Werfel, Die Troerinnen (1915).

Die euripideische **Elektra** überbietet die Rachsucht der sophokleischen. Nachdem die Geschwister sich wiedererkannt haben, wird zunächst Aigisth von Orest hinterrücks ermordet. Dann bemächtigen sie sich durch eine niedrige Intrige der sympathisch gezeichneten Klytaimestra, und Elektra führt dem sein Antlitz verhüllenden Bruder beim Todesstoß die Hand. Nach der Tat packt beide tiefste Reue. Aber die Dioskuren verkünden eine Lösung. – Vgl. H. Hofmannsthal, Elektra (1903), vertont von R. Strauss (1909); Eugene O'Neill, Mourning becomes Electra (1931); J. Giraudoux, Électre (1937).

Iphigenie in Taurien zeigt, mit welcher Freiheit der Dichter den vielbehandelten Stoff der Atridensage gestaltet. Orest, nach dem Spruch des Areopags von einem Teil der Erinyen weiter verfolgt, soll im Auftrag Apollons das Bild der Artemis aus Taurien holen. Er gerät dort mit Pylades in Gefangenschaft und soll von seiner Schwester, der Artemispriesterin Iphigenie, geopfert werden. Großartig ist die Wiedererkennung der Geschwister vom Dichter angebahnt und durchgeführt. Bei der gemeinsamen Flucht erweist sich Iphigenie als Meisterin der Lüge. Wie anders die Goethische Iphigenie!

Iphigenie in Aulis brachte erst der Sohn des Euripides auf die Bühne. Der Seher hat den Opfertod Iphigeniens angeordnet. Agamemnon beordert sie unter dem Vorwand der Verlobung mit Achill ins Lager. Dadurch, daß Klytaimestra den nichtsahnenden Achill als Schwiegersohn begrüßt, kommt die Wahrheit ans Licht. Das junge Mädchen jammert um sein Leben, die Mutter kämpft für es mit Löwenmut. Schließlich erklärt Achill sich bereit, Iphigenie gegen jedermann zu schützen. Da entschließt sie sich freiwillig, für das Vaterland zu sterben. – Vgl. Glucks Oper Iphigenie in Aulis (1774) und Iphigenie in Tauris (1778), ferner die Übersetzung Schillers (1789).

Die **Bakchen** (Bakchantinnen) schildern den Massenwahn und den orgiastischen Kult des Dionysos. Der neue Gott will Theben, besonders seine Tante Agaue und seinen Vetter, König Pentheus, für ihren Unglauben strafen. Agaue wird zur Mänade, und Pentheus wird von seiner Mutter, die ihn für ein Tier hält, zerrissen. Triumphierend trägt sie sein blutiges Haupt nach Hause. Lange streiten Wahn und Wahrheit in ihr, bis sie ihre Schande erkennt.

Das **Satyrspiel Kyklops** stellt die Blendung Polyphems nach der Odyssee dar. Polyphem gibt sich wie ein moderner Übermensch und Gottesleugner.

Einfluß der Sophistik. In den Dramen des Euripides spiegelt sich nicht nur seine eigne grüblerische Natur und scharfe Lebensbeobachtung, sondern auch die geistige und moralische Krise seiner Zeit. Seine Götter und Menschen auf der Bühne scheinen durch die Schule der Sophistik gegangen zu sein. Zum erstenmal wird die Seligkeit wissenschaftlichen Forschens gepriesen, aber auch die Problematik aller menschlichen Beziehungen, besonders der sittlich-religiösen Grundlagen der Polis, erörtert. Frommer Glaube bewältigt die Rätsel des Daseins nicht mehr. Kunstvoll aufgebaute Reden suchen die schwächere Sache zur stärkeren zu machen. Euripides fühlt sich als Erzieher seiner Mitbürger zur **Mündigkeit des Denkens.**

Neue Tragik. Mit dem **Zweifel an den Göttern** und der tieferen Schau auf die dunklen Seiten des Lebens verliert der Mythos, mit dem Euripides frei schaltet, seine religiös erhebende Kraft, wird entheroisiert, ja vielfach als sinnlos hingestellt; die Helden steigen in den Alltag herab; auch das Dulden der Helden wird gerühmt. **Verfeinerte Seelenkunde** führt zu einer neuen Tragik. Sie ist nicht mehr in dem undurchschaubaren Walten der Götter, sondern im **Kampf zwischen Einsicht und Leidenschaft** in der menschlichen Brust begründet, wie er z. B. in den berühmten Monologen Medeas zum Ausdruck kommt. So zeigt sich Euripides in höherem Grade als seine Vorgänger als ein Kenner der weiblichen Seele. Ihm verdankt die Weltliteratur eine Reihe **großer Frauengestalten.** Die dämonischen Mächte der Seele wirken nicht minder unerbittlich wie früher die Götter.

Dramatische Technik. Auf diesem Gebiet war Euripides ein Meister, von dem noch Sophokles lernte. Seine Stärke waren Wiedererkennungsszenen und Intrigen. Aristoteles nennt ihn τραγικώτατος. Doch ließ er manchmal den Prolog, der im allgemeinen über die Voraussetzungen der Handlung orientiert, den Gang der Tragödie vorausverkünden und den **deus ex machina** (s. o.) Vorgänge berichten, statt sie in das Drama hineinzuarbeiten. Der Dialog wurde stärker lyrisiert; für seine Schauspieler komponierte er glanzvolle Arien und Duette.

Nachleben. Die geringe Bewertung des Dichters zu seinen Lebzeiten wurde aufgewogen durch eine außerordentliche Hochschätzung im ganzen Altertum, schon seit dem 4. Jh. Die neue Komödie in Athen und die alexandrinische wie die römische Dichtung standen stark unter seinem Einfluß. Auch das moderne Drama, soweit es an die antike Tragödie anknüpft, ist weithin durch Euripides bestimmt. Seinem Beispiel folgt es auch, wenn es mit den alten Mythen völlig frei schaltet und ihnen neue Deutungen gibt.

DIE KOMÖDIE

Die altattische Komödie. Wie bei der Tragödie, so liegen auch bei der Komödie zwischen der staatlichen Einführung (486) und der Aufführung des ersten erhaltenen Stücks (425) etwa 60 Jahre. Wir wissen daher von der Entwicklung der altattischen Komödie nicht viel. **Spott** und **Unflätigkeit** war, ihrem Ursprung entsprechend, von jeher für sie bezeichnend. Es gab eine Richtung, die in der Art der sizilischen Komödie (s. S. 72) persönliche Angriffe mied und allgemeinere Stoffe wählte. Indes überwog jedenfalls seit der Mitte des 5. Jh. die öffentliche Rüge und Bescheltung. Unter dem Schutz der demokratischen Redefreiheit wurde die Komödie ein **Faktor des öffentlichen Lebens.** Sie bekämpfte nicht die demokratische Staatsform, aber mit giftigem Spott die (tatsächlichen oder angeblichen) Unzulänglichkeiten der führenden Politiker. Sie machte grundsätzlich **Opposition,** lobte die gute, alte Zeit und wirkte so in konservativem Sinne. Ähnlich stellte sie sich auch zu der Entwicklung des kulturellen Lebens.

Aristophanes

Leben und Wirken. Die Hauptvertreter der alten Komödie sind Kratinos, Eupolis und Aristophanes (um 446 bis nach 388). Nur von dem Letztgenannten sind uns Komödien erhalten, und zwar 11 von 40. Von seinem bürgerlichen Leben wissen wir nichts. Seine Komödien zeigen, daß er in der zeitgenössischen und älteren Dichtung gut bewandert war und diese der Dichtung seiner Zeit vorzog. Auch für die zeitgenössische Philosophie hatte er nichts übrig. Sein erstes Stück ließ er 427 unter fremdem Namen aufführen. Die erhaltenen Stücke stammen aus den Jahren 425–388.

Das Werk. Die **Acharner** und der **Friede** machen Propaganda für den Frieden; in dem ersteren Stück schließt ein Landmann einen Separatfrieden mit Sparta, in dem zweiten fliegt ein Winzer auf einem Mistkäfer in den Himmel, um Eirene zu befreien. In den **Rittern** wird geklagt, daß der genußsüchtige alte Herr Demos (Personifikation des athenischen Volkes), der sich von seinen Sklaven beherrschen lasse, sein Vertrauen jetzt einem paphlagonischen Sklaven Kleon (so hieß einer der Führer der Volkspartei) schenke; der Demos wird umgekocht und verspricht Besserung. Die **Vögel** stellen die Gründung eines Wolkenkuckucksheims dar. Die **Wespen** prangern die Prozessiersucht der Athener an. In den **Wolken** dient Sokrates als Sündenbock für die von auswärts gekommenen Vertreter der Naturphilosophie und Sophistik (s. S. 107). Die **Frösche,** benannt nach einem unsichtbaren Nebenchor, der während der Überfahrt Charons über den großen See quaken muß, zeigen den von Euripides begeisterten Dionysos unter grotesken Abenteuern in der Unterwelt, wo ein Wettstreit zwischen Aischylos und Euripides ihn eines Besseren belehrt.

In den **Thesmophoriazusen** wollen die Frauen sich am Weiberfeind Euripides rächen, in der **Lysistrate** durch Verweigerung der ehelichen Pflicht den Frieden erzwingen; in den **Ekklesiazusen** werden die Ideen der Güter- und Weibergemeinschaft durchgehechelt; im **Plutos** (388) wird der blinde Gott des Reichtums geheilt, so daß die guten Leute reich werden, die bösen in Not geraten.

Die Dichtkunst. Was Aristophanes zum Dichter macht, ist nicht der Stoff, sondern die Art, wie er ihn behandelt. Er verbindet derben Realismus mit genialer Phantastik, Possenhaftigkeit mit lyrischem Schwung, bissige Satire mit sittlichem Ernst. Er hebt das Tagesgeschehen ins **Allgemeinmenschliche** oder ins Reich der **Phantasie.** Etwas Neues ist die von ihm geübte **Kulturkritik** in den großen Agonen der Wolken und der Frösche, in denen es sich um Erziehungsfragen und um Art und Wert der tragischen Dichtung handelt. Unübertrefflich ist seine **Sprachgewalt.** Er machte aus der attischen Umgangssprache durch oft parodistisch verwendete Elemente der Sprache der Tragödie, durch kecke Neubildungen und groteske Komposita ein einzigartig passendes Werkzeug seiner Dichtung. Diese aber war an die athenische **Polis** des ausgehenden 5. Jh. gebunden. Nach dem Sturz Athens fehlte der aristophanischen Komödie das Lebenselement. Der Dichter überlebte seine eigene Kunstgattung und gehört mit seinem letzten Stück, dem Plutos, das keine Parabase und kaum noch Chöre hat, schon der **mittleren Komödie** an, die den Übergang zur völlig unpolitischen Neuen Komödie darstellt.

Die Neue Komödie

Wandel in der Themenstellung. Im letzten Viertel des 4. Jh. beginnt eine neue Blüte der attischen Komödie. Die Komödie hat aber jetzt nichts mehr von dem persönlichen Stil, dem hohen Schwung, der politischen Zielsetzung und der drastischen Form der alten; dafür hat sie von der späteren euripideischen Tragödie, unter Verzicht auf den Mythos, den Realismus, die Intrige und das Interesse an psychologischen Studien übernommen. Zudem hat sie aus Aristoteles' und Theophrasts Studien über menschliche Typen viel gelernt. So ist sie eine Situations- und Charakterkomödie, ein **bürgerliches Lustspiel** geworden. Im Mittelpunkt stehen Liebeshändel, nicht etwa Liebesszenen, auch nicht das Keimen und Wachsen der Liebe, sondern ihre Störung oder Bedrohung, die durch ein glückliches Ende behoben wird. In vielen dieser Komödien dreht es sich um verführte Mädchen und ausgesetzte Kinder, um listige Intrigen und um das abenteuerliche Spiel der Tyche. Was Dichter und Publikum interessiert, ist die Frage: Wie wird der Mensch auf Grund seines Charakters mit seinem persönlichen Lebensschicksal fertig?

Menander. Neben Philemon und Diphilos war Menandros (342–291) der führende Dichter der neuen Komödie. Er stammte aus Athen und war mit Theophrast und Epikur befreundet. Über sein Leben wissen wir nicht viel. Er schrieb **105 Komödien,** errang 8 Siege. Von seiner Dichtung konnten wir uns früher nur eine mittelbare Vorstellung aus den lateinischen Nachdichtungen des Plautus und Terenz machen (s. „Res Romanae" S. 73 f.). Nachdem vor einem halben Jahrhundert größere Stücke von mehreren Komödien aufgetaucht waren (z. B. Ἐπιτρέποντες, das Schiedsgericht), ist neuerdings ein vollständiges Lustspiel gefunden worden: **Dyskolos,** der Griesgram.

Ein griesgrämiger Bauer, der nie uneigennützige Zuneigung und spontane Hilfsbereitschaft gefunden hat, schließt sich und seine Tochter von der Umwelt ab. Der reiche Liebhaber aus der Stadt hat nichts zu hoffen. Er gewinnt das Vertrauen eines Halbbruders seiner Geliebten. Da fällt der Bauer in den Brunnen und ist auf die Hilfe seines Stiefsohnes angewiesen. Nun willigt er in die Hochzeit seiner Tochter ein und überläßt dem Stiefsohn die Wirtschaft, sein ungeselliges Wesen gibt er aber nicht auf.

IV. DIE PROSA

DIE IONISCHE PROSA

Buchwesen. Seit dem 7. Jh. benutzten die Griechen als Schreibstoff den von den Ägyptern übernommenen Papyrus. Er wurde aus dem Mark der Papyrusstaude gewonnen, indem man dünne Streifen dieses Marks, das zugleich als Klebstoff diente, in Längs- und Querlagen zusammenpreßte. Nach dem Trocknen klebte man die einzelnen Blätter zu **Rollen** zusammen. Das neue Schreibmaterial war bequemer und billiger als die Tontäfelchen, die nach dem Einritzen gebrannt werden mußten, oder die mit Wachs überzogenen Holztafeln und erleichterte die **Vervielfältigung literarischer Erzeugnisse.** Seit etwa 550 wurden auch Prosaschriften vervielfältigt und vertrieben. Als eines der ersten Prosabücher gilt ein philosophisches Werk des Anaximandros (s. u.).

Volkstümliche Erzählkunst des 6. Jh. In Ionien löste sich im 6. Jh. der Erzähltrieb vom Vers. Längere und kürzere Geschichten, **Novellen,** Schwänke oder Märchen wurden von wandernden Erzählern auf Marktplätzen vorgetragen, Diese Geschichten, oft geistreich und frivol gestaltet, zum Teil aus Asien entlehnt, berichteten von Göttern, Helden oder berühmten Zeitgenossen. Auch die **Tierfabel,** bisher nur gelegentlich von Dichtern herangezogen, wurde, nicht ohne östliche Einflüsse, volkstümlich. Als erster Verfasser der Prosafabel galt **Aisopos,** ein verwachsener phrygischer Sklave (Mitte 6. Jh.). Viele seiner Fabeln waren in dem Volksbuch über sein Wanderleben und seinen Tod in Delphi enthalten. Andere **Volksbücher** handelten von dem Leben Homers, von einem Agon zwischen Homer und Hesiod, von dem Leben und den Meinungen der **Sieben Weisen,** zu denen man Pittakos von Mytilene, Thales von Milet, Periandros von Korinth, Solon von Athen zählte (s. S. 97). Von solchen Volksbüchern können wir uns nur aus späteren Bearbeitungen eine Vorstellung machen.

Ionische ἱστορίη. Die Ioner in Kleinasien und auf den vorgelagerten Inseln waren nicht nur in der Kolonisierung, in Seefahrt und Handel, sondern auch im geistigen Leben der Griechen führend. Ihr Vorort **Milet** wurde die Geburtsstätte der **Philosophie** und der wissenschaftlichen Forschung (s. S. 96). Hier entfaltete sich eine aufs Ganze der Welt gehende, zweckfreie geistige Schau. Hier stellte man sich aber auch die Aufgabe, von den Meeren und Flüssen, von den Ländern, Völkern und Städten der Erde sich ein übersichtliches Bild zu verschaffen. Dazu brauchte man die ἱστορίη (von ἵστωρ wer etwas gesehen hat, es kennt und als Augenzeuge dienen kann, also = Erkundung durch eigene Beobachtung und Zeugenbefragung). **Anaximandros** war der erste, der ein Kartenbild von der Erde entwarf und einen **Logos** dazu schrieb (s. S. 98 f.).

Hekataios von Milet (um 500), ein vielgereister, vornehmer Mann, ging in seiner **Erdbeschreibung** weit über die Leistung seines Lehrers Anaximandros hinaus. Er schuf etwas völlig Neues, indem er die kritische Haltung der ionischen Naturwissenschaftler auf die Tradition der Vergangenheit übertrug. In seinen **Genealogien** versuchte er, die Heldensagen landschaftlich und chronologisch zu ordnen, aus dem Geiste rationaler Kritik zu berichtigen und den echten Kern herauszuschälen.

Die genealogische Denkform des Epos behielt er bei; Stammesverwandtschaft konnte er sich nur als Herkunft von einem gemeinsamen Ahnherrn vorstellen; Abstammung der vornehmen Familien von einem Gott oder Heros war auch ihm selbstverständlich. Seine Sagenkritik erscheint uns manchmal kindlich, z. B. wenn er die Zahl der Töchter des Danaos von 50 auf 20 herabsetzt. Er beansprucht für sich das Recht, die Überlieferungen nach seinem persönlichen Ermessen zu beurteilen. Der erste Satz seines Werkes lautet: „Hekataios von Milet spricht also: Das Folgende schreibe ich, wie ich es für wahr halte. Denn die Erzählungen der Hellenen sind so mannigfaltig wie lächerlich.“ Von welch unerschütterlichem Vertrauen auf die Kraft des Logos zeugt dieses Selbstbewußtsein!

Ihm und den andern ionischen **Logographen** seiner Zeit bleibt das Verdienst, die geschichtlich-geographische Forschung eröffnet zu haben. Die Sprache dieser neuen literarischen Gattung blieb lange ionisch.

Herodot

Geschichtliche Wandlung. In den 50 Jahren zwischen Hekataios und Herodot, dem ersten griechischen Historiker, dessen Werk erhalten ist, vollzogen sich in Griechenland tiefgreifende Wandlungen: Mißlingen des ionischen Aufstandes; Sieg der vereinten Griechen über die Perser; Athens einzigartige Machtentfaltung; die wachsende Rivalität zwischen Athen und Sparta, die mit ihrer Bündnispolitik die griechischen Poleis in zwei Machtblöcke spalteten; schließlich der Beginn des langwierigen großen Krieges.

Sein Leben. Herodotos (um 485–425), der Zeitgenosse dieser Ereignisse, stammte aus Halikarnassos, einer ursprünglich karischen, dann dorisch besiedelten, schließlich ionisch gewordenen Stadt im Südwesten Kleinasiens, die mit Kos und anderen Inseln einen persischen Vasallenstaat bildete.

Während politischer Wirren ging Herodot nach Samos in die Verbannung. Längerer Aufenthalt in **Athen** – seit 454 gehörte Halikarnaß zum attischen Bunde – und Freundschaft mit **Perikles** und **Sophokles** machten ihn mit attischer Art vertraut und bestärkten ihn in der Überzeugung, daß Athen das Hauptverdienst an der Befreiung der Griechen von den Persern gebühre. Um 444 wurde er Bürger in der von Perikles begründeten panhellenischen Kolonie Thurioi in Unteritalien. Wann er die weiten **Forschungsreisen** gemacht hat, die aus seinem Werke zu erschließen sind, ist unbekannt. Außer der griechischen Welt einschließlich der Nordküste des Schwarzen Meeres und des afrikanischen Kyrene hat er Makedonien und Thrakien, das persische Reich bis über Babylon hinaus und Ägypten bis zur Insel Elephantine bereist.

Das Werk. Sein Werk bezeichnet Herodot als Darstellung seiner Forschungsergebnisse, was wir im Sinn der ionischen ἱστορίη zunächst auf die vielen zusammenhängenden und verstreuten **länder- und völkerkundlichen Beobachtungen** in seinem Werk beziehen. Herodot selbst aber hebt in seinem Vorwort die großen Werke und Taten der Griechen und Nichtgriechen hervor, die er für das Gedächtnis der Menschen bewahren will, vor allem die Kriege zwischen ihnen, und deutet damit den Leit- und Grundgedanken seines Werkes an: den weltgeschichtlichen Gegensatz zwischen **Griechen** und **Persern.**

Zu diesen beiden Bestandteilen des Werkes kommt ein dritter, der für viele Leser den Hauptreiz bildet, die zahllosen eingewebten **Episoden**: merkwürdige Begebenheiten, kluge Einfälle, packende Novellen und Anekdoten.

Inhalt. Herodot geht von den Kämpfen zwischen Asien und Europa in mythischer Zeit aus, erzählt dann die Geschichte der Lyder, deren König Kroisos zuerst die Griechen in Kleinasien angegriffen hatte. Dessen Sturz durch Kyros bildet den Übergang zum Perserreich, das nun im Mittelpunkt seiner Darstellung steht. Immer da, wo die Perser in ihrer Machtentfaltung und der Ausdehnung ihres Reiches mit einem neuen Volk in Berührung kommen, schließt Herodot an, was er über Sitten und Geschichte dieses Volkes und Landes hat erfahren können, dies vor allem in den Büchern 1–4. Mit der Schilderung des ionischen Aufstandes (B. 5) tritt die weltgeschichtliche Auseinandersetzung der Griechen mit den Persern in den Mittelpunkt. B. 6 enthält die Unterjochung Ioniens und die Rachezüge des Dareios gegen Griechenland i. J. 492 und 490 (Marathon). Der Zug des Xerxes und des Mardonios (Schlacht bei den Thermopylen i. J. 490; Zerstörung der Akropolis i. J. 480; die Schlachten bei Salamis, Plataiai, Mykale 480–479) wird in 7–9 in breitangelegter Darstellung geschildert.

Geschichtsauffassung. Charakteristisch sind zwei Worte, die Herodot (1, 32) dem weisen Solon in den Mund legt: τὸ θεῖον πᾶν φθονερόν τε καὶ ταραχῶδες – Alles Göttliche ist eifersüchtig und beunruhigend, und πᾶν ἐστι ἄνθρωπος συμφορή – Der Mensch ist gänzlich ein Spiel des Zufalls. Die göttliche Macht wacht darüber, daß kein Mensch und kein Volk auf die Dauer die ihm gesetzten Grenzen überschreitet. Sie gibt sich durch Träume, Orakel und Zeichen kund, aber diese sind nicht eindeutig. Besonders der hochgestellte Mensch kann in vieles Einsicht haben, aber er bleibt in ständiger Unsicherheit. Xerxes z. B. wird, im Begriff, nach Europa überzugehen und so aus zwei naturgegebenen Erdteilen nur einen zu machen, durch die Stimme eines Warners von dieser Hybris abgebracht, und er verzichtet, ein Traum jedoch bestärkt ihn wieder darin, und er rennt in sein Verderben (7, 10). Solche **Verschlingung von Schicksal und Schuld,** die Vorstellung eines ausgleichenden Kreislaufs im Menschenleben, die Mahnung, sich zu bescheiden und aus Leiden zu lernen (παθήματα μαθήματα 1,207, s. S. 76), liegt wie ein Schleier der Schwermut über dem Werk. Die Episoden, die Herodot über sein Werk verstreut, ergänzen durch Einblicke in die Mannigfaltigkeit menschlichen Wesens das große Weltgeschehen und stehen zudem in hintergründiger Beziehung zu seiner geschichtlichen Gesamtschau. Diese ist stark von der attischen Tragödie beeinflußt.

Pater historiae. Kann man Herodot mit Cicero den Vater der Geschichte nennen? Vom antiken Standpunkt zweifellos, denn die Antike sah in einem Geschichtswerk in erster Linie ein **literarisches Kunstwerk.** Sprache und Stil sind bei Herodot ein treuer Spiegel des inhaltlichen Reichtums. Volkstümliche Schlichtheit erhebt sich hier und da zu rhetorischem und poetischem Glanze. Altertümlich reihender Satzbau wechselt mit kunstvoller Periodisierung. Die Darstellung wird durch erfundene Reden und Gespräche belebt. Die **Komposition** des Werks ist durch eine großartige Technik der Verknüpfung und Eingliederung in einen umfassenden Rahmen gekennzeichnet. In der Unterbrechung der Handlung durch Nebenhandlungen, in dem Nachtragen vorausliegender Ereignisse durch den Mund beteiligter Personen, in der **Kunst dramatischer Steigerung** ist das Vorbild des Epos und der Tragödie unverkennbar.

Methode. Aber auch in der zuverlässigen Sammlung und der **kritischen Sichtung** des überreichen Stoffes hat Herodot Beträchtliches geleistet. Die wahre Wirklichkeit zu erfassen ist sein oberstes Ziel. Er unterscheidet genau zwischen dem, was er selbst gesehen **(Autopsie)**, was er von Augenzeugen gehört und was er sonst erkundet hat. Widersprechende Nachrichten wägt er sorgfältig ab, bisweilen stellt er sie nebeneinander und überläßt dem Leser die Wahl. Häufig äußert er kritische Bedenken. Neuere Forschung hat Angaben, die man früher bezweifelte, bestätigt (z. B. über die Skythen oder über Zwergvölker in Afrika). Seine **Objektivität** ist über jeden Zweifel erhaben. Wie verständnisvoll spricht er von den oft seltsamen Bräuchen der Nichtgriechen! Wenn er zum Mißbehagen der Mehrheit seiner Zeitgenossen die Verdienste der Athener um die Abwehr der Perser hervorhebt, so entspringt das seiner echten Überzeugung.

Hippokrates

Der Begründer der wissenschaftlichen Heilkunde war Hippokrates von Kos (um 460 bis 370), der größte Arzt der Antike. Er war dorischer Herkunft, aber vom Geist der ionischen Wissenschaft erfüllt und schrieb ionisch, wie es noch lange bei den Ärzten üblich war. Kennzeichnend für ihn und seine Schule ist die Schrift **Über die heilige Krankheit,** in der die Epilepsie als eine natürliche Erkrankung des Gehirns erwiesen wird. In der Schrift **Über Luft, Wasser und Lage von Wohnplätzen** wird der Einfluß des Klimas auf die physisch-psychischen Eigentümlichkeiten der verschiedenen Völker nachgewiesen. Der **Eid des Hippokrates,** den die Ärzte früher vor Beginn ihrer Praxis ablegten, ist ein Zeugnis von Menschenliebe und hohem Berufsethos.

DIE ATTISCHE PROSA

Bedeutung der öffentlichen Rede. Beredsamkeit lag den Griechen, wie bereits die homerischen Epen beweisen, gewissermaßen im Blute. Die demokratische Staatsform setzte Beredtheit bei einer möglichst großen Schicht der Bürger voraus. Man unterschied Gerichtsreden, beratende (politische) Reden und später auch Festreden (epideiktische Reden). Bewußtes Zuhören und fleißiges Üben konnte die Redefertigkeit erhöhen, aber im ganzen betrachtete man sie als eine Gabe der Natur. An eine Veröffentlichung ihrer Reden haben selbst die großen Staatsmänner des 5. Jh. nicht gedacht.

Schrift über die athenische Verfassung. Auch der schriftliche Gebrauch der Sprache war schlicht und kunstlos, selbst wenn er auf Wirkung ausging. Der Zufall hat uns als erstes Dokument des attischen Dialekts aus der Zeit zwischen 430 und 424 das Sendschreiben eines athenischen Oligarchen an Gesinnungsgenossen erhalten, das sachlich als Gegenstück zur Gefallenenrede des Perikles bei Thukydides (s. S. 89) wertvoll ist.

Neue Prosakunst. Die philosophische **Dialektik** und die **Sophistik** wirkten auf Gehalt und Gestalt der Rede und des Schrifttums in Athen erheblich ein. **Athen,** das als Vorort des Seebundes Macht und Reichtum besaß und auf geistigem Gebiet vor allem durch die Tragödie hervorragte, dessen Mundart aber noch nicht als literaturfähig galt, wurde ein bevorzugter Sammelplatz der wandernden Sophisten. Sie boten eine neue Erziehung zum Staatsbürger und Staatsführer an; in ihr spielte die Gestaltung der **Rede** und des **Stils** eine große Rolle (s. S. 104 f.).

Der größte Redner unter ihnen war der Sizilier **Gorgias** (um 480–380). Er berauschte die Athener mit den rhythmischen, musikalisch wirkenden Klangmitteln, mit den dichterischen Bildern und Wortspielen seiner Reden. Durch sie wie durch rhetorische Improvisationen wurde er in ganz Griechenland berühmt. Er schrieb ein **Handbuch der Rhetorik** mit Musterreden in **attischem** Dialekt.

Die **gorgianischen Figuren,** seine σχήματα des Sinnes und der Rede, blieben im ganzen Altertum berühmt. Von ἀντίθετα sprach man, wenn gegensätzliche Gedanken möglichst symmetrisch einander gegenübergestellt wurden, von ἰσόκωλα, wenn die sich entsprechenden Satzglieder gleiche Länge hatten, von πάρισα, παρόμοια, wenn die Satzausgänge gleichen oder ähnlichen Klang aufwiesen; Wortspiele nannte man ἴσα, später παρονομασίαι.

Absolut neu waren allerdings solche Gleichklänge und Wortspiele nicht; antithetischer Ausdruck z. B. war den Griechen selbstverständlich (μέν-δέ). Sosehr der gorgianische Stil anfangs entzückt hatte, rasch wurde man dieser übertrieben rhythmisierten Sprache und der wuchernden Figurenfülle leid. **Isokrates** (s. u.) führte die Regeln des Gorgias auf ein erträgliches Maß zurück. In dieser Beschränkung aber ist die neue Kunstprosa nicht nur für die Redekunst, sondern für alle Gattungen der Literatur verbindlich geblieben.

Redner

Blüte der Redekunst. Der sophistische Lehrbetrieb und die rhetorischen Handbücher (des 5. und 4. Jh.) brachten eine Umwälzung im Gerichtswesen und in der Redekunst zustande. An die Stelle der Wahrheit trat als Ziel die vorgetäuschte Wahrscheinlichkeit (τὸ εἰκός) und die Kunst, die schwächere Aussage zur stärkeren zu machen (s. S. 105). Da die Parteien im allgemeinen ihre Sache selbst führen mußten, bei den gestiegenen Anforderungen aber nur wenige dazu imstande waren, kam ein Stand von **Logographen** (Redenschreibern) auf, von denen man gegen Bezahlung die fertige Rede beziehen konnte. Das Wort ῥήτωρ bedeutete oft den Antragsteller, dann den Politiker (als Standesbezeichnung), ein Beweis, wie ausschlaggebend die Beherrschung des Wortes für den Staatsmann war. Mehr als früher bot sich auch für Festreden Raum bei Veranstaltungen der einzelnen Stadt wie bei den großen nationalen Festen. Schön geformte Festreden galten als eine der Dichtung ebenbürtige, ja überlegene künstlerische Leistung und als einflußreiches Bildungsmittel. In zunehmendem Maße wurden Reden vervielfältigt und verbreitet, zur Unterhaltung, zu Übungszwecken oder als staats- oder kulturpolitische Flugschriften. Dabei wurden sie manchmal neu redigiert, und viele überlieferten „Reden“ sind überhaupt nie gehalten worden.

Lysias. Von den 10 attischen Rednern, die man kurz vor Christi Geburt in einem **Kanon der klassischen Redner** vereinigte, sollen hier die drei bedeutendsten vorgestellt werden. Der älteste von ihnen war **Lysias.**

Er wurde 444 als Sohn des Waffenfabrikanten Kephalos geboren, in dessen Haus im Piräus Platon seinen Dialog über den Staat verlegt, lebte lange in Thurioi, kehrte nach Athen zurück und verlor unter den Dreißig sein Vermögen. Er wurde Redelehrer, dann Logograph. Alsbald nach dem Sturz der Dreißig, die seinen Bruder hingerichtet hatten, klagte er einen von ihnen wegen Mordes an, erreichte aber die Verurteilung nicht. Alle übrigen Reden hat er als **Logograph** geschrieben. Er starb um 380.

Lysias verstand es meisterhaft, in schlichtem Stil und überzeugender Beweisführung das **Ethos** seiner Klienten zu treffen, d. h. sich in ihren Beruf und ihre Lebenslage, ihren Bildungsstand und Charakter zu versetzen. Seine Reden sind eine gute Quelle für das attische Privatrecht, für die wirtschaftlichen und kulturellen Verhältnisse in Athen.

Isokrates. Zu der geistigen Auseinandersetzung zwischen Rhetorik und Philosophie hat kein Redner soviel beigetragen wie Isokrates.

436 als Sohn eines athenischen Flötenfabrikanten geboren, wurde er der bedeutendste Schüler des Gorgias. Nach dem Verlust seines Vermögens wurde auch er Logograph. Um 390 eröffnete er, weil er sich den Anforderungen eines öffentlichen Redners nicht gewachsen fühlte, eine Rednerschule, die ihn berühmt und mit hochgestellten Männern bekannt machte. Wenige Tage nach der Schlacht von Chaironeia starb er den freiwilligen Hungertod (338).

Ihm eigen sind breit hinrollende Perioden, mit rhythmischer Gestaltung am Anfang und am Schluß der Sätze und Satzglieder, mit Vermeidung poetischer Wörter und kühner Bilder. So erreichte er Eleganz, **Ebenmaß** und Rundung des Stiles, wenn auch oft auf Kosten der Gedankentiefe. Er gilt als Vollender der attischen **Kunstprosa.**

Er veredelte das sophistische Bildungsideal, suchte durch die Kraft des λόγος (in dem doppelten Sinn von ratio und oratio) auch charakterbildende Werte zu wecken und begründete so eine allgemeine **Paideia** auf formaler Grundlage, die für die Zukunft maßgebend wurde. Er nannte seine Rhetorik Philosophie, trat mit **Platons Akademie** in Wettbewerb und hatte die Genugtuung, daß Platon ihn im Phaidros anerkannte und **Aristoteles** die Rhetorik als Unterrichtsfach in seine Schule aufnahm.

Seine politischen „Reden" fanden als Flugschriften weite Verbreitung. Eine Herzensangelegenheit war ihm der **panhellenische Gedanke,** die Einigung aller Griechen zu einem Kreuzzug gegen die Perser, den er sich zuerst unter griechischer Führung, schließlich unter Führung Philipps von Makedonien dachte. Damit hat er der Entwicklung zum **Hellenismus** vorgearbeitet, zumal er den Unterschied zwischen Griechen und Barbaren nicht so sehr in der Abstammung als in dem Besitz oder Nichtbesitz der griechischen παιδεία sah.

Demosthenes. Während Isokrates panhellenisch dachte, war Demosthenes, der letzte große Redner Athens, ein überzeugter Patriot seiner Polis.

Er wurde i. J. 384 als Sohn eines reichen athenischen Waffenfabrikanten geboren. Als er 7 Jahre alt war, starb sein Vater. Die Vormünder veruntreuten den größten Teil des väterlichen Vermögens. Um nach der Mündigwerdung gegen sie gerichtlich vorgehen zu können, bereitete er sich mit eisernem Fleiß vor und bekämpfte mit Erfolg Mängel der Aussprache und der Stimme. Er wurde ein weithin bekannter Logograph, strebte aber nach der Stellung eines politischen Redners. Der Verzichtstimmung nach dem verlorenen Bundesgenossenkriege in Athen trat er entgegen, um der makedonischen Bedrohung gegenüber wenigstens eine beschränkte Machtstellung für Athen zu retten. Seine drei **Olynthischen** und vier **Philippischen Reden** (349–341) sind flammende Zeugnisse seines Kampfes gegen Philipp, gegen die Machenschaften der promakedonischen Partei und gegen die Saumseligkeit der Bürger. Er wurde der führende Staatsmann Athens, zweimal durch einen goldenen Kranz geehrt. Da warf ein überraschender Vorstoß Philipps das athenisch-thebanische Aufgebot bei **Chaironeia** nieder (338).

Demosthenes, der als Hoplit mitgekämpft hatte, behielt das Vertrauen seiner Mitbürger. Auf Antrag Ktesiphons sollte ihm wieder ein goldener Kranz verliehen werden. Aber der Redner Aischines erhob gegen Ktesiphon Klage wegen Gesetzwidrigkeit, und die Sache schleppte sich bis 330 hin. Wir besitzen die **„Kranzreden"** des Aischines und des Demosthenes. Demosthenes' Rede ist ein dramatischer Rechenschaftsbericht über sein Leben und seine Politik. Aischines erhielt nicht einmal den 5. Teil der Stimmen, so daß er Athen verlassen mußte. Nach wechselvollem Schicksal starb Demosthenes, von makedonischen Schergen im Poseidontempel auf der Insel Kalaureia umstellt, durch Gift i. J. 322.

Er wurde jahrhundertelang als heroischer **Vorkämpfer der Freiheit** gefeiert. Daß die Weltgeschichte gegen ihn entschied, raubt ihm seine Bedeutung nicht, zumal wenn man die menschliche Persönlichkeit als geschichtliche Komponente würdigt. Er hat durch seine unbeirrbare Überzeugung, seinen unerschütterlichen Willen, sein klares und machtvolles Wort verhütet, daß die gewachsene staatliche Lebensform der Griechen ohne Widerstand versank. Das ist seine tragische Größe. In ihm hat die an die Existenzform der Polis gebundene attische Beredsamkeit ihre Erfüllung gefunden; vor ihr hat sich ein **Cicero** verneigt, als er seine Reden gegen Antonius Philippicae nannte (s. „Res Romanae" S. 80).

Geschichtsschreiber

Thukydides

Fast gleichzeitig mit der Beredsamkeit hatte sich auch die **Geschichtsschreibung** im attischen Dialekt durchsetzen können, während die attische Philosophie, deren erster großer Vertreter Sokrates war, erst in Platon einen literarischen Gestalter fand. Als dieser seine Dialoge zu schreiben begann, war das erste große Werk in attischer Prosa schon fast abgeschlossen, das Geschichtswerk des Thukydides, eines Zeitgenossen des Sokrates. Während **Herodot** einen räumlich und zeitlich weitausgreifenden Stoff in angenehmer Weise erzählt, stellt Thukydides nur ein Geschehen dar, an dem er jedoch mithandelnd, mitleidend beteiligt war, und das sich in der Propaganda der beiden Parteien so gegensätzlich spiegelte, daß schon die Feststellung der Tatsachen, erst recht die der Ursachen einen großen kritischen Geist erforderte. Und während Herodot, 25 Jahre vor Thukydides geboren, in manchen Ereignissen noch den Finger der Gottheit spürt, klammert Thukydides theologische Gesichtspunkte völlig aus und sucht nach inneren Gesetzen des geschichtlichen Lebens.

Leben und Forschen. Thukydides aus Athen (um 460–396), ein Verwandter des Miltiades, war der Abkomme eines thrakischen Königs und Besitzer thrakischer Goldgruben. Er wurde 424 **Führer einer Flottenabteilung.** Da er nicht rechtzeitig kam, um das wichtige Amphipolis an der Mündung des Strymon gegen den spartanischen Feldherrn Brasidas zu schützen, wurde er **zum Tode verurteilt.** Er mied Athen 20 Jahre lang und kehrte erst nach dem Falle Athens zurück.

Thukydides war von der modernen **sophistisch-rhetorischen Bildung** durchdrungen und politisch aufs höchste interessiert. Gleich bei Ausbruch des Krieges zwischen Athen und Sparta i. J. 431 erkannte er, daß dieser „groß und denkwürdiger als alle früheren“ werden würde, und begann sofort, dessen Geschichte zu schreiben (1, 1). Die Verbannung erleichterte ihm seine Lebensaufgabe; er konnte nun auch auf feindlicher Seite Erkundigungen einziehen. Bald nach dem Frieden des Nikias (421) begriff er, daß mit ihm der Krieg nicht zu Ende war (5, 26), und führte sein Werk fort. Ihm verdanken wir die Anschauung, daß die militärisch-politischen Ereignisse von 431 bis 404 zusammen den **Peloponnesischen Krieg** bilden. Sein Werk abzuschließen, war ihm nicht vergönnt. Es reicht bis in den Herbst 411 und umfaßt 8 Bücher.

Inhalt des Werkes. Thukydides beginnt mit einer knappen, auf Rückschlüsse und Vergleiche aufgebauten Vorgeschichte Griechenlands (Archäologie), um zu beweisen, daß der neue Krieg alle früheren an Bedeutung übertreffe. Es folgen methodische Bemerkungen (s. u.). Dann werden die äußeren Veranlassungen des Krieges erzählt. Zum Erweis, daß der wahre Kriegsgrund in der Furcht der Spartaner vor der wachsenden Macht Athens bestand, gibt Thukydides eine Skizze der fünfzig Jahre (479–431), der sog. Pentekontaetie (s. S. 21). Der Rest des 1. Buches berichtet von den Unterhandlungen, die mit der Kriegserklärung Athens enden. Die drei folgenden Bücher erzählen je drei Kriegsjahre, Buch 5 das letzte Jahr des Archidamischen Krieges, den Frieden des Nikias und die Zeit des „faulen Friedens“. Buch 6 und 7 behandeln das sizilische Unternehmen Athens mit dem ersten Jahr des Dekeleischen Krieges (415–413). Das 8. Buch schildert den Abfall der Bundesgenossen, die Revolution in Athen von 411 und die Rückberufung des Alkibiades.

Methode. Thukydides ist der erste Historiker, der dem Leser seine methodischen Grundsätze darlegt (1, 21 f.): Beschränkung auf einen Abschnitt der Zeitgeschichte, persönlicher Augenschein, kritische Bewertung der Zeugnisse, Stellungnahme zu widersprechenden Zeugnissen, logische und psychologische Beurteilung der Zeugen. – Auf Grund dieser noch heute gültigen Methode hat Thukydides die Kriegshandlungen Jahr für Jahr, getrennt nach Sommer und Winter, dargestellt, darüber hinaus aufgezeigt, wie die Einzelvorgänge durch das Verhältnis von **Ursache und Folge** oder gegenseitige Bedingtheit zusammenhängen. Auch die außenpolitischen Verhandlungen und Verträge sind, wenigstens für die ersten Kriegsjahre, vollständig dargelegt.

Reden. Die Wahrheitsermittlung erstreckte Thukydides nicht nur auf die Begebenheiten, sondern auch auf die von den Staatsmännern gehaltenen Reden, die für ihn, gemäß den Verhältnissen in den Poleis, äußerst wichtige Faktoren der Geschichte waren. Es war ihm nicht möglich, den genauen Wortlaut zu ermitteln, zumal im 5. Jh. politische Reden noch nicht veröffentlicht wurden. Deshalb nahm er sich das Recht, die Redner so sprechen zu lassen, „wie sie es nach seiner Auffassung in der jeweiligen Situation zwangsläufig tun mußten, unter Wahrung des Gesamtgedankens der betreffenden

Rede“ (1, 22). So lieh Thukydides den Staatsmännern seinen eigenen Stil und die Weite seines eigenen Horizonts. In Redepaaren und in motivischen Wechselbeziehungen der Reden untereinander kommt gewissermaßen die **innere Logik** jedes der beiden Standpunkte in dem großen Zweikampf zum Ausdruck. Auf diese Weise bekunden auch die Reden die **geschichtliche Wahrheit,** aber in einem höheren Sinn. Außerdem vertreten sie die Zustandsschilderungen und Charakteristiken unserer heutigen Geschichtsschreibung; denn nur Themistokles und Perikles werden unmittelbar charakterisiert. Manche Reden sind allerdings erfunden; das ergibt sich aus der Anonymität verschiedener Redner. Der Höhepunkt aller Reden ist der **Epitaphios** des Perikles 2, 35 ff., der von Thukydides wohl als ein Grabgesang auf das perikleische Athen gedacht ist. Er idealisiert nicht, wie die üblichen Epitaphioi, die Vergangenheit Athens. Vielmehr rühmt Perikles die Leistungen seiner eigenen Generation, die τρόποι und νόμοι Athens.

Deutung des Geschehens. Der Erkenntnisdrang des Thukydides formt aus den Einzelhandlungen, aus den Charakteren der führenden Staaten und der Staatsmänner ein Ganzes voll Spannungen und Wechselwirkungen. Er ist der erste, der **äußere Anlässe** und **innere Ursachen** unterscheidet, aber auch der erste, der hinter dem ungeheuren Kräftespiel nach **Gesetzen des geschichtlichen Lebens** sucht. Er hat sein Werk geschrieben für Leser, die „klare Einsicht wünschen in das, was geschehen ist und was sich dem menschlichen Wesen gemäß irgendeinmal ebenso oder ähnlich ereignen wird“ (1, 22). Eine solche Geschichtsschreibung nennen wir nach einem Ausdruck des Polybios (s. S. 92) **pragmatisch.** Die geschichtlichen Details behalten ihren Eigenwert, die Gesetzmäßigkeit ergibt sich unaufdringlich. Die **Konstanz der menschlichen Seele** verträgt sich mit der ungeheuren Vielfalt der Individuen und Gruppengebilde, die sein eigenes Werk aufzeigt. Aber als Grundtrieb des Menschen glaubt Thukydides Ehrgeiz, Machtstreben und Rachsucht zu erkennen. Dieser Trieb herrscht besonders im öffentlichen Leben und in den Beziehungen der Völker zueinander; er kann schlummern, aber der Krieg als „gewalttätiger Lehrmeister“ bringt ihn zu furchtbaren Entladungen (3, 82 ff.).

Der Geschichtsschreiber hat die **sophistische Lehre von dem Naturrecht** des physisch oder geistig Stärkeren über den Schwächeren tief in sich aufgenommen. So treten die äußeren Anlässe des großen Krieges zurück vor der einzigen naturgesetzlichen Ursache; ein Problem moralischer Kriegsschuld gibt es nicht. Athen muß an Macht wachsen, wenn es nicht verkümmern will; es muß aus dem Seebund eine Gewaltherrschaft machen. Dieser Machtzuwachs muß von den Peloponnesiern als eine Bedrohung ihrer Freiheit und ihrer Interessen empfunden werden. Perikles beschleunigt eine kriegerische Auseinandersetzung, die unvermeidlich ist.

Die **Einseitigkeit** solcher Geschichtsdeutung ist erschreckend. Thukydides hat sie mit der denkbar kühlsten Haltung durchgeführt. Dieser **Rationalismus** ist ebenso wie die Überzeugung von der Lehrhaftigkeit der Geschichte ein sophistisches Erbe. An irrationalen Elementen des Geschehens kennt er nur die unberechenbaren Wechselfälle des Zufalls (τύχη). Denn von einer göttlichen Weltordnung ist bei ihm keine Rede. Religion und Religionsfrevel beurteilt er nur aus politischer Sicht, wenn er auch das Schwinden der Frömmigkeit als Symptom des Niederganges, die redliche Einfalt als eng verbunden mit dem Adel der Gesinnung wertet. Ganz verkehrt wäre es allerdings, in ihm einen Propagandisten des Willens zur Macht oder der Freiheit von moralischen Bindungen („Machiavellismus“) zu sehen.

Sprache und Stil. Thukydides schuf sich aus dem alten Attisch eine eigene kraftvolle Sprache, die vom Leser nachgedacht und nacherlebt werden muß; jeder Satz trägt den Stempel seines Geistes. Von den damals schon unmodern werdenden Raffinements der gorgianischen Rhetorik macht er häufigen Gebrauch, so daß seine Sprache halb archaisch, halb poetisch anmutet. Die stilistischen Eigenarten seines Satz- und Periodenbaus zwingen den Leser oft, sich das Verständnis der Gedanken mühsam zu erarbeiten.

Xenophon

Das unvollendete Werk des Thukydides hat mehrere Fortsetzer gefunden. Keiner hat als Forscher, Denker oder Schriftsteller das geniale Vorbild erreichen können. Erhalten ist die Griechische Geschichte seines Landsmanns Xenophon (um 430–350).

Leben. Er war eine mehr praktische als theoretische Natur, aber vielseitig interessiert. Er erwarb sich rhetorische und durch den Umgang mit Sokrates auch philosophische Bildung. Der überlieferten Frömmigkeit blieb er treu. Nach dem Falle Athens beteiligte er sich an der Unternehmung des persischen Prinzen Kyros gegen Artaxerxes II. Nach Kyros' Tode machte er sich bei der **Rückführung der Zehntausend** durch das verschneite Armenien ans Schwarze Meer sehr verdient. 399 wurde das Söldnerheer in Pergamon von den Spartanern übernommen, die es zunächst im Kampf gegen Tissaphernes, später gegen Athen einsetzten. Nach Beendigung des Krieges (386) schenkte Sparta dem inzwischen aus der Heimat **Verbannten** ein Landgut in Elis. Nun begann seine vielseitige Schriftstellerei, die er nach seiner Vertreibung durch die Eleer (370) in Korinth fortsetzte. In seine Vaterstadt kehrte er trotz Amnestie nicht zurück.

Werke. Xenophon ist für mehrere literarische Gattungen der erste uns überlieferte Vertreter: für die **Memoiren** in Erzählung und Gesprächsaufzeichnung (Anabasis und Memorabilien), für den **Tendenzroman** (Erziehung des Kyros), wohl auch für den biographischen Nachruf (Agesilaos). Seine Sprache ist nicht rein attisch; aber ihre klare Schlichtheit und Anmut im Bunde mit der leichten Faßlichkeit seiner Gedanken hat ihm schon im Altertum viele Leser gewonnen.

Sein bester Wurf ist die **Anabasis** des Kyros (7 Bücher), die er zuerst unter einem Pseudonym herausgab; daher berichtet er in der 3. Person. Sie ist eine tagebuchartige, anschauliche, manchmal schalkhafte Schilderung vor allem des Rückzugs der Zehntausend. Die inneren Schwierigkeiten des Söldnerheeres und des Verfassers verbindliches, doch energisches Vorgehen treten in der Erzählung ebenso hervor wie die Unzulänglichkeiten der persischen Regierung. Sitten und Gebräuche der durchwanderten Völker sind gut beobachtet.

Die **Hellenika** (in 7 Büchern) knüpfen ungefähr an das Ende des thukydideischen Werkes (411) an, führen den Peloponnesischen Krieg mit dem Nachspiel der Dreißig zu Ende und behandeln die Zeit der spartanischen und der thebanischen Vorherrschaft (bis Mantineia 362). Sie schließen mit dem niederdrückenden Satze: „Nach der Schlacht war Verworrenheit und Wirrsal in Griechenland größer als vorher." In den ersten beiden Büchern hat Xenophon sich mit einigem Erfolg an die Art des Thukydides angeschlossen. Nachher ist ihm wohl die Fülle der Ereignisse und die Schwierigkeit ihrer zeitlichen Festlegung über den Kopf gewachsen. Für diese Mängel entschädigen geschickt entworfene Reden, anekdotenhafte Züge und anschauliche Situationsbilder.

Die **Apomnemoneumata** (Memorabilia) beschäftigen sich, ebenso wie eine Apologie und ein Symposion, die Xenophon wohl nach dem Vorbild Platons schrieb, mit der Gestalt des von ihm sehr verehrten Sokrates. Sein Sokratesbild bleibt jedoch hinter dem platonischen weit zurück. Die Memorabilien fußen mehr auf literarischen Quellen als auf persönlichen Erinnerungen. Sie enthalten Gespräche, Tischreden, Anekdoten in scheinbar loser, doch überlegter Folge.

Die **Kyrupaideia** (8 B.) behandelt das Leben des damals schon halb sagenhaft gewordenen persischen Reichsgründers. Xenophon will an dem Bilde des älteren Kyros zeigen, wie ein künftiger König zu erziehen ist, damit ihm die Untertanen später gern gehorchen. Gedanken spartanischer Staatserziehung und platonischer Philosophie sind eingedrungen. Autoritäre Staatsform und griechische Paideia verbinden sich in dieser Schrift. Somit bereitete auch sie die hellenistische Monarchie vor.

Die Geschichtsschreibung im 4. Jh. ging stark in die Breite. Wir kennen die Namen vieler Historiker, besitzen aber von ihnen meistens nur solche Partien, die spätere Autoren in ihre eigenen Werke eingearbeitet haben. Die Richtungen wechselten von strenger Wissenschaftlichkeit bis zum Romanhaften, vom sachlichen Stil zu künstlerischer, auf Wirkung bedachter Gestaltung. Zur politischen Geschichte traten Verfassungsgeschichte (z. B. **Aristoteles,** Politeia der Athener) und Kulturgeschichte, zur Zeitgeschichte (Hellenika des Theopompos) die Weltgeschichte (Ephoros). Auch die Lokalgeschichte blühte.

Einen neuen Aspekt bekam die Weltgeschichte und damit die Historie durch **Alexander d. Gr.** Von seiner Persönlichkeit gingen stärkste Impulse aus, und das Schwergewicht der Geschichte verschob sich nach Osten. Aber Alexander hat keinen genialen Historiker gefunden, und von den Primärwerken sind nur Bruchstücke auf uns gekommen, so daß wir auf spätere Autoren angewiesen sind (Curtius Rufus im 1. Jh. n. Chr., Arrian und Plutarch im 2. Jh. n. Chr.).

V. DIE HELLENISTISCHE LITERATUR

Hellenismus. Die Taten Alexanders und die Reichsgründungen der Diadochen gaben der griechischen Sprache (s. S. 59) und Kultur die Möglichkeit, sich in dem riesigen Raume zu entfalten, in dem sich zu Anfang des 3. Jh. das politische System der drei Großmächte **(Ägypten, Syrien, Makedonien)** und der vielen Mittel- und Kleinstaaten herausbildete. **Athen** blieb Sitz der Philosophie, die von dort aus in die Weite wirkte (s. S. 118). Eine bahnbrechende Leistung des Hellenismus war neben neuen Systemen der Philosophie die Begründung und Organisation der Fachwissenschaften in Alexandreia.

Wissenschaftliche Pflege des Erbes. Das Bewußtsein, daß eine große Epoche abgeschlossen war, führte in **Alexandreia** zu dem Entschluß, die Ernte der Vergangenheit in die Scheuern zu bringen.

Die beiden ersten Ptolemäer stifteten eine **Bibliothek,** deren Bestand sich bald auf ½ Million Rollen belief, und das **Museion,** eine Art königlicher Akademie der Wissenschaften, eine Forschungsgemeinschaft der bedeutendsten Kenner der Literatur. Der von **Kallimachos** angefertigte Katalog der Bibliothek mit genauen Angaben über die Verfasser und ihre Werke umfaßte 120 Rollen. Zenodot von Ephesos schuf die **erste kritische Homerausgabe.** Auch die Lyriker und Dramatiker wurden herausgegeben und erklärt. Das erforderte sprachliche und metrische, geschichtliche, geographische und mythologische Studien. Die größten Philologen Alexandreias waren **Aristophanes** von Byzanz und **Aristarchos** von Samothrake.

Auch in **Pergamon** gab es eine große Bibliothek und eine bedeutende Philologenschule. Diese wich in der Auffassung der Sprache und in der Erklärung der Dichter von der alexandrinischen ab. Ihr bedeutendster Gelehrter war **Krates** von Mallos, der um 169 als Gesandter nach Rom ging und dort längere Zeit blieb. Durch ihn kam die Philologie nach Rom. Auf Rhodos schrieb **Dionysios Thrax** die erste griechische Grammatik (s. „Res Romanae" S. 123f.).

Neben den Geistes- wurden auch die **Naturwissenschaften** auf mannigfaltige Weise sehr gepflegt, besonders in Alexandreia. Es war die Zeit, in der Eukleides, Eratosthenes (Begründer der mathematischen Geographie) und Archimedes († 212 in Syrakus) als Mathematiker, letzterer auch als Techniker, Grundlegendes schufen.

Die Prosa. In der Literatur dieser Zeit herrschte die Prosa vor. Mit dem Ende der Polis war die Glanzzeit der **öffentlichen Rede** vorbei, bis sie in Rom von neuem erblühte.

Ein volkstümlicher Redestil entwickelte sich in der Predigt kynischer Wanderredner (**Diatribe**). Der moderne Stil des Hellenismus (**Asianismus**) gab sich in zwei Spielarten, in einer zierlichen und einer schwülstigen. Die Gegenbewegung (**Attizismus**) gewann nur langsam Boden. Hier war Nachahmung selbstverständliche Forderung; die Frage war lediglich, welcher Attiker zugrunde zu legen sei, etwa Lysias oder Isokrates und Demosthenes oder Thukydides. Eine vermittelnde Stellung in diesem Streit zwischen Asianismus und Attizismus bezog die rhodische Redeschule. Zu Anfang des 1. Jh. war hier **Molon** tätig (s. „Res Romanae" S. 79, 125), von dem **Cicero** auf seiner Studienreise (79–77) entscheidende Anregungen im Sinne einer Mäßigung des pathetischen Zeitstiles empfing.

Die **Geschichtsschreibung** sah sich vor neue Aufgaben gestellt. Im 2. Jh. begannen Nichtgriechen, die Geschichte ihrer Völker in griechischer Sprache für einen weiteren Leserkreis darzustellen. Als erster Römer unternahm Q. Fabius Pictor (s. „Res Romanae" S. 76) diesen Versuch. Die werdende **Weltmacht Rom** hatte das Glück, in **Polybios,** einem griechischen Staatsmann, einen Künder ihrer Größe zu finden.

Polybios aus Megalopolis in Arkadien (um 200–120), Feldherr und Diplomat des achäischen Bundes, gehörte zu den 1000 Geiseln, die nach dem römischen Siege bei Pydna (168) jahrelang in Italien leben mußten. Er bekam Zutritt zu dem **Scipionenkreis,** begleitete den jüngeren Scipio auf Reisen und gewann die Überzeugung, daß es die weltgeschichtliche Aufgabe der Römer sei, die Länder am Mittelmeer politisch zusammenzufassen. In diesem Sinne schrieb er seine pragmatische Geschichte (s. S. 89), von deren 40 Büchern die ersten fünf erhalten sind. Seine Sprache ist nüchtern und schwunglos.

Polybios ist der bedeutendste antike Historiker nach Thukydides, dessen kritische Methode er sich zu eigen machte. Er sah in der römischen Verfassung eine gesunde Mischung der drei Grundverfassungen, die die Gewähr der Dauer in sich trage, soweit das Naturgesetz des Aufblühens, Reifens und Absterbens und die nicht berechenbare Tyche es gestatte (s. „Res Romanae" S. 9, 23, 94).

Poseidonios aus Apameia am Orontes (um 135–50), bedeutender stoischer Philosoph und vielseitiger Forscher, setzte das Werk des Polybios fort. Er betonte die geographischen und ethnologischen Faktoren des Geschehens und hatte ein besonderes Verständnis für die Naturvölker. Auch er wirkte in Rom stark nach (s. „Res Romanae" S. 110).

Die Poesie. Der alexandrinische Gelehrte **Kallimachos** aus Kyrene (um 310–240) stellte das Programm einer neuen **Gelehrtenpoesie** auf, der die Kraft großer Dichtung fehlte: Keine langatmigen Epen, sondern kleine poetische Gebilde, bis ins einzelne sorgfältig ausgearbeitet, persönlich gefärbt, mit Episoden, Betrachtungen, geistvollen Wendungen, bestimmt für Leser, die jede Feinheit genießen, jede Anspielung verstehen konnten. Kallimachos' Dichtungen galten lange als vorbildlich. Erhalten sind sechs Götterhymnen und viele Epigramme; neu gefunden wurden Reste seiner Elegien. Über seine Nachwirkung in Rom s. „Res Romanae" S. 84, 91. Berühmt und viel nachgeahmt war auch das Lehrgedicht „Phainomena" (Himmelserscheinungen) des **Aratos** (3. Jh.).

Theokrit aus Syrakus (Anf. 3. Jh.) ist der Meister der bukolischen **Idyllendichtung** (εἰδύλλιον = Bildchen; kurzes Einzelgedicht in Hexametern). Das einfache, gesangreiche Leben der Hirten und Landleute hatte es ihm angetan. Wenn er auch gefühlswärmer als Kallimachos ist, so ist doch auch bei ihm die scheinbare Naturhaftigkeit seiner Dichtung die Frucht sorgfältiger Arbeit. Neben ländlichen und städtischen „Mimen" (s. S. 72) schrieb er auch mythologische und ganz persönlich gehaltene Gedichte. **Vergil** wählte sich ihn zum Vorbild (s. „Res Romanae" S. 87).

Auch mit den übrigen Dichtern dieser Zeit haben sich die römischen auseinandergesetzt. Die Argonautika des alexandrinischen Bibliothekars **Apollonios** (genannt der Rhodier, weil er auf Rhodos eine neue Heimat fand), ein Epos in vier Büchern, boten als Glanzstück die qualvolle Liebe Medeas zu Iason. Hierdurch ließ sich Vergil anregen, die Didoepisode in seine Aeneis aufzunehmen. So ist seit Apollonios die Liebe ein wichtiger Bestandteil des Heldenepos (s. „Res Romanae" S. 88).

Das hellenistische **Epigramm** kennen wir ausgiebig. Es wurde die literarische Modeform. In ihr wurden in feiner Ziselierarbeit Beobachtungen des Alltags, idyllische Stimmungen, Freude an

Wein und Liebe, Lebensweisheit und Spott festgehalten. Die berühmte **Anthologia Palatina** (Blumenlese aus der Rheinpfalz, benannt nach dem Aufbewahrungsort der aus dem 9. Jh. stammenden Handschrift, der Bibliotheca Palatina in Heidelberg) umfaßt Tausende von Epigrammen aus über 1000 Jahren.

Literatur der Kaiserzeit. Hatte schon die Zeit des Hellenismus keine überragenden literarischen Leistungen hervorgebracht, so traten in der Folgezeit schöpferische Kräfte noch weniger hervor.

Auch in den **Wissenschaften** war der Funke erloschen. Die Gelehrten beschränkten sich, den Bestand des Wissens zusammenzufassen und zu sichten; so entstanden Handbücher zum praktischen Gebrauch. Reges Leben herrschte in der Grammatik und Philologie; durch Textausgaben, Kommentare, Lexika wurde das Interesse an den Klassikern wachgehalten und die Kenntnis von der voraufgegangenen großen Dichtung und Geschichtsschreibung weitergegeben.

Der berühmteste **Biograph** des Altertums war der Philosoph und Apollonpriester **Plutarch** aus Chaironeia (um 50–120), der bedeutendste Grieche seiner Zeit. Mit seinen Lebensbildern von Griechen und Römern hat er bis in die Neuzeit hinein immer wieder anregend gewirkt. Er stellte Griechen und Römer paarweise zusammen und schloß diese Parallelviten mit einer vergleichenden Betrachtung ab. Er bemühte sich, seinen Lesern das Menschliche und Persönliche seiner Helden nahezubringen.

Einen **Reiseführer** durch Hellas schrieb gegen Ende des 2. Jh. **Pausanias.** Zu einer Zeit, in der schon viele Orte Griechenlands verödeten und berühmte Tempel und Heiligtümer mehr und mehr verfielen, hat er auf seiner Reise durch das griechische Mutterland alle Merkwürdigkeiten der Geschichte, der Kunst und der Religion aufgezeichnet. Den Ausgräbern von Olympia, Delphi, Athen, Mykenai u. a. ist dieser „antike Baedeker" ein guter Wegweiser gewesen.

Etwa zur gleichen Zeit setzte eine Nachblüte der griechischen Literatur ein, stark begünstigt durch den Kaiser Hadrian und die Antonine. Selbst **Mark Aurel** schrieb seine Betrachtungen Εἰς ἑαυτόν in griechischer Sprache (s. „Res Romanae" S. 116). Die **Redekunst** feierte noch einmal Triumphe. Wandernde Redner durchzogen, wie einstmals die Sophisten, die Lande und ließen sich wie Stars feiern, insbesondere in den großen Städten Kleinasiens, aber auch in Athen und Massilia.

Christliche Literatur. Inzwischen hatte das Christentum begonnen, die antike Kultur zu durchdringen. Am Anfang stehen die pastoralen Schriften der **Apostolischen Väter** (Klemens von Rom, Ignatius von Antiochia, die „Lehre der 12 Apostel", der Brief an Diognet).

Seit der Mitte des 2. Jh. bedienten sich christliche Autoren der heidnischen Philosophie und Philologie, um das Christentum entweder gegen Vorwürfe zu rechtfertigen (die Apologeten, z. B. Justinus Martyr, † 165) oder es wissenschaftlich zu vertiefen. Innerhalb der Kirche entstand eine beachtliche exegetische (Erklärung der Bibel und der Dogmen) und homiletische (ὁμιλία = Predigt) Literatur. Wie die griechische, ging auch die christliche Wissenschaft von **Alexandreia** aus.

In der christlichen Katecheten- und späteren Gelehrtenschule war T. Flavius **Klemens** aus Athen († 215) der erste kirchliche Gelehrte. Ihm war die Weisheit der Griechen eine von der Vorsehung bestimmte Vorstufe des Christentums. Er bemühte sich, die Griechen zum Christentum zu bekehren und die Christen zu Griechen, d. h. zu gebildeten Menschen zu erziehen, die das Erbe ihrer Väter nicht zu verleugnen brauchten. **Origenes** († 254), der die Schule in Alexandreia zu höchstem Ansehen führte, gründete ein weiteres Zentrum kirchlicher Wissenschaft in **Caesarea** (Palästina). Hier erhielt auch **Eusebios** († 339) eine gelehrte Bildung, die ihn allen Heiden seiner Zeit überlegen machte. Er wurde Bischof seiner Heimatstadt Caesarea und Vertrauter Kaiser

Konstantins; er schrieb mit kritisch-historischem Sinn die erste umfassende Kirchengeschichte und eine Weltchronik, die von Hieronymus (s. „Res Romanae" S. 101) lateinisch bearbeitet und bis z. J. 378 fortgesetzt wurde.

Weiterleben der griechischen Literatur. Infolge der weltgeschichtlichen Ereignisse verlor die griechische Sprache den ganzen Westen des römischen Reiches – nur in Unteritalien und bei den irischen Mönchen hielt sie sich noch geraume Zeit –, aber auch im Osten erlitt sie erhebliche Einbußen, zunächst durch Nationalsprachen wie Syrisch und Armenisch, die auch Literaturen entwickelten, später durch die arabisch-islamische Expansion.

Gleichwohl haben Kirche und Staat Ostroms nicht nur die ererbte Sprache, sondern auch die Schätze des griechischen Altertums über die sog. dunklen Jahrhunderte (650–850) hinweg gerettet in die Zeit des **byzantinischen Humanismus,** unter dessen hervorragendstem Vertreter, dem Patriarchen **Photios** († 891), freilich auch die kirchliche Trennung von Rom erfolgte, und weiter in die Zeit der bewußt kulturpflegerischen Dynastie der Paläologen (1261–1453). Der byzantinische mündet unmittelbar in den **italienischen Humanismus,** der zwar die lateinischen Autoren des Altertums bevorzugte, aber in der platonischen Akademie von Florenz auch eine Wirkstätte griechischen Geistes schuf. Der **Neuhumanismus** des 18. Jh., im 19. historisch vertieft, sah die reichen Werte der Antike besonders in der griechischen Kunst und in der griechischen Sprache verkörpert und suchte sie für die Persönlichkeitsbildung fruchtbar zu machen. In diesem Sinne ist griechisches Wesen, **als Muttergrund der abendländischen Kultur,** ein wesentliches Stück und ein lebenswichtiges Ferment der sich bildenden Weltkultur und wird es bleiben.

DIE PHILOSOPHIE

Sokratische Leitworte:

Θεῶν οὐδεὶς φιλοσοφεῖ οὐδ᾽ ἐπιθυμεῖ σοφὸς γενέσθαι – ἔστι γάρ (Symp. 204a). Ἐγὼ ... οὔτε μέγα οὔτε σμικρὸν σύνοιδα ἐμαυτῷ σοφὸς ὤν (Apol. 21b).
Ἀλλὰ ... εὐλαβηθῶμεν ..., μὴ γενώμεθα ... μισόλογοι. – οὐκοῦν ... οἰκτρὸν ἂν εἴη τὸ πάθος, εἰ, ὄντος δή τινος ἀληθοῦς καὶ βεβαίου λόγου καὶ δυνατοῦ κατανοῆσαι, ... τις ... μισῶν τε καὶ λοιδορῶν τοὺς λόγους διατελοῖ, τῶν δὲ ὄντων τῆς ἀληθείας τε καὶ ἐπιστήμης στερηθείη (Phaid. 89c–90d).
Δεῖν γὰρ ‹ἐμοὶ δοκεῖ› ... ἕν γέ τι τούτων διαπράξασθαι, ἢ μαθεῖν ὅπῃ ἔχει ἢ εὑρεῖν ἤ, εἰ ταῦτα ἀδύνατον, τὸν γοῦν βέλτιστον τῶν ἀνθρωπίνων λόγων λαβόντα καὶ δυσεξελεγκτότατον, ἐπὶ τούτου ὀχούμενον ὥσπερ ἐπὶ σχεδίας κινδυνεύοντα διαπλεῦσαι τὸν βίον, εἰ μή τις δύναιτο ἀσφαλέστερον καὶ ἀκινδυνότερον ἐπὶ βεβαιοτέρου ὀχήματος, λόγου θείου τινός, διαπορευθῆναι (Phaid. 85c–d).

Kein Gott philosophiert oder begehrt, weise zu werden. Er ist es ja.
Ich bin mir bewußt, daß ich weder im großen noch im kleinen weise bin.
Doch hüten wir uns davor, ‹aus Ärger über unser Nichtwissen oder aus Enttäuschung über begangene Irrtümer› zu Hassern des Logos zu werden! Wäre es denn nicht ein Jammer, der uns widerführe, wenn es wirklich einen wahren und zuverlässigen Logos gäbe, den man auch erkennen könnte, und doch jemand als Logoshasser und -verächter dahinlebte und der Wahrheit und Erkenntnis des Seienden verlustig ginge!
Denn eines hiervon, dünkt mich, muß man doch wenigstens zustande bringen: entweder herausbekommen, wie die Dinge sich verhalten, oder es finden oder, wenn dies unmöglich, den jedenfalls besten und am schwersten widerlegbaren menschlichen Logos ergreifen und darauf wie auf einem Floß versuchen, durchs Leben zu treiben, wenn man nicht etwa sicherer und gefahrloser auf einem zuverlässigeren Fahrzeug, einem göttlichen Logos, dahinfahren kann.

I. EINFÜHRUNG

Aufgabe, innerer Ursprung und Zweck der Philosophie. „Die Philosophie hat die Aufgabe, die letzten Gründe des Erkennens und Seins wissenschaftlich zu untersuchen und alles Wirkliche in seinem Zusammenhang mit ihnen zu begreifen" (Zeller). „Wissenschaft und Philosophie sind ein Geschenk des griechischen Geistes" (Eckstein). „Ihr Anfang setzt da ein, wo das erste wissenschaftliche Denken der Menschheit überhaupt beginnt, zum mindesten des Teiles der Menschheit, dem die heutige europäische Kulturwelt angehört" (Pfister). Sich mit der Philosophie der Griechen befassen heißt also, die Errichtung jenes großartigen Gebäudes, als welches sich uns die Summe der Wissenschaften und ihrer Auswirkungen heute präsentiert, in seinen Fundamenten und in vielen sonstigen Teilen nachzuvollziehen.

Der innere Ausgangspunkt für das Betreiben von Wissenschaft und Philosophie ist nach dem Urteil des Platon und des Aristoteles das θαυμάζειν, das Staunen, sich Verwundern. Ihm entspringt der Wunsch nach Erkenntnis.

Die Frage nach einem übergeordneten Zweck erübrigt sich. Denn so sinnvoll, ja notwendig es ist, Erkenntnisse für das Leben nützlich zu machen, der erste Zweck des Erkennens liegt im Erkennen, in der Existenzerhellung selbst. Der wahre Philosoph ist es aus einem angeborenen ἔρως (Liebe, Leidenschaft) heraus. Denn: τὰ μέγιστα τῶν ἀγαθῶν ἡμῖν γίγνεται διὰ μανίας, θείᾳ μέντοι δόσει διδομένης („Die höchsten der Güter entstehen uns durch einen Wahn, der freilich durch göttliche Gabe verliehen wird.“ Platon, Phaidr. 244a).

Vom Mythos zum Logos. Bei den Griechen wurzelt alles Denken ursprünglich im Mythos, d. h. im wesentlichen in der homerischen Vorstellungswelt, außerdem in der Orphik.

Der griechische **Mythos** (s. S. 29 f., 60) bietet ein verhältnismäßig geschlossenes Weltbild. Er enthält Vorbilder für mannhaftes und ehrenvolles Verhalten und für sittliche Werte, gegen die der Mensch nicht ungestraft verstößt. Er bietet darüber hinaus Erklärungen über die Gestalt und das Werden der Welt.

Neben dem Mythos treffen wir in nachhomerischer Zeit religiöse Vorstellungen an, die man unter der Bezeichnung **Orphik** zusammenfaßt (s. S. 41). Im Mittelpunkt steht die Lehre von der Wanderung der Seele, die entweder, durch Askese geläutert, der ursprünglichen Seligkeit wieder teilhaftig wird oder, von Freveln beladen, im Totengericht der Verdammnis verfällt.

Die Orphik gewann schnell an Einfluß, weil die Lehre von der Göttlichkeit der Seele und die Forderung nach reiner Lebensführung dem religiösen Empfinden des einzelnen entgegenkamen. Der Glaube an ein Jenseitsgericht erklärt sich nicht nur aus dem „Aufkommen einer Art Sündenbewußtsein und daraus entspringender Erlösungssehnsucht geängstigter Seelen“ (Capelle), sondern auch aus dem Gefühl, daß im Bereich von Schuld und Sühne eine ähnliche Ordnung und Gerechtigkeit walten müsse, wie sie die großen Denker im Ablauf des physikalischen Weltgeschehens feststellten, damit die ganze Welt ein Kosmos sei.

Zwei Entwicklungen führen zur Auflösung der einheitlichen mythischen Welt und zur Konstituierung geistiger Bereiche auf der Grundlage der reinen Vernunft, des Logos.

Seit dem Ende des 8. Jh. sehen wir theogonische und kosmogonische Dichter und Denker im griechischen Mutterland den mythischen und orphischen Vorstellungen nicht mehr nur rezeptiv gegenüberstehen. Männer wie **Hesiod** und **Solon** zeigen das Bestreben, das Überlieferte zu ordnen, Lücken auszufüllen, Widersprüche aufzuheben, Überholtes durch neuartige Ansichten zu ersetzen, Ungereimtes auszumerzen. Hier entwickelt sich eine an die Tradition anknüpfende, aber mit den Mitteln des Verstandes arbeitende **Theologie**, die zu einem reineren **Gottesbegriff** führt.

Bedeutender noch war jene Begegnung mit anderen, teilweise erstaunlich hoch entwickelten Völkern, zu der die **Kolonialgriechen** in Kleinasien gelangten. Sie vermittelte ihnen so ausgedehnte Kenntnisse in Geographie, Astronomie, Mathematik, Nautik, Medizin, Ethnologie und auf sonstigen Gebieten, daß bei ihrer Aneignung ein **neues Weltbild,** anders geartet als das aus der Heimat mitgebrachte, entstand, die Welt der ionischen ἱστορίη. Denn vor allem Griechen aus dem geistig besonders wendigen und schöpferischen Stamm der Ioner waren es, die sich nicht damit begnügten, Wissen zu übernehmen; sie gingen vielmehr dazu über, dies Wissen systematisch zu ergänzen und hinter den Erscheinungen nach der Ursache zu forschen und eine dem Objekt angemessene Forschungsmethode zu entwickeln. Damit wurden sie zu **Begründern der eigentlichen Wissenschaft** (s. S. 82).

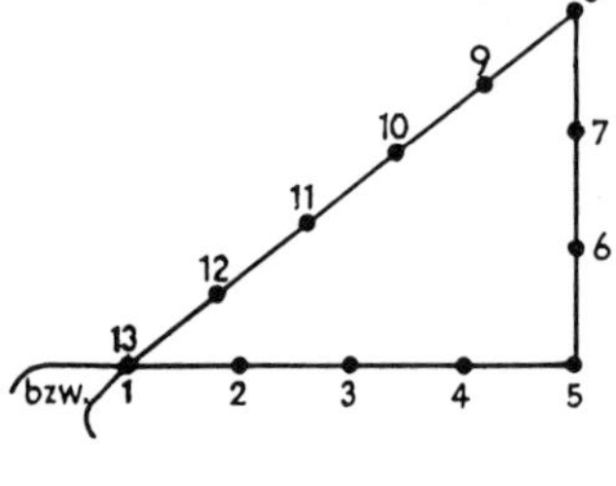

Diese Leistung wird von modernen Historikern bei einem Vergleich zwischen Griechen und älteren Kulturvölkern des Orients und Ägyptens oft nicht mehr gebührend gewürdigt, da man zu sehr die Beobachtungen, Kenntnisse, Techniken, kurz das Wissen als solches und seine Anwendung im Auge hat. Wenn ein ägyptischer Baumeister in ein Seil 13 Knoten in gleichen Abständen knüpft, den 13. mit dem 1. zusammenhält, hier sowie beim 5. und 8. Knoten das Seil anziehen läßt, erhält er beim 5. Knoten einen rechten Winkel. Er benutzt dasselbe Wissen, das später Pythagoras in dem nach ihm benannten Lehrsatz aussagt. Doch welch ein geistiger Abstand liegt zwischen jener **Technik** und diesem **mathematischen Beweis!**

Man darf nun keineswegs annehmen, es habe sich der Übergang vom Mythos zum Logos sprunghaft vollzogen. Die Denker der griechischen Frühzeit sind zumindest teilweise noch dem mythischen Denken verhaftet. Ihre Bedeutung liegt auch in dem Bemühen, immer neue Probleme mit den Mitteln der Vernunft zu lösen und von jenen Problemen zu sondern, die noch nicht oder überhaupt nicht auf diese Weise bewältigt werden können. Daß Mythos und Logos sich nicht grundsätzlich ausschließen, sondern vielmehr ergänzen, sieht man in beispielhafter Weise während der Hochblüte der griechischen Philosophie bei **Sokrates und Platon.** Sie vertrauen, wenn sie an die Grenze menschlichen Erkennens gelangt sind, mythisch-theologischen Offenbarungen. Von der Haltung des Rationalismus sind sie ebenso weit entfernt wie von jener noch heute bisweilen anzutreffenden, aus dem Geiste des Skeptizismus und Relativismus geborenen Auffassung, die Lösung vom Mythos sei eine Fehlentwicklung der Menschheit.

Entsprechend dem Gesagten darf man sich nicht wundern, wenn die Gedankengänge in der frühgriechischen Philosophie keineswegs immer in unserem Sinne logisch sind. Erst bei **Aristoteles** liegt die formale Logik abgeschlossen vor uns. Doch ist jenes prälogische Denken nicht alogisch. **Alogisches** Denken führt immer in die Irre. Das **prälogische,** vorwiegend auf Analogien, magischen Vorstellungen und Ahnungen beruhende und oft in bildhafte dichterische Sprache gekleidete Denken kann durchaus zu richtigen Ergebnissen führen, wenn die bewußt oder unbewußt einfließenden Voraussetzungen, den Vorstellungen der Zeit entnommen, zutreffen; andernfalls sind Korrekturen notwendig, die dann einen Fortschritt bedeuten. Oft gilt es auch, eine für uns schwer verständliche Aussage erst auf ihren wirklichen Gehalt hin zu untersuchen. Falsch wäre es allerdings auch, prälogisches Denken als an Beweiskraft dem logischen gleichwertig anzusehen. Ein Denkprozeß verläuft, von den psychischen und sonstigen Begleitumständen abgesehen, entweder richtig oder falsch; und das Kriterium dafür ist die Logik.

Durch Pythagoras und Xenophanes gelangte die ionische „Aufklärung" nach Unteritalien und Sizilien (Graecia Magna), mit Anaxagoras hielt sie in Athen ihren Einzug.

Die beiden genannten Entwicklungen, die theologische wie die wissenschaftliche Aufklärung, stehen einerseits im Gegensatz zueinander, andererseits geben sie einander wertvolle Anregung.

Philosophie und Einzelwissenschaften. Nur einen Teil jener zahlreichen Griechen, die sich als Wissenschaftler in jener Frühzeit einen Namen gemacht haben, kann man auch als Philosophen bezeichnen. Dasselbe gilt von den **sog. Sieben Weisen** – da ihr Kanon nicht immer gleichlautet, wird insgesamt eine größere Zahl von Leuten ihnen zugerechnet –, die wegen ihrer praktisch-politischen Lebensklugheit höchstes Ansehen genossen, mit Ausnahme des Thales, des weisesten unter ihnen, wie er oft genannt wird. Er ist nach dem noch heute gültigen Urteil des Aristoteles der erste, der es verdient, Philosoph genannt zu werden. Denn **Thales** stellte als erster die Frage nach dem Urgrund, dem Prinzip des Seienden (ἀρχὴ τῶν ὄντων), nach dem, was bei allem Wechsel in der Erscheinung stets das gleiche bleibt und aus dem sich alle Veränderungen erklären lassen.

Gegenstand und Aspekt des Forschens also sind es, wodurch sich die **Philosophie** von den **übrigen Wissenschaften** unterscheidet. In jener Frühzeit des Denkens trifft man diese Unterscheidung noch nicht, zumal fast alle später als Philosophen bezeichneten Männer auch auf anderen Gebieten sich hervorgetan haben. Erst im Laufe der Zeit machten sich die **Einzeldisziplinen,** der Differenzierung der Seinsbereiche und der ihnen angemessenen Erkenntnismethoden entsprechend, in ihrem Rahmen als Wissenschaften selbständig. In ihren letzten Fragen, die über diese Begrenzung hinausgehen, in der laufenden Kritik ihrer Methode und in der Frage nach dem Wahrheitsgehalt ihrer Aussagen bleiben sie mit der Philosophie verbunden. Als **philosophisch** pflegt man daher seit dem Altertum vornehmlich die Fragenkomplexe zu bezeichnen, die das **Wesen der Dinge, den Menschen** und **sein Streben nach Erkenntnis** betreffen; dazu kommen die Fragen, die mit den **ethischen Werten** und dem Suchen nach einer sinnvollen Lebensgestaltung zusammenhängen.

Das Wort φιλοσοφία (Weisheitsliebe) soll nach einer im Altertum beliebten Erzählung Pythagoras als erster gebildet und die Bezeichnung φιλόσοφος als erster für sich in Anspruch genommen haben. Sicher belegt ist φιλόσοφος zuerst bei Heraklit, das Verbum φιλοσοφεῖν bei Herodot. Im Unterschied zu Leuten, die sich auf irgendeinem Gebiet durch Sachkunde oder die sich durch allgemeine Erfahrung im privaten und öffentlichen Leben hervortun (σοφοί, σοφισταί), verbindet man mit der Vorstellung eines Philosophen von Anfang an theoretisches Wissen und geistige Bildung.

II. DIE VORSOKRATIKER

Vorbemerkung. Die überragende **Bedeutung des Sokrates** rechtfertigt es, daß innerhalb der Philosophiegeschichte die geistige Entwicklung bis zu seinem Auftreten als vorsokratisch bezeichnet wird. Dieses Frühstadium umfaßt die sog. kosmologische oder ontologische Epoche sowie die Sophistik. Rein zeitlich reicht es teilweise über Sokrates hinaus (s. Demokrit, S. 103).

Bei den Philosophen der erstgenannten Epoche stehen das **All und seine Prinzipien** im Mittelpunkt. Mit den älteren Sophisten und mit Sokrates wendet sich das Hauptinteresse dem Menschen, seinem Denken und Handeln zu (sog. **anthropologische Epoche**). Sokrates, Platon und Aristoteles bilden den Höhepunkt der griechischen Philosophie. Die Zeit nach Aristoteles kann man mit einigem Recht speziell als die **ethische Epoche** bezeichnen, weil das Handeln des Menschen und die erstrebte εὐδαιμονία (Glückseligkeit) stärker als das Erkennen die Fragestellung beherrschen.

Unser Wissen über die **Vorsokratiker** ist recht lückenhaft. Es fußt auf mehr oder minder sporadischen Zeugnissen aus den folgenden Epochen. Sie sind in mustergültiger Weise gesammelt von H. Diels und W. Kranz und nach Gedankenkomplexen geordnet von W. Capelle.

DIE KOSMOLOGISCHE EPOCHE

Die Milesier. Der geschichtliche Ursprung der Philosophie liegt in der reichen Handelsstadt Milet an der ionisch-kleinasiatischen Küste (s. S. 82). Drei Bürger dieser Stadt, Thales, Anaximandros und Anaximenes, sind die Archegeten der Philosophie.

Thales, auch bedeutend als Mathematiker, lebte um das Jahr 585. Die antike Biographie hat die Eigenart, die ἀκμή (Höhepunkt, 40. Lebensjahr) eines Mannes mit einem bedeutenden Ereignis zusammenfallen zu lassen, auch wenn die Daten nicht genau zueinander passen. Das erleichtert die geschichtliche Einordnung in größere Zusammenhänge. Für das genannte Jahr nun hat Thales die Sonnenfinsternis, die während einer Schlacht zwischen Lydern und Medern eintrat, vorausgesagt. **Anaximander** ist einige Jahre jünger; die ἀκμή des **Anaximenes** wird auf das Todesjahr des Thales gelegt. Die Annahme, zwischen den Dreien habe ein Lehrer-Schüler-Verhältnis bestanden, ist nicht sicher beweisbar.

Die bedeutende Leistung des **Thales** liegt einmal bereits in seiner oben (s. S. 97) gekennzeichneten Fragestellung, in der selbstverständlichen Annahme, daß ein und dasselbe Element (στοιχεῖον) und Prinzip (ἀρχή) in der Vielzahl der Einzeldinge stecke; sodann in seiner Methode, die auf den Mitteln des Verstandes aufbaut und auf mythische Erklärungen verzichtet. Die Antwort, zu der Thales gelangt, lautet: Das **Wasser** ist der Urgrund aller Dinge.

Das klingt typisch für einen Griechen, dem Küste und Meer Heimat sind. Doch steckt wohl auch die Beobachtung dahinter, „daß die Nahrung von allem feucht ist und daß das Warme selbst hieraus wird und hierdurch lebt, . . . daß der Same seiner Natur nach feucht ist; das Wasser aber ist für das Feuchte das Prinzip seiner Natur“ (Aristoteles; übers. v. Überweg-Prächter). Von der gesamten Erde nimmt Thales an, sie ruhe auf dem Wasser.

Viel Beachtung fand auch sein Ausspruch, alles sei voll von Göttern (s. S. 29). Er läßt bereits eine bedeutsame Entwicklung als Auswirkung des neuen Denkens im Ansatz erkennen. Die **Beobachtung der Natur** und der Versuch einer rein wissenschaftlichen

Kosmogonie führen zur Entwicklung eines neuen Begriffes vom Göttlichen, zu einer **natürlichen Theologie,** die im Gegensatz zur traditionellen Götterlehre Homers und Hesiods steht. Der Urstoff, der in allem steckt, wird als göttlich angesehen.

Das zeigt sich noch deutlicher bei **Anaximandros,** der als erster seine Gedanken, der nüchternen Wissenschaftlichkeit seines Vorgehens entsprechend, in einem Prosawerk περὶ φύσεως niedergelegt hat. Statt eines so konkreten Stoffes wie Wasser nimmt er als Urgrund ein **Apeiron** (Unbegrenztes) an, ein anfangloses Seiendes, den unendlichen stofflichen Vorrat für alles, was war, ist und sein wird. Dies ἄπειρον erhält typisch göttliche Attribute: ἀγένητον (ungeworden), ἄφθαρτον (unvergänglich), ἀθάνατον (unsterblich), ἀνώλεθρον (unzerstörbar), ἀγήρων (nicht alternd), ἀίδιον (ewig), περιέχειν ἅπαντα καὶ πάντα κυβερνᾶν (alles umfassen und lenken).

Die folgende Zeit hält an solchem Denken fest, „und damit ist der Anspruch der vorsokratischen Philosophie auf ihre Würdigung als natürlicher Theologie ein für allemal begründet" (W. Jaeger).

Die zahlreichen sprachlich mit dem α privativum gebildeten Attribute sind ferner aufschlußreich für die Form des Denkens. Anaximander sucht den unbekannten Urgrund des Seins näher zu bestimmen, indem er ihm das abspricht, was den uns bekannten Dingen Schranken setzt.

Absonderungen aus dem Apeiron entfalten sich in die Gegensätze des Warmen und Kalten, des Feuchten und Trockenen und bilden so die Dinge der Welt. Der entscheidende, in seiner Deutung umstrittene Satz lautet: „Woraus aber das Werden ist den seienden Dingen, in das hinein geschieht auch ihr Vergehen nach der Schuldigkeit; denn sie zahlen einander gerechte Strafe und Buße für ihre Ungerechtigkeit nach der Zeit Anordnung" (Diels – Kranz).

Vermutlich ist diese bildhafte Konzeption eines durch Gesetzlichkeit geregelten Weltablaufs ausgelöst durch das Vorbild der vom **Nomos** regierten Polis. Die Aussage „ist mehr als bloße Erklärung der Natur ...; sie ist die erste philosophische Theodizee" (W. Jaeger).

Anaximenes hat wieder wie Thales eine konkretere Vorstellung von der ἀρχή. Sie ist die **Luft.** Doch ist sie wie die ἀρχή des Anaximander grenzenlos. „Wie unsere Seele, die Luft ist, uns regiert, so umfaßt auch den ganzen Kosmos Hauch (πνεῦμα) und Luft" (Capelle). Die Luft erklärt Anaximenes für Gott. Ein gedanklicher Fortschritt gegenüber seinen Vorgängern liegt in der Annahme, durch Verdichtung und Verdünnung des Urstoffs entstünden alle übrigen Gebilde.

Die Milesier haben in ihrer **Vorstellung vom Urstoff** eines gemeinsam. Es gibt bei ihnen noch nicht die Unterscheidung zwischen Stoff und bewegender Kraft, zwischen sog. toter Materie und Leben bzw. Geist. Leben und Bewegung sind selbstverständliche Eigenschaften des Urstoffs (sog. **Hylozoismus**).

Pythagoras und seine Schule. Im Gegensatz zu den Milesiern, die vorwiegend nach einem stofflichen, qualitativen Prinzip gesucht hatten, wird von den Pythagoreern ein **formales,** quantitative Verhältnisse ausdrückendes, immaterielles **Prinzip** herausgestellt.

Pythagoras von Samos (ἀκμή um 540), ein Mann von außergewöhnlichen Kenntnissen und Fähigkeiten, von dem eine geradezu wunderbare Kraft ausging, wanderte, um sich der Tyrannei des Polykrates zu entziehen, aus seiner Heimat nach der griechischen Kolonialstadt Kroton in Unteritalien. Hier gründete er einen religiös-politischen **Geheimbund,** in den nur Leute Einlaß fanden, die sich in einer strengen Auslese bewährten, sich der Autorität des beinahe wie ein Gott verehrten Meisters in gehorsamem Schweigen unterwarfen und gewillt waren, dessen recht asketische Lebensvorschriften genauestens einzuhalten. Der aristokratische Bund erlangte über Kroton hinaus in vielen Städten Unteritaliens starken politischen Einfluß. Doch erwuchsen ihm aus den demokratischen Parteien zahlreiche Gegner. Der Stifter selbst mußte ihrem Druck weichen. Er fand Zuflucht in Metapontion. Seine Schule konnte sich trotz heftiger Verfolgungen vorerst noch halten. Sie ging gegen Ende des 4. Jh. ein. Ihre einzelnen Lehren jedoch übten weiterhin starken Einfluß aus, u. a. auf Platon. Als Ganzes, wenn auch in einem mystischen Gewande, erwachte das System im 1. Jh. v. Chr. zu neuem Leben (sog. Neupythagoreismus).

Entscheidend für die geistige Welt dieser Schule ist des Pythagoras Entdeckung, daß die schwingenden Saiten, die die Töne der Tonleiter hervorbringen, hinsichtlich ihrer Länge in einem bestimmten, festen Zahlenverhältnis stehen, daß insbesondere den Intervallen der sog. vollkommenen Konsonanzen ein einfaches Verhältnis zwischen den ganzen Zahlen 1–4 zugrunde liegt. Diese Erkenntnis führte zu der Annahme, die **Zahl** sei das Wesen der Dinge, die Prinzipien des Zahlensystems, das Gerade und das Ungerade, das Unbegrenzte und das Begrenzte, seien die Prinzipien allen Seins; die Dinge seien der Struktur der Zahlen nachgebildet, seien Abbilder von ihnen.

Die Beschäftigung mit der Zahl führte zu großen Erfolgen in der **Mathematik** (sog. pythagoreischer Lehrsatz u. a.). Welche Bedeutung der Zahl für die Erkenntnis der Natur zukommt, ist angesichts der Rolle, die die Mathematik in den Naturwissenschaften einnimmt, heute offenkundiger denn je. Andererseits führte die Überschätzung der Zahl zu einer phantastischen **Symbolik**, die Zahl und Gegenstand sprachlich bedenkenlos gleichsetzte.

Großartig ist der Gedanke, die Himmelskörper erzeugten durch ihre Bewegung eine **Sphärenharmonie**, deren Töne denen der Oktav analog seien. Das All soll Pythagoras wegen der darin waltenden Ordnung und Gesetzmäßigkeit als erster einen κόσμος, sich selbst als erster einen φιλόσοφος (doch s. S. 98) genannt haben.

Die theologischen und ethischen Ansichten der **Pythagoreer** wurzeln in der theologischen Aufklärung und in der **Orphik**; teilweise werden auch ägyptische Einflüsse angenommen. Den die Welt lenkenden **Gott** darf man sich nicht anthropomorph und mit menschlichen Fehlern und Schwächen behaftet vorstellen.

Die **Seele** ist unsterblich, jedoch gleichsam eingekerkert in einen sterblichen Leib, in dem sie Ebenmaß und Ordnung schaffen soll. Je nach dem Grade der Läuterung, den sie dabei durch sittlich reine Lebensweise erlangt hat, wandert sie nach dem Tode in einen neuen, höheren oder niedrigeren, tierischen oder menschlichen Leib.

Heraklit von Ephesus. Das Grundphänomen, von dem ausgehend Heraklit die Welt zu begreifen sucht, ist die dem Dahinfließen eines Stromes vergleichbare **unablässige Veränderung aller Dinge** (später kurz zusammengefaßt in πάντα ῥεῖ).

Heraklit, dessen ἀκμή für den Beginn des 5. Jh. anzusetzen ist, stammte aus adligem Hause. Seine Verachtung der Masse entspringt jedoch vor allem einer geistesaristokratischen Haltung, in der **Selbstbewußtsein** und scharfe **Polemik**, etwa gegen Homer, Hesiod, Pythagoras und Xenophanes, hervorstechende Züge sind. „Einer ist mir so viel wert wie zehntausend, wenn er der Beste ist."

Seine tiefsinnigen Gedanken legte Heraklit in einer Schrift mit dem späteren Titel περὶ φύσεως nieder. Die oft dunkle und orakelhafte Darstellung brachte ihm den Beinamen ὁ σκοτεινός ein. Die uns erhaltenen Fragmente lassen ihn als **Meister der Aphoristik** erkennen, einer Aussageweise, die dem Inhalt seiner bildhaften Thesen entspricht, in denen er die Dynamik der Gegensätze und des aus ihnen entspringenden Geschehens zu fassen sucht, und die den leidenschaftlichen Philosophen verrät.

Nach Heraklit „ist es unmöglich, zweimal in denselben Fluß zu steigen." „Wir steigen in denselben Fluß und doch nicht in denselben; wir sind es, und wir sind es nicht." Das unaufhörliche Werden und Vergehen entspringt dem **Streit der Gegensätze.** „Kampf ist der Vater von allem, der König von allem; die einen macht er zu Göttern, die andern zu Menschen, die einen zu Sklaven, die andern zu Freien." „Das Kalte wird warm, Warmes kalt, Feuchtes trocken, Trockenes feucht."

Doch ist die Turbulenz des Geschehens nicht einem Tohuwabohu gleichzusetzen. **Zwei Prinzipien** ordnen das Geschehen. Das eine, **das Feuer,** ist stofflicher Natur. „Diese Welt . . . war immer und ist und wird immer sein ein ewig lebendiges Feuer." In periodischem Wechsel löst sie sich in Feuer auf und bildet sich neu aus ihm.

Das zweite Prinzip reguliert den Weltprozeß. Denn alles geschieht nach Notwendigkeit. Für deren Wesen erklärt Heraklit den **Logos** (Weltgesetz), der das ganze All durchdringt. Der Logos, den wir als Vorstufe des νοῦς bei Anaxagoras ansehen können, ist dem Göttlichen gleich zu erachten. Aus dieser pantheistischen Einstellung heraus übt Heraklit an der homerischen Volksreligion und an den Mysterienkulten heftige Kritik.

Der Mensch muß dem Logos nachspüren, der Natur lauschen und ihr gemäß handeln. Dabei sind die Sinne schlechte Zeugen. Nur Barbaren folgen ihnen. Prüfstein der Wahrheit ist die **Vernunft.** Doch ist menschlichem Erkennen eine **Grenze** gesetzt. „Der Mensch ist in den Augen Gottes ein Tor, wie der Knabe in denen des Mannes." Die Seele des Menschen hält Heraklit für „einen Funken von der Substanz der Gestirne" (alle Zitate sind Capelle entnommen).

Die Eleaten. Kommt nach Heraklit im ewigen Werden, sich Verändern und Vergehen das Wesen der Welt zum Ausdruck, so erblicken die Eleaten die eigentliche **Wirklichkeit im unveränderlichen Sein.**

Als Begründer dieser Richtung gilt **Xenophanes** aus Kolophon. Nachdem er um 540 vor den anrückenden Persern aus seiner Heimat geflohen war, ging er als Rhapsode auf Wanderschaft. Schließlich ließ er sich in Elea an der Westküste Unteritaliens nieder. Dort kam er mit **Parmenides,** einem Bürger der Stadt, in Berührung, der zum eigentlichen geistigen Haupt der Eleaten wurde. Dessen Lehren, die heftigsten Widerspruch auslösten, fanden in **Zenon** aus Elea und **Melissos** von Samos eifrige Verteidiger.

Bei **Xenophanes,** dessen Naturvorstellungen wenig entwickelt sind, liegt der Ausgangspunkt des Denkens im theologischen Bereich. Aus der **Tradition der theologischen Denker** (s. S. 96) und aus seinem Beruf heraus erklärt es sich, daß Xenophanes seine Ansichten in Hexametern und Distichen kundtut. In ihnen erweist er sich als leidenschaftlicher **Aufklärer** gegen die herrschende anthropomorphe Göttervorstellung (s. S. 43). Statt dessen lehrte er, es herrsche.

„nur ein einziger Gott, unter Göttern wie Menschen der Größte, / weder an Aussehen Sterblichen gleich noch gleich an Gedanken." „Ganz ist er Auge, ganz Geist, auch horchendes Ohr ist er gänzlich."

Dieser **Gott** ist selbst **unbewegt und unveränderlich.**

„Doch ohne Mühe bewegt seines Geistes Denkkraft das Weltall."

Dem gleichen metaphysischen Ziel, zu dem der Theologe Xenophanes annähernd gelangt war, strebt die Philosophie des **Parmenides** konsequent entgegen. Auch in der Form der Aussage ist er jenem verwandt. In einem Lehrgedicht περὶ φύσεως bietet er seine Weisheit feierlich dar.

Das Werk ist zweiteilig aufgebaut. Im ersten Teil legt Parmenides seine „wohlgerundete" und unerschütterliche Wahrheit dar, im zweiten verwirft er die, wie er meint, jeder Überzeugungskraft baren Meinungen anderer Philosophen.

Völlig neu ist der Ansatz des Parmenides. Er geht vom Denken aus. Das **Denken** führt ihn zum **Sein,** da jedes Urteil die Kopula „ist" enthält.

„Ein und dasselbe ist Denken und das, um des der Gedanke." „... Denn ein und dasselbe ist Denken und Sein."

Nichtseiendes kann man auch nicht denken. Das Seiende ist stofflicher Natur; es ist ungeworden, unteilbar, unbewegt und unveränderlich. Was wir als Bewegung und Veränderung wahrnehmen, ist nichts anderes als Lug und Trug der Sinne.

Die jüngeren Naturphilosophen. Der Versuch, die gegensätzlichen Lehren von der steten Veränderung aller Dinge und von der ewigen Unveränderlichkeit des Seins miteinander in Einklang zu bringen, steht im Mittelpunkt der Philosophie bedeutender Denker um die Mitte bzw. in der 2. Hälfte des 5. Jh. (s. S. 112, 117).

Empedokles von Akragas (lat. Agrigentum) auf Sizilien ist eine unvergleichliche Persönlichkeit. Aus vornehmer und einflußreicher Familie stammend, soll er die ihm angebotene Königswürde abgelehnt haben. Statt dessen zog er, als Lehrer, Arzt und Wundertäter gleichermaßen verehrt, in Sizilien und Italien von Stadt zu Stadt. Am Ende seines Lebens wurde er der Sage nach im Anschluß an ein Opfermahl in den Kreis der Unsterblichen entrückt. Einer anderen Version zufolge soll er sich selbst in den Krater des Ätna gestürzt haben.

Seine Naturphilosophie hat Empedokles in einem Lehrgedicht περὶ φύσεως (2 Bücher) dargestellt. Danach ist der Urstoff nicht einheitlich; es gibt vielmehr **vier Elemente:** Feuer, Luft, Wasser, Erde, die in kleinsten Splittern auftreten. Diese Elemente sind das beharrende Sein. Sie sind nicht entstanden, bestehen vielmehr seit Ewigkeit. Bewegung kommt in sie durch zwei Kräfte, **Liebe** und **Haß.** Sie bewirken die Mischung und Trennung der Elemente. Dabei sind zwei extreme Zustände möglich: der kugelförmige Anfangszustand der Welt (σφαῖρος), in dem absolute Übermacht der Liebe totale Mischung herbeigeführt hat, und der Endzustand, von Späteren als ἀκοσμία bezeichnet, in dem die Alleinherrschaft des Hasses schärfste Trennung der Elemente bewirkt hat. Empedokles unterscheidet also scharf zwischen der Materie und den sie bewegenden Kräften.

Zwischen verschiedenen Stoffen besteht eine Art Freundschaft bzw. Feindschaft, die die Mischung bzw. Trennung erleichtern. So strebt Wasser eine Vermischung mit Wein an, von Öl fühlt es sich abgestoßen. Gleiches gesellt sich gern zu Gleichem. Im übrigen spielt bei der Vereinigung der Stoffe der Zufall eine große Rolle.

Auch **Wahrnehmung** und **Erkenntnis** beruhen auf dem Zusammenwirken von Gleichem mit Gleichem. Von den Gegenständen gibt es Ausflüsse. Passen sie in die Poren eines Sinnes, so nehmen wir den Gegenstand durch diesen Sinn wahr. Der hier zugrunde liegende Gedanke hat immer wieder die Menschen begeistert. Nach Platon ist das Auge, weil es die Sonne wahrnimmt, das sonnenhafteste (ἡλιοειδέστατον) Sinnensorgan. Bekannt sind Goethes großartige, auf Plotin (s. S. 120) zurückgehende Verse:

Wär' nicht das Auge sonnenhaft,
Die Sonne könnt' es nie erblicken;
Läg' nicht in uns des Gottes eigne Kraft,
Wie könnt' uns Göttliches entzücken? (Zahme Xenien III)

Ein ganz anderer Empedokles tritt uns in den ebenfalls hexametrischen Καθαρμοί (Entsühnungen) entgegen. Als religiöser Eiferer verkündigt er hier die **orphisch-pythagoreische Erlösungslehre** und Ethik. Danach ist die Seele göttlicher Natur. Ihr Sturz in diese Welt und ihre Verbindung mit einem Leib sind Strafe für einen Frevel. Aus der Lehre von der Seelenwanderung, wie wir sie bei Pythagoras bereits kennengelernt haben, ergibt sich vor allem das Verbot, Tiere zu verletzen oder gar zu schlachten und zu verzehren. Sonst womöglich „greift und schlachtet den lieben, verwandelten Sohn dann der Vater, / spricht ein Gebet noch dazu, der gewaltige Tor!"

Anaxagoras aus Klazomenai ist ein von mythischen Vorstellungen völlig freier Forscher und Philosoph. Politisch uninteressiert und den Kosmos als seine Heimat betrachtend, wählte er den βίος θεωρητικός (vita contemplativa, beschauliche Lebensweise) als ihm angemessene Lebensform. „Einstmals gefragt, wozu er geboren sei, sagte er: ‚Zur Betrachtung von Sonne, Mond und Himmel'" (Diogenes Laertios).

Aufgewachsen in Milet, begab sich Anaxagoras um 460 nach Athen, wo er als **Freund des Perikles** eine bedeutende Rolle im Leben der Stadt spielte. Nicht nur als Philosoph, auch als Naturwissenschaftler verdient er höchste Beachtung. Wegen seiner Lehren – u. a. erklärte er die Sonne für eine glühende Gesteinsmasse – wurde er der Gottlosigkeit angeklagt und verurteilt. Er verließ heimlich Athen und verbrachte sein restliches Leben in der Stadt Lampsakos am Hellespont, deren Bürger ihn hoch verehrten.

Seine **Stofflehre** ist recht kompliziert. Nach ihm gibt es, im Gegensatz zu Empedokles, zahllose qualitativ, d. h. nach Gestalt, Farbe und sonstigen Eigenschaften, verschiedene Urstoffe. Da die Teile eines jeden von ihnen dem Ganzen völlig wesensgleich sind, haben Spätere sie als „gleichteilige Stoffe" (ὁμοιομερῆ στοιχεῖα) bezeichnet. Die **Physik** des Anaxagoras beginnt mit dem Satz: „Beisammen waren alle Dinge, grenzenlos nach Menge wie nach Kleinheit" (Diels–Kranz). Bewegung und Ordnung brachte in sie der νοῦς (Geist). Der νοῦς ist „das feinste und reinste von allen Dingen". „Er ist mit keinem Dinge vermischt." Er „hat seine Macht allein aus sich selbst". „Er besitzt von jedem Dinge jede Erkenntnis" (Capelle). Die Drehbewegung, die er zunächst in einem Punkte erregte, griff und greift immer noch weiter um sich. Der Weltprozeß kennt kein Ende, keine Umkehr.

Den Menschen versetzen seine geistigen Fähigkeiten in die Lage, die ihm sonst in mancher biologischer Hinsicht überlegenen Tiere zu beherrschen und sie sich nutzbar zu machen. Seine, oft leider nur zu schwachen, Sinne liefern ihm die Grundlage für die Erkenntnis des sinnlich nicht Wahrnehmbaren.

Anaxagoras unterscheidet wie Empedokles zwischen **Stoff** und bewegendem **Prinzip.** Doch waren bei letzterem Liebe und Haß noch rein stofflicher Natur oder poetisch und mythisch personifizierte Gewalten. Anaxagoras erscheint durch die Annahme eines weltordnenden geistigen Prinzips „wie ein Nüchterner im Vergleich zu seinen blindlings dahinredenden Vorgängern" (Aristoteles). Wohl hat bei ihm der νοῦς noch verschiedene, wenn auch besonders feine stoffliche Qualitäten. Außerdem zieht Anaxagoras ihn, wie Sokrates, Platon und Aristoteles bedauern, gewöhnlich nur dann zur Erklärung heran, wenn er keine mechanistisch wirkende Ursache findet. Doch ist es sein bleibendes Verdienst, die dualistische Scheidung zwischen der **Materie** und dem sie letztlich bewegenden und sie erkennenden **Geist** grundsätzlich vorgenommen zu haben.

Die Atomisten. Einen dritten Versuch, Werden und Sein miteinander in Einklang zu bringen, stellt das System der Atomistik dar.

Als sein Begründer ist **Leukipp** aus Milet anzusehen. Nach Studien in seiner Heimatstadt und in Elea ließ er sich in der thrakischen Stadt Abdera nieder und gründete dort eine Schule. Seine Lehre verschmolz für das Bewußtsein der Antike fast ganz mit dem großen Werk seines Schülers **Demokrit** aus Abdera (~ 455 – ~ 365). Dieser große Naturforscher und Philosoph unternahm ausgedehnte Reisen nach Ägypten und dem Orient und erlangte große Berühmtheit. Um das Leben des „lachenden Philosophen" ranken sich zahlreiche Legenden und Anekdoten. So heißt es, er habe sich selbst des Augenlichts beraubt, um durch die Verlockungen des Sehens nicht im Denken behindert zu werden. Authentisch ist wohl der Ausruf, „er wolle lieber eine einzige ursächliche Erklärung finden, als daß ihm das Perserreich zu eigen werde" (Diels – Kranz). Seine umfangreichen Schriften sind bis auf etwa 300 teilweise überaus spärliche Fragmente verlorengegangen.

Das Lehrgebäude der **Atomistik** stellt den konsequenten und bewußten Versuch dar, die Welt und das Geschehen in ihr aus einem einheitlichen Urgrund heraus (monistisch) zu erklären, und zwar im Sinne eines mechanistischen Materialismus. Danach gibt es letztlich nur das Volle (τὸ πλῆρες oder στερεόν) und das Leere (τὸ κενόν oder μανόν), die Materie und den leeren Raum. Jenes bezeichnet man auch als das Seiende (τὸ ὄν), dieses als das Nichtseiende (τὸ μὴ ὄν).

Die Materie besteht aus unendlich vielen, nicht teilbaren Einheiten (ἄτομα) derselben stofflichen Substanz. Diese Atome sind nur nach Anordnung, Lage und vor allem nach Gestalt und damit nach Größe – später in Epikurs Physik auch nach Schwere – verschieden. Das reicht aus, die bunte Fülle der Erscheinungswelt zu erklären. Bestehen doch auch Tragödie und Komödie aus denselben wenigen Buchstaben. Zahlreiche Unterschiede, z. B. der Farbe, des Geruchs, des Geschmacks usw., bestehen nicht in den Dingen an sich, sondern werden lediglich von den Sinnesorganen als solche empfunden.

Die **Atome** sind ewig und unvergänglich; sie sind **das unveränderliche Sein.** Ein Dahinterliegendes, das für sie Ursache ihrer Existenz oder ihrer Eigenschaften wäre, gibt es nicht. Auch wird kein besonderes Prinzip der Bewegung, vergleichbar der Liebe und dem Haß des Empedokles oder dem νοῦς des Anaxagoras, angenommen. Das Bewegtsein gehört zum Wesen der Atome. Das ist eine Auffassung, die an den Hylozoismus (s. S. 99) erinnert.

Die Bewegung setzt das Leere, den Raum, voraus, in den hinein sie stattfinden kann. Die Bewegung der Atome führt zu Zusammenstößen. Druck und Gegendruck erzeugen schließlich Wirbel, aus denen Körper, ja ganze Welten entstehen. Alles Werden und Vergehen hat eine mechanische Ursache, durch die das Geschehen mit Notwendigkeit (ἀνάγκη) zwangsläufig bestimmt ist.

Auch die Seele besteht aus Atomen, und zwar jenen feinsten und runden, die auch das Feuer bilden; sie durchsetzen den ganzen Leib. Sehen und Erkennen kommen dadurch zustande, daß kleine Bildchen (εἴδωλα) von den Gegenständen sich ablösen und auf das Auge des Beobachters treffen. Alle Wahrnehmung beruht im Grunde auf dem Tastsinn. Seiner ganzen Struktur nach gleicht der Mensch einem „Kosmos im kleinen" (μικρῷ κόσμῳ; Capelle).

DIE SOPHISTEN

Der Mensch ist das Maß! „Aller Dinge Maß ist der Mensch, der seienden, daß (wie) sie sind, der nicht seienden, daß (wie) sie nicht sind" (Diels – Kranz). Dieser sog. **Homomensura-Satz des Protagoras**, geäußert zu Beginn seiner Καταβάλλοντες (scil. λόγοι), d. h. der die bisherigen Ansichten niederwerfenden Darlegungen, auch 'Αλήθεια betitelt, ist typischer Ausdruck der Haltung, die seit der 2. Hälfte des 5. Jh. das geistige Leben Griechenlands zu beherrschen beginnt.

Griechenland, das bedeutet jetzt beinahe ausschließlich **Athen**, das nach den Perserkriegen zum kulturellen Mittelpunkt, zur παίδευσις 'Ελλάδος wurde (s. S. 85). Später vermochten weder der unglückselige Peloponnesische Krieg noch die politische Bedeutungslosigkeit, zu der Griechenland seit dem Siegeszug Alexanders verurteilt war, diese geistige Vorrangstellung zu erschüttern.

Dafür, daß das Denken jener Zeit die **anthropozentrische** Richtung nahm, gibt es vorwiegend zwei Gründe: Einmal war die Naturphilosophie für die damalige Zeit, die noch keine hochentwickelte experimentelle Wissenschaft kannte, zu einem gewissen Abschluß gelangt. Sodann erforderten die veränderten politischen Verhältnisse von jedem Bürger neue Kenntnisse und Fähigkeiten (s. S. 25 f.).

So rückte der Mensch als erkennendes und handelndes Subjekt in den Mittelpunkt des Interesses. Eine dem Geist der neuen Zeit entsprechende Erziehung und Bildung (παιδεία) sowie die damit verbundene Tüchtigkeit (ἀρετή) zu vermitteln, erboten sich die **Sophisten,** die als Lehrer durch die Lande zogen. Sie waren die ersten, die für eine berufsmäßig ausgeübte philosophische Unterweisung Geld nahmen. Bei ihnen in die Schule zu gehen, wurde für den Sohn aus angesehenem Hause modern. Das Wort σοφιστής (Weisheitslehrer) hat ursprünglich keineswegs jene abschätzige Nebenbedeutung, die es durch Sokrates und Platon angesichts der Entartungen in der jüngeren Sophistik erhielt.

Die bedeutendsten Sophisten. Man unterscheidet zwischen den früheren und den späteren Sophisten. Zur ersten Gruppe gehören vor allem Protagoras, Gorgias, Hippias und Prodikos.

Protagoras aus Abdera (um 440), der Begründer der Sophistik, reiste als Lehrer der Rhetorik (Beredsamkeit) durch die Städte Griechenlands. In Athen zählten Perikles und Euripides zu seinen prominentesten Hörern. Für die Pflanzstadt Thurioi schuf er die Verfassung. Der Gottlosigkeit angeklagt, mußte er als Greis aus Athen fliehen und ertrank auf der Überfahrt nach Sizilien. Seine Schrift über die Götter wurde öffentlich verbrannt.

Gorgias aus Leontinoi (Sizilien) kam im Jahre 427 während des Peloponnesischen Krieges als Gesandter seiner Heimatstadt nach Athen, wo er zu Vermögen und größtem Ansehen gelangte. Seine späteren Jahre soll er in Thessalien (Larisa) verbracht haben (s. S. 85 f.). Jüngere Zeitgenossen der Genannten waren **Hippias** aus Elis sowie **Prodikos** von Keos. Sie alle begegnen uns u. a. auch in den platonischen Dialogen.

Die sog. **späteren Sophisten,** u. a. Polos, Kallikles, Thrasymachos, Euthydemos und Dionysodoros, ferner der nicht berufsmäßige Sophist Kritias, der Anführer der 30 Oligarchen, sind uns mit Ausnahme des Letztgenannten fast ausschließlich durch die Charakterisierungen bekannt, die wir bei Platon von ihnen erhalten.

Die Lehren der Sophisten. Der Homo-mensura-Satz des Protagoras bestimmte die sophistische **Erkenntnislehre:** Der Mensch erkennt die Dinge nicht in ihrem An-sich (objektiv); sie sind, wie sie ihm erscheinen **(subjektiv).** Und jedes Individuum hat seine eigene Vorstellung; keine ist richtiger oder wahrer als die andere **(Relativismus).** Gorgias geht noch weiter: „Erstens: es gibt nichts; zweitens: wenn es auch etwas gäbe, wäre es doch für den Menschen unerkennbar; drittens: wenn es auch erkennbar wäre, wäre es doch unsern Mitmenschen nicht mitteilbar und nicht verständlich zu machen“ (Capelle). Doch ist dieser totale **Skeptizismus** und **Nihilismus** mehr methodischer als grundsätzlicher Art.

Die **Erziehbarkeit und Bildbarkeit** des Menschen ist eine Grundvoraussetzung der Sophistik. Das Vermögen, zu erkennen und Entscheidungen zu treffen, unterscheidet ihn von allen übrigen Lebewesen. Bei allem Relativismus gibt es für Protagoras Qualitätsunterschiede der Meinungen. Aufgabe der Sophisten ist es, im Zuhörer zu bewirken, daß ihm Gutes statt Schlechtes erscheint, und ihn so zu bessern. Diese Besserung erreicht man nicht durch Beschäftigung mit der Natur, sondern durch systematische Ausbildung der logischen und sprachlichen Anlagen im Hinblick auf das **praktisch-utilitaristische Ziel,** sich vor allem innerhalb der Polis zu behaupten und Einfluß zu erlangen.

So kommt es zur Begründung der **Sprachwissenschaft.** Sich in Grammatik, Synonymik, Poetik zu üben, gehört zu den elementaren Aufgaben des Bildungsbeflissenen. Die von Zenon begründete **dialektische Methode,** die Kunst des **Wahrscheinlichkeitsbeweises** und der **Eristik** gelangen zu großer Beliebtheit. Gipfel der erstrebten παιδεία und ἀρετή, zu dem alle diese Kenntnisse und Fähigkeiten schließlich hinführen, ist die theoretische und praktische **Rhetorik,** die man bei Gorgias in unübertroffener Meisterschaft erleben konnte. Er brüstete sich, über jedes beliebige Thema eine derartig raffiniert angelegte und so geschickt vorgetragene Prunkrede (ἐπίδειξις) halten zu können, daß alle Zuhörer überredet würden. Denn auf das **Überreden,** nicht auf den überzeugenden Beweis der Wahrheit kam es an (Doppelbedeutung von πείθειν). Das galt insbesondere für jene Reden, die vor Gericht und in der Volksversammlung zu halten waren. Der Stolz des Sophisten war es, im rechten Zeitpunkt τὸν ἥττω λόγον κρείττω ποιεῖν, die an vernünftigen oder rechtlichen Argumenten schwächere Sache obsiegen zu lassen.

In der **Götterlehre** sind folgende sophistische Gedanken bemerkenswert:

Protagoras: „Von den Göttern vermag ich nichts festzustellen, weder, daß es sie gibt, noch, daß es sie nicht gibt, noch, was für eine Gestalt sie haben; denn vieles hindert ein Wissen hierüber: die Dunkelheit der Sache und die Kürze des menschlichen Lebens“ (Capelle).

Prodikos: „Sonne, Mond, Flüsse, Quellen und überhaupt alles, was unser Leben fördert, haben die Alten für Götter gehalten wegen des Nutzens, den diese Dinge gewähren.“

Kritias: „Als, offenkundig mit Gewalt zu freveln, einst / die Menschen hinderte nur das Gesetz allein, / sie ’s heimlich dennoch taten, damals hat ein Mann, / gar schlau und weise, wie er war, so scheint es mir, / die Götterfurcht erfunden für die Sterblichen.“

Daß solche **rationalistischen Theorien** bei vielen Anhängern der Sophistik zu einer Lösung aus den Bindungen an die überkommenen religiösen und sittlichen Vorstellungen oder gar zum offenen **Atheismus** führten, liegt auf der Hand. Mehrere Prozesse wegen ἀσέβεια waren die Folge (s. S. 43).

Dementsprechend riefen auch in den **ethischen Ansichten** die sophistischen Lehren folgenschwere Umwälzungen hervor. Gewiß knüpft einiges an traditionelle Vorstellungen an. Der großartige **Mythos des Protagoras** im gleichnamigen Dialog Platons läßt noch Zeus durch Hermes den Menschen die fundamentalen Voraussetzungen für ein bürgerliches Zusammenleben, αἰδώς und δίκη (Scham- und Rechtsempfinden), zuerteilen. Wer daran keinen Anteil haben könne, solle wie eine Krankheit des Gemeinwesens ausgerottet werden. Doch gilt die Herleitung von den Göttern nur für die verbindliche Kraft des δίκαιον. Sein jeweiliger Inhalt ist durchaus subjektiv und relativ (s. Plat., Theait. 167 C). Der Ursprung von Staaten beruht ebenso wie der von Sprachen auf Vereinbarungen. Auch des **Prodikos** berühmte gleichnishafte Schilderung, die **Herakles am Scheidewege** zwischen Tugend und Laster zeigt, weist einen utilitaristischen Einschlag auf.

Die Grundtendenz der Sophistik führte zu einer **Auflösung des überlieferten Nomos** (Gewohnheit, Sitte, Recht), der, wie beispielsweise Hippias meint, oftmals zu naturwidrigem Tun zwingt. Statt dessen ist das Gerechte aus der φύσις (Natur) herzuleiten. Das führte in einem Einzelfall, bei dem Gorgiasschüler Alkidamas, zwar zu dem für antikes Denken erstaunlichen Ergebnis, daß die Sklaverei naturwidrig sei; denn „οὐδένα δοῦλον ἡ φύσις πεποίηκεν" (Niemanden hat die Natur als Sklaven geschaffen). Im allgemeinen aber berief man sich auf die außermenschliche Natur, die das **Recht des Stärkeren** lehrt. Das Gesetz ist eine listige Erfindung der Masse der Schwachen, um den Stärkeren Zügel anzulegen. Für den Starken aber ist es Schimpf und Schande, sich zu mäßigen und dem Gesetz zu fügen. Er soll seine Begierden und Leidenschaften wachsen lassen und sich die Macht erringen, sie zu befriedigen und ungestraft sog. Unrecht zu tun. Rücksichtsloser **Egoismus** bestimmt den Inhalt des wahren Rechts. Recht und Macht sind identisch (**„Herrenmoral"**). Platons Politeia (B. I) und Gorgias sowie die Darstellung, die uns Thukydides von der Auseinandersetzung zwischen Athen und der Insel Melos bietet, zeigen uns diese Einstellung bis zur letzten Konsequenz verwirklicht.

III. SOKRATES – PLATON – ARISTOTELES

SOKRATES

Der „Zauberer" von Athen. „Den Sokrates zu loben, ihr Männer, will ich so versuchen: durch Bilder. ... Ich behaupte denn nun, daß er ganz ähnlich den Silenen ist, die da in den Bildhauerwerkstätten stehen, die die Künstler darstellen mit Schalmeien oder Flöten in den Händen und die, nach beiden Seiten hin aufgeklappt, im Innern vorhandene Götterbilder sichtbar werden lassen. Und ich behaupte weiter, daß er dem Satyr Marsyas gleicht. Daß du nun wenigstens dem Aussehen nach diesen Gestalten ähnlich bist, Sokrates, dürftest du nicht einmal selbst bestreiten. Daß du ihnen aber auch sonst gleichst, höre hiernach! Du bist ein Schalk! Oder nicht? Wenn du es nämlich nicht zugibst, werde ich Zeugen dafür bringen. Doch kein Flötenspieler? Ein viel wunderlicherer noch als jener! Er bezauberte ja über Instrumente die Menschen, durch die Kraft, die von seinem Munde ausging. ... Du aber unterscheidest dich von ihm nur dadurch, daß du ohne Instrumente mit bloßen Worten ebendies bewirkst" (Symp. 215 a–c).

So urteilt in **Platons Symposion** Sokrates' Schüler **Alkibiades** über den großen **„Zauberer"** von Athen, der wie kein Philosoph, von dem wir wissen, trotz seines häßlichen, satyrhaften Aussehens seine Gesprächspartner unmittelbar in den bestrickenden Bann seiner Reden schlug, lähmte, aufrüttelte und der durch sein Wirken der künftigen Philosophie der Antike die Richtung wies.

Der Gegner der Sophisten. Zu den Sophisten stand Sokrates in denkbar schärfstem Gegensatz. Daß die oberflächlich urteilende Masse der Athener dies nicht erkannte, sondern ihn wegen der gemeinsamen anthropozentrischen Problemstellung und wegen äußerer Ähnlichkeiten in der Methode jenen zurechnete, macht die Tragik seines Lebens aus, bildet eines der traurigsten Kapitel in der Geschichte des abendländischen Geistes.

So läßt **Aristophanes** (der sich allerdings in Platons Symposion dem Sokrates gegenüber bewundernd äußert) in seiner Komödie **Die Wolken** den Sokrates innerhalb seines „φροντιστήριον" (Denkwerkstatt) hoch in einem Korbe schweben („ἀεροβατῶ", ich luftwandle. Vers 225) und Unfug treiben. U. a. nimmt er einen Schüler auf, den der von Schulden geplagte Vater bringt, damit er gegen schnödes Geld die Kunst, vor Gericht recht zu behalten, erlerne und seinen Vater gegen die klagenden Gläubiger erfolgreich verteidigen könne. Später bezieht der Vater vom Sohn eine derbe Tracht Prügel, wobei ihm dieser mit der von Sokrates gelernten Methode noch schlagend beweist, daß ihm so nur recht geschehe.

Doch konnte sich der scharfe Gegensatz ja nur in der Stellungnahme zu den gleichen Problemen zeigen, war die sokratische, ganz auf die **Wahrheit** hin orientierte Kunst der Dialektik der extreme Gegenpol zu den aufs Rechtbehalten abgestimmten Spiegelfechtereien der Sophisten. Sokrates nahm grundsätzlich kein Geld. In uneigennützigem, ehrfurchtsvollem, aber von glühender Leidenschaft (ἔρως) getragenem **Dienst an der Sache,** den er als göttlichen Auftrag ansah, suchte er nach der für alle verbindlichen, absoluten Wahrheit. Ihm ging es nicht um den trügerischen Schein, sondern um das wirkliche Sein. Er war bemüht, jegliche Einsicht und darauf fußende Tüchtigkeit und Sittlichkeit mit sicheren Beweisen wissenschaftlich fest zu verankern. Seine Haltung, die Art seines Wirkens und nicht zuletzt sein Tod haben ihn zum Heros, zum verehrungswürdigen **Vorbild** im φιλοσοφεῖν werden lassen.

Leben und politisches Wirken. Als Sohn des Bildhauers Sophroniskos und der Hebamme Phainarete wurde Sokrates um 469 geboren. Er erlernte den Beruf seines Vaters, ehe er als junger **Steinmetz** sich ganz der Philosophie verschrieb, wobei er eine Zeitlang, wie er selbst, allerdings ironisch sagt, ein Schüler des Prodikos war. Sokrates war verheiratet mit der zu Unrecht für zänkische Frauen sprichwörtlich gewordenen Xanthippe. Der Ehe entsprossen drei Söhne.

Xanthippe brachte, was man ihr kaum verübeln kann, wohl wenig Verständnis auf für den immerhin recht seltsamen Kauz von einem Mann, der, statt einer einträglichen Beschäftigung nachzugehen, seine Zeit damit verbrachte, daß er Hinz und Kunz ansprach, in einen Disput verwickelte und sich dabei oft genug zu Feinden machte. Die Szene gegen Ende des **Phaidon,** in der Sokrates kurz vor seinem Tode die jammernde Gattin mit den Kindern aus dem Gefängnis hinausführen läßt, um die letzten Minuten seines Lebens im Gespräch mit seinen Freunden zu verbringen, weist nach unserem heutigen Empfinden eine Schattenseite im Leben dieses sonst so überragenden Mannes auf.

Seiner **Polis** gegenüber erwies sich Sokrates bei allem Wechsel der politischen Verhältnisse als überaus gewissenhaft und gesetzestreu. In Erfüllung seiner Bürgerpflicht nahm er zu Beginn des **Peloponnesischen Krieges** an den Kämpfen um Potidaia, wo er dem verwundeten **Alkibiades** das Leben und die Waffen rettete, um Delion und um Amphipolis teil. Es waren dies, abgesehen von einem Aufenthalt in Delphi, nebenbei die einzigen Male, daß er seine Heimatstadt verließ. Im Felde erregte er Bewunderung wegen seiner einzigartigen Ausdauer gegenüber **Strapazen** aller Art. Hier bewährte sich seine robuste Natur, die wir auch im platonischen Symposion kennenlernen. Was für andere offensichtlich ein Zuviel an Weingenuß war, bedeutete für ihn noch keinen Verstoß gegen die Tugenden der σωφροσύνη (Maßhalten) und ἐγκράτεια (Selbstbeherrschung), die seine Lebensweise bestimmten.

Sein hohes **Ethos** als Bürger bewies Sokrates vor allem in zwei schwierigen Situationen. Nach der Seeschlacht bei den Arginusen (406) hatten die athenischen Flottenführer wegen aufziehenden Sturmes es unterlassen, die Leichen der Gefallenen zu bergen. Deswegen vor Gericht gestellt, sollten alle gleichzeitig für des Todes schuldig befunden werden. Als **Prytane,** der Sokrates zufällig war, ohne daß er sich je um politische Ämter bemüht hätte, weil er seine öffentliche

Aufgabe in etwas anderm erblickte, weigerte er sich standhaft, einen gesetzeswidrigen Antrag der wütenden Masse zuliebe zu stellen.

Während der Herrschaft der sog. 30 Tyrannen erhielt Sokrates i. J. 404/3, vermutlich damit er in die Taten des Regimes verstrickt werde, mit einigen andern den Befehl, einen Bürger aus seiner Wohnung in Salamis abzuholen und dem Henker zuzuführen. Während die andern den Auftrag ausführten, gehorchte Sokrates trotz der damit verbundenen Lebensgefahr nicht, um sich nicht als Helfershelfer bei einem politischen Mord zu beflecken.

Die Haltung, die Sokrates bei seinem eigenen Prozeß i. J. 399, bei seiner Verurteilung und Hinrichtung bewies, geht über das Maß bürgerlicher Redlichkeit weit hinaus und ist nur im Zusammenhang mit seinem Wirken zu verstehen.

Methode und Ziel seines philosophischen Wirkens. Seine eigentliche Lebensaufgabe sah Sokrates, wie aus Platons Apologie hervorgeht, darin, beim Suchen (ζητεῖν) nach Wahrheit und den Grundlagen rechter Lebensgestaltung ein **Mahner** (προτρεπτικός) zu sein. Darum wandte er sich tagein, tagaus an die Leute, die in ihren eigenen und der Mitwelt Augen weise waren, an Handwerker, Dichter, Sophisten, Politiker, um mit seiner **dialektischen Methode** zu prüfen (ἐξετάζειν, βασανίζειν), ob sie ein rechtes Wissen besäßen vom δίκαιον, καλόν, ἀγαθόν, von der σωφροσύνη und der ἀνδρεία, von der ἀρετή insgesamt. Er selbst gab sich unwissend (εἰρωνεία) und ging meist nur fragend (erotematisch) vor.

Die **Antworten** zerlegte er, da sie ihm kaum jemals unmittelbar evident erschienen, begrifflich (definitorisch) durch neue **Fragen**, die eine Präzisierung der ursprünglichen Aussage verlangten. So brachte er die eigentliche Ansicht seines Gesprächspartners gleichsam wie eine Hebamme ans Tageslicht (**Maieutik**, Hebammenkunst; Beruf seiner Mutter). Dabei bediente er sich zahlreicher klärender Beispiele aus dem Alltagsleben, der Berufswelt (Schuster, Koch, Arzt, Baumeister, Steuermann usw.), der Natur, vieler Bilder und einer Fülle von Vergleichen. In den Einrichtungen der Natur hebt er dabei vorwiegend ihre Zweckdienlichkeit (Teleologie) hervor, jedoch meist im Hinblick auf den Nutzen für den Menschen.

Am Ende eines Gesprächs hätte eine gültige Definition stehen müssen, sofern sie in der ursprünglichen Aussage des Befragten enthalten war; aus der bloßen Meinung (δόξα) wäre ein sicheres Wissen (ἐπιστήμη) geworden. Doch stellte sich gewöhnlich heraus, daß der Mitunterredner sich in Widersprüche verwickelte, keinen Ausweg mehr fand und, des Nichtwissens überführt, ratlos dastand (ἀπορία). Sokrates war darum weiser als die andern, weil er sich **seines Nichtwissens bewußt** war, während jene glaubten, etwas zu wissen, in Wirklichkeit aber unwissend waren.

Die Reaktion der Gesprächspartner war verschieden. Viele fühlten sich von dem vermeintlichen Sophisten Sokrates an der Nase herumgeführt und zogen, Haß im Herzen, von dannen, oft genug begleitet vom Hohngelächter der meist jugendlichen Umstehenden, die den Agon mit Spannung verfolgt hatten. Gewiß, des Sokrates Ironie war oft beißend bitter, die erteilte Abfuhr eine schonungslose Bloßstellung. Doch war das nicht der Zweck, den Sokrates verfolgte, es waren nur die Begleitumstände. Rücksichtslos wollte er mit allen Vorurteilen, ungeprüften Meinungen, mit jeglichem Scheinwissen aufräumen.

Das spürten seine wahren **Jünger.** Auf sie wirkte des Sokrates Rede wie der erregende Schlag des Zitterrochens (νάρκη, elektrische Stöße austeilender Fisch; davon Narkose); ihr Herz geriet in Unruhe; sie fühlten sich in ihrer scheinbar so sicheren Existenz erschüttert, weil ihnen ihr bisheriges Leben nicht mehr lebenswert erschien. Sie wurden wie Sokrates zu Suchenden. In diesem Zustand verließ sie Sokrates keineswegs. Seine Rede endete, mag es auch oft so scheinen, nicht grundsätzlich in der Aporie. Sokrates war ein überaus **kritischer Geist**, aber **kein Skeptiker** (Philosoph, der überhaupt die Möglichkeit wahrer Erkenntnis bezweifelt). Sooft es ihm gelang, in einem Einzelfall begriffliche Klarheit zu erzielen, dehnte er die Untersuchung auf weitere Fälle aus, prüfte Einwände, nahm Korrekturen vor, suchte zusätzliche Begründungen zu finden (Heuristik) und gelangte auf diesem elenktischen (beweisführenden) Wege zu einem allgemeingültigen Ergebnis, das mit festen Argumenten (βέβαιοι λόγοι) hinreichend gesichert war; ein Verfahren, das Aristoteles insgesamt als ἐπακτικός (induktiv, hinführend) bezeichnet hat.

Im einzelnen ist es allerdings sehr schwer, wenn nicht unmöglich, zu sagen, was Sokrates persönlich dachte. Er selbst hat nie etwas geschrieben, sondern nur in mündlichen Gesprächen seine Untersuchungen angestellt. Wir sind auf andere **Quellen** angewiesen, vor allem auf **Platon,** der aber auch seine eigene Ansicht dem verehrten Meister in den Mund legt, so daß eine Scheidung schwer ist.

Bei seinem rein verstandesmäßigen Vorgehen blieb sich Sokrates sehr wohl der Grenzen bewußt, die unserer Vernunft gesetzt sind. Er war kein Rationalist und Aufklärer, der die Vernunft zur Göttin erhoben und alles darüber Hinausgehende spöttisch abgetan hätte. Wo der menschliche Logos versagt, vertraute er einem **göttlichen Logos** (s. die Leitworte S. 95).

Denn Sokrates war ein wahrhaft **frommer Mann,** der sich durchaus zur Volksreligion bekannte (s. S. 43). Das hinderte ihn allerdings nicht, an der Überlieferung da scharfe Kritik zu üben, wo sie Dinge berichtete, die eines Gottes oder eines Heroen unwürdig sein mußten. So trug er wesentlich bei zur **Läuterung des Gottesbegriffes.** Auch sprach er die Götter frei von dem Vorwurf, für die Übel der Welt komme ihnen die Schuld zu (Theodizee). Es besteht Grund zu der Annahme, es habe ihm die Vorstellung einer einheitlichen Gottheit vorgeschwebt.

Mit zunehmendem Wissen gelangt man nach der Auffassung des Sokrates zu höherer Tüchtigkeit und Sittlichkeit. Wissen und Tugend gehen weithin parallel. Niemand fehlt wider besseres Wissen (**ethischer Intellektualismus**). Soweit die Tugend auf einem Wissen beruht, ist sie lehrbar.

Um das zu verstehen, muß man bedenken, daß ἀρετή (und das zugehörige Adjektiv ἀγαθός) im Griechischen zunächst einmal Tüchtigkeit (bzw. tüchtig) bedeutet. Der Baumeister mit besseren Kenntnissen – Sachverstand wird von Sokrates hoch eingeschätzt – wird ein Haus besser bauen. Arete umfaßt aber auch, vor allem bei Sokrates, den sittlichen Bereich (Tugend). Und hier hat bereits der nüchterne Aristoteles kritisch geäußert, es sei eine Erfahrungstatsache, daß jemand trotz besseren Wissens fehle. Die unbedenkliche Gleichsetzung von Tugend und Wissen zeugt jedoch von der sittlichen Kraft des Sokrates.

Außerdem war er zutiefst davon überzeugt, daß nur **das Gute** dem Menschen nütze und ihn der εὐδαιμονία (Glückseligkeit) näher bringe. Darum darf man Unrecht nicht mit Unrecht vergelten, und dem, der sich vergangen hat, ist Strafe förderlicher als Straflosigkeit. Das Böse schadet der **Seele,** die den wertvolleren Teil des Menschen ausmacht und die es zu pflegen und harmonisch zu gestalten gilt, wobei die Zügelung der Begierden des Leibes, der die Seele gleichsam gefangen hält, durch σωφροσύνη und ἐγκράτεια Voraussetzung ist.

Gelebte Philosophie. Sokrates lebte seine Philosophie. Das bestätigte er jeden Tag, das besiegelte er mit seinem Tode. Der **Prozeß,** den man dem Siebzigjährigen machte, ist das größte Skandalon der griechischen Geschichte.

Vor dem Gericht der 501 Geschworenen zeigt sich Sokrates unbeirrbar. In seiner **Verteidigungsrede** erklärt er, daß er es ablehne, in der üblich gewordenen Weise unter Weinen und Klagen Angehörige und Freunde vorzuführen, um Mitleid zu erwecken. Doch gibt er - ein wohltuendes Zeichen menschlicher Wärme bei dem oft recht schroffen Mann – zu verstehen, daß, mit Homer zu sprechen, auch er nicht von Eiche oder Felsen stamme, sondern von Menschen, daß auch er Angehörige, daß er drei Kinder, eines noch im Knabenalter, besitze. Das Gericht befindet ihn für schuldig (280:221). Die Ankläger verlangen die Todesstrafe. In seinem Gegenantrag beansprucht Sokrates, im Bewußtsein seiner Unschuld, statt dessen die Ehre öffentlicher Speisung, weil er der Stadt nur Gutes getan habe. Auf Drängen seiner Freunde erklärt er sich jedoch schließlich zu einer Geldbuße bereit. Die Geschworenen stimmen für seinen Tod (320:181).

Im Gefängnis verschmähte es Sokrates, von der ihm durch Freunde verschafften Möglichkeit zu fliehen, Gebrauch zu machen. Seine Ehrfurcht vor dem Gesetz verbiete ihm das. Den Tag seines Todes hat **Platon** ergreifend im **Phaidon** festgehalten. Gelassen trank Sokrates den Schierlingsbecher (Extrakt der giftigen Schierlingspflanze).

„Dies war", mit Phaidon zu sprechen, „das Ende unseres Freundes, des Mannes, der unserm Urteil nach von den damaligen Menschen, die wir erlebt haben, der beste, im übrigen auch der vernünftigste und gerechteste war" (Phaid. 118 a).

Die Schüler des Sokrates. Die berühmtesten Schüler des Sokrates sind Platon und über ihn dessen Schüler Aristoteles. Daneben pflegt man, abgesehen von einigen philosophisch weniger bedeutenden Einzelpersonen wie Xenophon und Aischines, die Anhänger dreier Schulen (der megarischen, der kynischen und der kyrenaischen) als Sokratiker zu bezeichnen.

PLATON

Seine philosophische Entwicklung. Die Saat, die Sokrates gestreut hatte, zeitigte ihre edelsten Früchte in Platon. Er setzte, was jener mündlich getan hatte, durch seine Schriften fort. Während der **Frühperiode** seines Schaffens stand, abgesehen von der Apologie und dem Kriton, wie bei Sokrates der Versuch im Mittelpunkt, zu einer Begriffsbestimmung der Tugend zu gelangen. Für die Anlage seiner Werke behielt er die **Methode der sokratischen Dialektik** bei.

Mit zunehmender Reife, in der sog. **Übergangsperiode,** gelangen Dialogführung, Komposition und Gestaltung der Szenerie zu höchster Vollendung. In ihnen erweist sich Platon nicht nur als Philosoph, sondern auch als **Künstler und Dichter** von beachtenswertem Rang.

Der **Rahmen** der Dialoge macht uns mit den Verhältnissen im damaligen Athen vertraut, läßt politische Ereignisse lebendig werden, zeigt uns das kulturelle Leben der Stadt. Die Gesprächspartner werden als Persönlichkeiten greifbar; ihr Verhalten im Verlauf des Gesprächs ist psychologisch geschickt motiviert. Zu Recht hat man diese mitreißenden Dialoge als Dramen bezeichnet.

Die **Abrechnung mit der Sophistik** und ihren Methoden, die sich bereits in einigen frühen Schriften gezeigt hat, wird endgültig (Gorgias; Euthydemos). Außerdem beginnt Platon damit, die Ansichten der **Vorsokratiker** über Werden und Sein in seine Gedankenwelt miteinzubeziehen und zu verarbeiten. Ferner zeigt sich ein zunehmender **orphisch-pythagoreischer Einfluß.** Der Menon (über Lehrbarkeit und Wesen der Tugend; Theorie des Lernens) leitet über zu den **Werken der Reifezeit** (u. a. Symposion, Phaidon, Phaidros, Politeia), für deren eigene, über Sokrates hinausgehende geistige Welt die **Ideenlehre** charakteristisch ist. Zu Beginn dieser Epoche ist auch die Gründung der **Akademie** erfolgt.

Platon ist also nicht mit einem fertigen System an die Öffentlichkeit getreten. Er begegnet uns stets als Philosoph, der seinen Weg noch sucht. Man kann ihn nicht systematisch fassen, man muß ihn genetisch zu verstehen suchen. Über seine **Altersperiode** s. S. 115.

Sein Leben. Als Sprößling ältester athenischer Adelsgeschlechter – der Vater Ariston führte sein Geschlecht auf den König Kodros, die Mutter Periktione das ihre auf einen Verwandten Solons zurück – wurde Platon i. J. 427 geboren. Der Jüngling erhielt eine umfassende Bildung, angefangen vom Elementarunterricht im Lesen und Schreiben, über Gymnastik und Malerei bis hin zur Musik und Poetik. Selbst im Dichten hat er sich betätigt. Ein episches Fragment und einige Epigramme sind uns erhalten. Dem Beispiel seiner Verwandten Kritias und Charmides folgend, wollte der Aristokratensohn eine politische Laufbahn einschlagen. Doch da geriet der Zwanzigjährige in den **Bann des Sokrates**, von dem er sich nicht mehr lösen konnte.

Platon entsagte vorerst der Politik und widmete sich ganz der Philosophie. Bestätigt fühlte er sich in seinem Entschluß durch die üblen Geschehnisse, in die sein Meister verwickelt wurde, und später durch die Umstände bei dessen Tod.

Nach 399 begab sich Platon für einige Zeit zu dem Sokratesschüler Euklid nach Megara. Danach begann er seine **Lehrtätigkeit** in Athen. Eine **Bildungsreise** führte ihn nach Unteritalien und Sizilien, vielleicht auch nach Kyrene und Ägypten (im Altertum vielfach angesehen als Ursprungsland der Weisheit, verkörpert in den Priestern des Landes). Nach seiner Rückkehr erwarb er in dem Bezirk Athens, der nach dem Heros Akademos benannt war, ein Grundstück und begründete darauf seine Schule, die Akademie (387), die er, außer während zweier weiterer sizilischer Reisen, persönlich bis zu seinem Tode i. J. 347 leitete.

Die Akademie. Sie diente dem Beisammensein und Gedankenaustausch unter Leuten, die nicht nur gemeinsame philosophische Interessen besaßen, sondern sich auch einzelnen Wissenschaftszweigen widmeten, vor allem der Mathematik, der Astronomie und sonstigen Naturwissenschaften (s. auch S. 115). Disput und Vortrag waren die Unterrichtsmethoden. Im Laufe der Zeit bildete sich eine festere Organisation des äußeren Betriebs wie der wissenschaftlichen Arbeit heraus. Lehrgeld wurde nicht erhoben; doch erhielt die Akademie von begüterten Mitgliedern des öfteren ansehnliche freiwillige Zuwendungen. Ein Museion (Musenheiligtum) vereinigte alle Mitglieder zum Kulte der Musen.

Seine Werke. Bei Platon liegt der einmalige Glücksfall vor, daß uns das umfangreiche philosophische Schrifttum einer antiken Geistesgröße lückenlos erhalten ist. Ursache dafür ist das hohe Ansehen, in dem Platon zu allen Zeiten gestanden hat.

Bei der im Altertum erfolgten Zusammenstellung des **Corpus Platonicum** hat offenbar die Zahlenspekulation eine Rolle gespielt. Das Corpus umfaßt nämlich genau 9 Tetralogien oder 36 ($= 6^2 = 3^2 \times 2^2$) Werke (Verteidigungsrede des Sokrates, 34 Dialoge, Sammlung von 13 Briefen). Im Anhang befinden sich noch 8 kleinere Schriften. Sie sind ebenso wie 5 weitere, uns dem Titel nach bekannte, sonst aber verlorene Schriften mit Sicherheit unecht. Betitelt sind die Dialoge zumeist nach einem Gesprächspartner, in einigen Fällen auch nach dem Inhalt (Politeia = Staat, Nomoi = Gesetze[ssammlung], Epinomis = Anhang zu den Gesetzen), beim Symposion (Gastmahl) nach dem äußeren Rahmen.

Die Tetralogien sind nach recht äußerlichen Gesichtspunkten zusammengestellt. Neben der Echtheitsfrage sind daher die Fragen nach der chronologischen Reihenfolge der Schriften und nach ihrer Zuordnung zum jeweiligen Lebensstadium des Verfassers angesichts der allein sinnvollen genetischen Betrachtungsweise von größter Wichtigkeit. Die Wissenschaft hat mit subtilen Methoden eine einigermaßen zufriedenstellende Lösung dieser Probleme erreicht.

Seinslehre. Kern und Mittelpunkt der geistigen Welt Platons bildet die **Ideenlehre.** Mit ihr vollzieht er den entscheidenden Schritt über Sokrates hinaus. Dieser und mit ihm der junge Platon hatten nach dem Begriff gesucht, der zahlreiche Einzeldinge insofern umfaßt, als er das ihnen gemeinsame Wesentliche, ihre Gestalt (εἶδος, ἰδέα) enthält. Dieses Wesentliche wird vom reifenden Platon hypostasiert (substantiiert), d. h. es wird ihm ein selbständiges Sein zuerkannt, unabhängig vom Bewußtsein dessen, der die Idee jeweils denkt. Die Ideen sind das **absolut Seiende** schlechthin.

So heißt es im **Symposion** (210 d f.) von dem, der in langem, mühevollem Suchen nach dem wahrhaft Schönen, dem eigentlichen καλόν, entsprechend weit vorangeschritten ist, er werde es schließlich mit den Augen des Geistes erblicken als „ein von Natur wunderbares Schönes, ... welches zunächst immer ist und weder Werden noch Vergehen kennt, weder Wachsen noch Schwinden; das sodann nicht etwa in einer Weise schön, in anderer häßlich wäre; oder mal schön, mal nicht; oder in dieser Beziehung schön, in jener häßlich; oder hier schön, dort häßlich wäre, als ob es nur für einige schön, für andere aber häßlich wäre. Auch wird das Schöne ihm weiterhin nicht etwa wie ein Gesicht, wie Hände oder etwas anderes Leibliches erscheinen noch wie ein Wort oder ein Wissen oder gar als an etwas anderem seiend, z. B. an einem Lebewesen, an der Erde, am Himmel oder an irgend etwas anderem, sondern als etwas, das selbst für sich selbst und in sich selbst stets desselben Wesens ist."

Den Gegenpol zu dieser absoluten, vollkommenen und unveränderlichen Wirklichkeit bilden **die Dinge der Sinnenwelt** mit ihrem ständigen Werden, sich Verändern und Vergehen. Sie sind nur insofern und solange etwas, als sie an einer Idee anteilhaben (μετέχειν) bzw. die Idee in ihnen gegenwärtig ist (παρεῖναι). Die Dinge sind ihrem Wesen nach ein **Abbild der Idee** (εἴδωλον, auch μίμησις = Nachahmung); diese ist für sie Ur- und Vorbild (παράδειγμα). Je größer die Teilhabe an der Idee ist bzw. je deutlicher diese in den Dingen zugegen ist, um so schöner und besser ist das betreffende Ding. Zwei gleiche Dinge, etwa zwei Pferde, sind uns darum gleich, weil wir dieselbe Idee (ἱππότης = „Pferdheit") in ihnen erkennen.

Platons Ontologie (Seinslehre) ist also beherrscht von der strengen Unterscheidung zwischen den Ideen und der Sinnenwelt. Sie stellt einen großartigen Versuch dar, das heraklitische Werden und das eleatische Sein miteinander in Einklang zu bringen.

In der Ideenlehre findet eine Eigenart des griechischen Geistes, **die Hinwendung zum Wesentlichen**, ihren vollendeten Ausdruck. In diesem Zusammenhang sei für die Frühzeit auch verwiesen auf die Gestaltung der Gleichnisse bei **Homer** und auf die ihnen in formaler Hinsicht entsprechende sog. **geometrische Malerei.** Beiden ist der Ausdruck des Typischen und Charakteristischen einer Erscheinung gemeinsam. Den Ideen können als Ausdruck der gleichen geistigen Haltung in der darstellenden Kunst die **Werke der klassischen Epoche** zur Seite gestellt werden. Der klassische Jüngling versinnbildlicht sozusagen die Idee des Mannes.

Eine genauere Vorstellung von seiner Ontologie gibt uns Platon am Ende des 6. Buches der **Politeia:**

δοξαστόν		γνωστόν	
εἰκασία	πίστις	διάνοια	νόησις
a	b	c	d
Schatten, Spiegelbilder usw.	Realitäten der Sinnenwelt	Gegenstände der Mathematik	Ideen
ὁρώμενον		νοούμενον	

Die waagerechte Linie ist ungleich geteilt, beide Teile sind im gleichen Verhältnis nochmals in sich geteilt. Die Hauptteilung ergibt die Unterscheidung zwischen dem ὁρώμενον (dem sichtbaren, d. h. sinnlich wahrnehmbaren Bereich) und dem νοούμενον (dem denkbaren Bereich). Die Unterteilung des ὁρώμενον führt zu der Unterscheidung zwischen den sinnlich wahrnehmbaren Dingen und ihren Abbildungen (Schatten usw.). Das νοούμενον setzt sich aus den Gegenständen der Mathematik und den Ideen zusammen.

Die Gegenstände der Mathematik, der Geometrie wie der Arithmetik, stellen also ein Mittleres dar zwischen den Dingen der Sinnenwelt und den Ideen. Wer sich mit ihnen befaßt, bedient sich oft zwar sichtbarer Gestalten, z. B. eines an die Tafel gezeichneten Quadrats, meint aber etwas, wovon diese sichtbaren Gestalten nur Nachbilder sind, nämlich das Quadrat, die Diagonale an sich, also etwas Gedankliches.

Bemerkenswert ist auch das **mathematische Prinzip,** das hier in der gesamten Ontologie enthalten ist. Die angegebene Art der Linienteilung läßt folgende Proportionen zu: $a:b = c:d$; $(a+b):(c+d) = a:b = c:d$ und die dazu möglichen Varianten. Eine zahlenmäßige Angabe, aus der ein absolutes Größenverhältnis der Strecken zueinander ersichtlich wäre, fehlt jedoch.

Erkenntnislehre. Den verschiedenen Abschnitten in der Gliederung des Seins (s. Figur) entsprechen verschiedene Erkenntnisweisen mit sich steigernder Deutlichkeit und Klarheit. Das ὁρώμενον ist δοξαστόν, d. h. man kann von ihm eine bloße Meinung (δόξα) haben; das νοούμενον ist γνωστόν, d. h. man kann darüber zu einer Einsicht (γνώμη) oder zu einem Wissen (ἐπιστήμη) gelangen. Im einzelnen gibt es über Schatten usw. lediglich eine εἰκασία (Vermutung), über die sichtbaren Gegenstände eine πίστις (vertrauenswürdige Ansicht). Im mathematischen Bereich ist eine διάνοια (Verstandeserkenntnis) möglich.

Sie besteht darin, daß man von gewissen Hypothesen (Voraussetzungen) ausgehend folgerichtig zum gesuchten **Beweis** gelangt. Platon maß dieser Art wissenschaftlicher Betätigung höchsten Wert bei. Nur wer darin geschult war, fand Einlaß in die Akademie („Μηδεὶς ἀγεωμέτρητος εἰσίτω“ stand an ihrem Eingang). Übrigens war dabei nicht nur an die Mathematik im heutigen Sinne gedacht, sondern auch an die Naturwissenschaften.

Im zweiten Abschnitt des νοούμενον gelangt der denkende Geist zu einem unmittelbaren Erfassen der Wahrheit, zu einer νόησις (geistigen Schau), indem er die Hypothesen nicht mehr als Unterstes und Letztes ansieht, sondern als Ausgangsstufen, von denen er mit Hilfe der Dialektik zum voraussetzungslosen Anfang gelangt.

In dem sich anschließenden weltberühmten **Höhlengleichnis** (Pol. B. 7) schildert Platon den Prozeß, der von Unwissen und Unbildung zu Wissen und Bildung führt. Die Höhle entspricht unserer Sinnenwelt; die darin Gefangenen, Gefesselten und zur Blickrichtung auf die Schatten Gezwungenen sind wir. Der Weg ans Licht, d. h. in die Welt des Geistes und der Wahrheit, ist überaus mühselig und aus eigener Kraft unmöglich. Der Gefesselte muß befreit, umgedreht und langsam, wobei ihm die Augen schmerzen und er in häufige Verwirrung gerät, nach oben geführt, ja gezerrt werden. Hier setzt erneute Blendung ein, ehe das Auge sich an die Helligkeit gewöhnt und schließlich sogar die **Sonne** schaut. Sie ist **Symbol der höchsten Idee.** Wie die Sonne den Dingen auf der Welt Sichtbarkeit verleiht, ja für Jahreszeiten und was davon abhängt, Gewächse, Flüsse und zahlreiches Geschehen die Ursache ist, so ist die **Idee des Guten höchstes und letztes Erkenntnis- und Seinsprinzip.** Sie steht für Platon in engster Beziehung zum Göttlichen.

Seelen- und Tugendlehre. Wie ist es möglich, daß ein Mensch in einem unvollkommenen Objekt die Gegenwart von etwas Vollkommenem, einer Idee, erkennt, wenn er diese Idee noch nicht kennt?

Im **Menon** stellt Sokrates einem Sklaven eine geometrische Aufgabe und erreicht es durch bloße Fragen, daß jener am Ende das richtige Ergebnis findet. Wie ist er zu diesem Wissen gelangt; modern gesagt, wie ist es zu erklären, daß uns zutreffende Urteile unabhängig von der Erfahrung (a priori) möglich sind?

Die **Theorie des Lernens** steht in engstem Zusammenhang mit der Seelenlehre, die auf orphisch-pythagoreische Anschauungen zurückgeht (s. S. 100, 102). Die **Seele lebt nicht** nur nach dem Tode weiter (Postexistenz), sie hat bereits existiert, ehe sie in unsern Leib gelangte (Präexistenz). Bevor der Sturz in diese Welt erfolgte, hat sie in der jenseitigen, reinen und göttlichen Welt die Ideen geschaut. Daran erinnert sie sich, wenn sie in dieser Welt unvollkommene Abbilder von Ideen wahrnimmt. **Lernen ist Wiedererinnerung** (ἀνάμνησις).

Ohne eine solche Wiedererinnerung ist eine ἀληθὴς δόξα (richtige Meinung, doch ohne Wissen des Grundes), wie man sie vor allem im Handeln tüchtiger Staatsmänner antrifft, nur aufgrund einer θεία μοῖρα (göttlichen Eingebung) möglich.

Die Seele ist im übrigen das Lebens- und Bewegungsprinzip des Leibes. In ihr sind zu unterscheiden das λογιστικόν (Vernünftige), das θυμοειδές (Mutartige) und das ἐπιθυμητικόν (Begehrende).

Im **Phaidros** wird die Seele mit einem geflügelten Zweigespann verglichen. Das eine Roß (τὸ θυμοειδές) ist edler Art und strebt nach oben, dem Guten und Schönen zu; das andere (τὸ ἐπιθυμητικόν) zerrt nach unten. Dem Lenker (τὸ λογιστικόν) ist es daher höchstens möglich, soeben mit dem Haupte in jene Regionen hineinzuragen, in denen das wahrhaft Seiende geschaut wird.

Den Seelenkräften zugeordnet sind die sog. **Kardinaltugenden,** σοφία (Weisheit), ἀνδρεία (Tapferkeit), σωφροσύνη (Maßhalten, Besonnenheit). Der Grad der innerhalb des Ganzen erzielten Harmonie ist Ausdruck der δικαιοσύνη (Gerechtigkeit). Eine Folge der Tugend insgesamt (ἀρετή) ist die Glückseligkeit (εὐδαιμονία). Soweit die Tugend auf Wissen beruht, ist sie, wie bei Sokrates, lehrbar. Ein den besseren Menschen innewohnender **Eros** treibt sie an zum Aufstieg in die Welt des Schönen, das mit dem Wahren in der Idee des Guten aufgeht.

Politisches Denken und Streben. Der junge Platon hatte sich aus Enttäuschung der praktisch-politischen Tätigkeit versagt. Und doch stand die Polis während aller Lebensepochen im Zentrum seines Denkens und Strebens.

In seinem Dialog **Protagoras** hat er uns den großartigen Mythos dieses Sophisten (s. S. 106) über die Entstehung menschlicher Gemeinwesen erhalten, die nur deshalb Bestand haben können, weil Zeus durch Hermes allen Menschen Anteil an αἰδώς und δίκη gegeben hat. Die Frage nach dem Wesen der **Gerechtigkeit,** der politischen Haupttugend, wird vor allem im ersten Buch der Politeia und im **Gorgias** behandelt. Der **Menexenos** enthält ein Loblied auf die für die Polis gefallenen Krieger und auf die Heimatstadt insgesamt. Der Frage nach dem richtigen Staatsmann und der richtigen Verfassung geht der Dialog **Politikos** nach.

Das Hauptwerk seiner reifen Mannesjahre ist die **Politeia** (10 B.). Entsprechend der Bedeutung, die der Polis für Platon wie für jeden Griechen zukam, ist in diesem Rahmen sozusagen die Summe des platonischen Denkens jener Epoche einschließlich Seinslehre, Erkenntnislehre, Ethik usw. enthalten.

Die Polis benötigt, nach dem Prinzip der Arbeits- und Aufgabenteilung, **drei Stände.** Der Stand der **Gewerbetreibenden,** der Handwerker und der Bauern, hat für den materiellen Unterhalt zu sorgen. Das Streben nach Besitz ist ihm eigen. Im übrigen findet er bei Platon wenig Beachtung. Anders verhält es sich mit dem Stand der **Wächter und Krieger,** dem eine sorgfältige musische und gymnastische Erziehung zuteil werden muß. Besitzlosigkeit sowie Frauen- und Kindergemeinschaft sind für ihn charakteristisch. Aus ihm sind die auszuwählen, die als **Herrscher** in Betracht kommen. Ihre weitere Erziehung und Bildung ist bis ins einzelne geregelt. Sie führt über die Mathematik und Harmonik zur Dialektik und gipfelt für die inzwischen mindestens Fünfzigjährigen in der **Schau der Idee des Guten.** Erst dann sind sie befähigt und, wenn die Reihe an sie kommt, verpflichtet, die lieb gewordene Beschäftigung mit der Philosophie aufzugeben und ihre Fürsorge der Polis angedeihen zu lassen, wofür ihnen im Leben und nach dem Tode höchste Ehren und Auszeichnungen gebühren.

Denn, sagt Sokrates, „wenn nicht ... entweder die Philosophen Könige werden in den Städten oder die Könige und Machthaber, die man jetzt als solche bezeichnet, sich wahrhaft und ausreichend mit der Philosophie befassen und dies nicht in eins zusammenfällt, politische Macht und Philosophie, ... gibt es kein Ende der Übel, mein lieber Glaukon, für die Städte, ja, glaube ich, nicht für die Menschheit insgesamt" (**Philosophenkönigtum.** 473 c–d).

Den drei Ständen kommen die spezifischen Tugenden der σωφροσύνη (für die Gewerbetreibenden), der ἀνδρεία (für die Wächter) und der σοφία (für die Herrscher) zu. Die Harmonie des ganzen Staatsgefüges ist der Ausdruck der δικαιοσύνη.

Nachdem so das Wesen der Gerechtigkeit im Staate erkannt ist, kehrt die Untersuchung zum ursprünglichen Ausgangspunkt zurück, zur Gerechtigkeit im Einzelmenschen, in dem sie sich als Harmonie der Seelenteile erweist (s. S. 113). Ungerechten Seelenzuständen entsprechen ungerechte Staatsgebilde. Die schlimmste, fürs Volk und im Grunde auch für den Herrscher unglücklichste Verfassung ist die Tyrannis. Der Schluß schildert den Lohn für die Gerechten und die Strafe für die Ungerechten im Leben und erst recht nach dem Tode (Mythos des Pamphyliers Er).

Platon wollte seinen Idealstaat nicht nur lehren, er wollte ihn auch verwirklichen, wie vor allem aus seinen Briefen, besonders dem 7., hervorgeht.

Eine Möglichkeit dazu bot sich ihm, so glaubte er, am ehesten in **Sizilien.** Dort hatte er sich während seiner ersten Reise einige Zeit zu Syrakus am Hofe des Tyrannen Dionysios des Älteren aufgehalten. Der Freimut, mit dem Platon dem Tyrannen gegenüber seine Ansichten vertrat, hatte aber zur Folge, daß dieser ihn loszuwerden suchte und auf der Heimreise sogar hinterrücks in Ägina auf dem Sklavenmarkt verkaufen ließ. Doch war Platon wieder freigekauft worden. Am Hofe des Dionysios hatte Platon den jungen **Dion,** einen Schwager des Tyrannen, zum Freunde und Anhänger gewonnen.

Dieser Dion rief ihn 366 erneut nach Sizilien. Er glaubte, auf Dionysios den Jüngeren, der inzwischen die Nachfolge seines Vaters angetreten hatte, als Ratgeber einen so starken Einfluß ausüben zu können, daß dieser eine Verwirklichung der platonischen Ideen versuchen werde. Tatsächlich gewann Platon zunächst das Vertrauen des jungen Herrschers. Politische Intrigen erweckten in letzterem jedoch bald einen Argwohn gegen Dion. Er schickte Dion in die Verbannung. Platon kehrte nach Athen zurück.

Im Jahre 361 begab sich Platon nach langem Zögern ein drittes Mal nach Syrakus. Der Tyrann selbst hatte ihn eindringlich darum gebeten. Platon machte sich jedoch von vornherein wenig Hoffnung. Er folgte dem Rufe vor allem, um seinem noch immer verbannten Freunde Dion die Rückkehr zu ermöglichen. Als ihm dies nicht gelingen wollte und es obendrein zu einem offenen Zerwürfnis zwischen ihm und dem Tyrannen kam, kehrte er voller Enttäuschung Sizilien für immer den Rücken.

Diese bitteren Erfahrungen veranlaßten ihn, ein staatliches Ordnungsgefüge auszuarbeiten, das leichter als der Idealstaat zu verwirklichen wäre. Ansätze zu diesem Werk hatte er bereits in Sizilien formuliert. Das Gesamtergebnis liegt uns vor in dem Hauptwerk der Altersperiode, den **Nomoi** (Gesetze; 12 B.; mit einem möglicherweise unechten Anhang, der Epinomis).

Das Alterswerk. Wie die Nomoi zeigen auch die übrigen Alterswerke eine Hinwendung zu den konkreten Gegebenheiten. Durch fortgesetzte Dihärese (Teilung) der Ideen, angefangen bei den höchsten und allgemeinsten, suchte Platon die untere Ebene zu erreichen, wo das Gedankengebilde mit der Erscheinung korrespondiert. Dazu war eine Bestandsaufnahme der Sinnenwelt erforderlich, ein gewaltiges naturwissenschaftliches Unterfangen, das für lange Zeit den Betrieb in der Akademie beherrschte. Unter dem zunehmenden Einfluß des pythagoreischen Denkens faßte man, wie Aristoteles berichtet, die Ideen schließlich als Zahlen (sog. Idealzahlen).

Nach Platons Vorstellungen (**Timaios**) hat die Welt wie alles Gewordene einen Anfang. Sie verdankt ihre Gestalt einem göttlichen **Demiurgos** (Baumeister). Da dieser wollte, daß das All gut und ihm selbst möglichst ähnlich werde, gab er ihm eine vernunftbegabte Weltseele. In der Mitte des Kosmos ruht die Erde. Sie ist ebenso wie die Gestirne göttlicher Natur. Diese geschaffenen Götter wirken bei der weiteren Ausgestaltung der Welt mit.

Zum eigentlichen Begriff der **Schöpfung aus dem Nichts** ist weder Platon noch sonst das heidnische Altertum vorgedrungen; auch der Demiurg gestaltet nur ein wenn auch noch so formloses, so doch vorhandenes Material. Ähnliches gilt von dem Glauben an den einen und persönlichen **Gott,** der nicht, wie jede griechische Gottheit, weltimmanent, sondern **transzendent** ist und jene Schöpfung vollziehen kann. Beide Begriffe sind die großartige Leistung der Juden, vom christlichen Standpunkt aus betrachtet eine Offenbarung Gottes an sein auserwähltes Volk, aus dem der Messias hervorgehen sollte.

Nachwirkungen. Der Ruhm Platons hat die Jahrhunderte überdauert. Sein Verdienst ist mit wenigen Worten nicht zu schildern. Er im Grunde allein hat uns einen Sokrates erhalten. In seinem Werk sind bereits alle grundlegenden Fragen der Philosophie aufgeworfen und in mitreißender Form behandelt. Er versteht es wie kein zweiter, dessen Schriften wir kennen, uns in das Philosophieren selbst einzuführen. Vor allem aber ist es seine Ideenlehre, die mit unverminderter Kraft fortwirkt. Nicht als könnten wir noch von den Ideen annehmen, sie existierten als unabhängige Substanzen. Das hat bereits Aristoteles ein für allemal klargestellt.

Nach des **Augustinus** (s. „Res Romanae" S. 117f.) großartiger Deutung sind die Ideen die Gedanken Gottes, denen gemäß er den Schöpfungsakt vollzogen hat. Die Diskrepanz zwischen Idee und Wirklichkeit ist die Folge der Erbsünde und unserer persönlichen Schuld. Sittliches Streben ist das Bemühen, diese Diskrepanz zu verringern. Sieht man vom Theologischen dieser Deutung ab, so bleiben die Ideen **Leitbilder**, die sich dem nach objektiver Wahrheit forschenden Geiste aus dem Wesen der Welt und des Menschen heraus erschließen, die nicht gesetzt, sondern gefunden werden; die wir suchen, um unser Leben danach auszurichten. Selbst bei widerstreitenden Ansichten ist diese Grundhaltung die gleiche. In diesem Sinne denkt fast das ganze **Abendland** platonisch. Nur wer bestreitet, daß es allgemeingültige Wahrheiten, daß es verpflichtende sittliche Werte gibt, steht außerhalb dieser Tradition.

Die ältere Akademie. Unmittelbar wurde Platons Werk fortgesetzt in seiner Schule, der Akademie, die nach dem Tode des Gründers sein Schwestersohn **Speusippos** leitete.

Es lag im Zuge der Entwicklung, daß bereits unter Speusippos die Zahlen gegenüber den Ideen immer mehr an Bedeutung gewannen und schließlich ganz an deren Stelle traten. Auch der scharfe Gegensatz zwischen Erkenntnis und Wahrnehmung wurde aufgehoben. Speusippos, Xenokrates, Polemon, Krantor und Krates bildeten eine in ihren sittlichen Anforderungen gemäßigte Güterlehre heraus.

ARISTOTELES

Der Systematiker. Unter Platons Hörern und Mitarbeitern in der Akademie befand sich 20 Jahre lang auch der Mann, der als der reifste und universalste Geist der Antike bezeichnet zu werden verdient, **Aristoteles.** Später löste er sich von der Akademie und gründete seine eigene Schule, den **Peripatos.** In seiner geistigen Welt ist zwar auch eine Entwicklung festzustellen. Doch ist sein Lebenswerk am ehesten systematisch zu verstehen. In ihm gelangt die bisherige griechische Philosophie zu einem umfassenden Abschluß.

Leben. Einer alten Ärztefamilie entstammend, wurde Aristoteles i. J. 384 zu Stageira in Thrakien geboren. Mit 18 Jahren kam er nach Athen, wo er Platons Schüler wurde. Nach dem Tode seines Lehrers verbrachte Aristoteles einige Jahre in Assos (Mysien), wo sich ein Akademikerkreis gebildet hatte, und in Mytilene auf Lesbos. Anschließend (343) folgte er einem Ruf an den makedonischen Königshof, wo er mit der Erziehung des damals dreizehnjährigen Kronprinzen **Alexander,** des späteren „Großen", beauftragt wurde. Nach dessen Erhebung zum König (336) kehrte Aristoteles nach Athen zurück und gründete dort seine Schule. Alexanders Tod (323) und der Zusammenbruch seines Reiches löste in Griechenland eine Verfolgung derer aus, die zu Makedonien engere Beziehungen gehabt hatten. Aristoteles suchte man durch einen Asebieprozeß zu treffen. Er verzog deshalb nach Chalkis auf Euboia, wo er im Jahre 322 starb.

Werke. Aristoteles hat Schriften von zweierlei Art verfaßt. Die der ersten Art, die sog. exoterischen, waren für einen weiteren Leserkreis gedacht und dialogförmig angelegt. Von ihnen sind uns nur einige Fragmente erhalten. Die Schriften der zweiten Art waren für den engeren Schüler- und Hörerkreis bestimmt. Sie werden daher als esoterisch (oder akroamatisch) bezeichnet. In ihrer äußeren Form gleichen sie oft nur einem Entwurf. Sie fußen auf einer Fülle von Material, das Aristoteles mit seinen Schülern unter immensem Fleiß sammelte und kritisch sichtete. An derartigen **Lehrschriften** ist eine große Reihe auf uns gekommen. Bei Überweg-Prächter sind sie in folgende Gruppen geordnet:

logische Schriften; auch als ὄργανον = Werkzeug ‹des Denkens› bezeichnet,
metaphysische Schriften; die Bezeichnung stammt daher, daß ein Herausgeber die betreffenden Werke hinter (μετά) die physischen einordnete; sie ist von daher in übertragenem Sinne zu einem treffenden Fachausdruck geworden,
naturwissenschaftliche, mathematische und psychologische Schriften,
ethische, politische, ökonomische, poetische und rhetorische Schriften.

Logik. Aristoteles kommt das bleibende Verdienst zu, die Logik als Wissenschaft von den Wegen und Formen des wissenschaftlichen Denkens begründet und in ihren Fundamenten ausgebaut zu haben.

Seine logischen Schriften befassen sich vor allem mit der Begriffsbildung, den Urteilsarten, den Formen des Syllogismus, der induktiven und der deduktiven Beweisführung, der Kunst des Disputierens. Aristoteles selbst rechnet die Logik nicht zur eigentlichen Philosophie, sondern erblickt in ihr mehr eine propädeutische Anleitung und methodische Schulung.

Metaphysik. Die πρώτη φιλοσοφία des Aristoteles behandelt die jegliches Seiende konstituierenden Prinzipien. Sie ist beherrscht von dem Begriffspaar Materie (ὕλη, τὸ ἐξ οὗ, Stoff, Substrat) und Form (εἶδος, μορφή, Wesen). Die Materie bietet die Grundlage, die Möglichkeit (δύναμις, potentia) für das, was durch Hinzutreten einer Form erst Wirklichkeit wird. Als verwirklichende Kraft wird die Form auch ἐνέργεια, als zielgerichtete Kraft, etwa bei der Entfaltung einer Pflanze aus dem Samenkorn, auch ἐντελέχεια genannt.

Bewegung (κίνησις), d. h. Werden und Veränderung, ist die Verwirklichung von Möglichem. Jede Bewegung hat eine Ursache. Die letzte Ursache, auf die alle Bewegung zurückgeht (τὸ πρῶτον κινοῦν), ist die **Gottheit.** Sie ist reine Form, reiner Geist, unveränderlich, keiner Ergänzung bedürftig, in jeder Hinsicht vollkommen.

Die Metaphysik des Aristoteles kommt der **Ideenlehre Platons** insofern nahe, als das εἶδος das Wesen einer Sache ausmacht. Im Gegensatz zu Platon kommt jedoch dem konkreten Einzelding, bestehend aus Materie und Form, Sein und Wirklichkeit im eigentlichen Sinne zu, nicht der bloßen Form.

Die **Welt** als Ganzes ist dem Raume nach endlich; der Zeit nach besteht sie seit Ewigkeit und wird ewig weiterbestehen. In der Mitte schwebt die kugelförmige Erde. Im irdischen Bereich gibt es die vier Elemente Feuer, Erde, Wasser, Luft. Den Himmelsraum erfüllt der Äther. Bezüglich der Himmelskörper vertritt Aristoteles die Sphärentheorie. Bei den irdischen Lebewesen ist eine Steigerung der Entelechien festzustellen. Die höchste Stufe ist im Menschen erreicht, weil er allein Vernunft besitzt.

Ethik. Das Ziel ethischen Bemühens ist die **Eudaimonia** (Glückseligkeit). Sie wird erreicht durch die **Tugenden,** die teils ethischer, teils dianoetischer Natur sind. Die ethischen Tugenden verwirklicht, wer die rechte Mitte zwischen extremen Haltungen einnimmt. So ist die Freigebigkeit die Mitte zwischen Verschwendung und Geiz; die Tapferkeit liegt zwischen Tollkühnheit und Feigheit. Die dianoetische Tugend besteht in der sinnvollen Anwendung jener Fähigkeit, die den Menschen auszeichnet, der Vernunft, des Vermögens, die Wahrheit zu erkennen. Der βίος θεωρητικός (s. S. 102) ist die glückseligste Lebensweise.

Politik. Die politische Weisheit des Aristoteles beruht neben seinem gesunden Urteilsvermögen und seiner Lebenserfahrung auf dem Studium von 158 Verfassungen, die in seiner Schule untersucht wurden. Der Mensch ist von Natur ein ζῷον πολιτικόν (s. S. 7); nur in einer Polis vermag er sich voll zu entwickeln. Diese beruht nicht auf Konvention, sondern ist, zumindest in einfachen Formen, eine ursprüngliche Gegebenheit.

Für Aristoteles gibt es drei gute und gesunde **Staatsformen:** das Königtum, die Aristokratie und die Politeia (ein aristokratisch-demokratisches Gebilde). Ihre Entartungen sind die Tyrannis, die Oligarchie und die Ochlokratie (s. „Res Romanae" S. 23). Gut ist eine Staatsform, wenn sie nicht auf ein Gruppeninteresse, sondern auf das Gemeinwohl ausgerichtet ist.

Nachwirken. Der Einfluß des Aristoteles auf die weitere Entwicklung der Philosophie ist unübersehbar. Auf ihm fußt man oftmals, ohne sich dessen bewußt zu sein. Seine logischen Grunderkenntnisse sind zur Selbstverständlichkeit geworden. Seine Metaphysik bildet die Grundlage der **Scholastik.**

Die älteren Peripatetiker. Nach der Flucht des Aristoteles wurde im Peripatos die Metaphysik vernachlässigt. Einzelwissenschaftliche Studien traten in den Vordergrund. Bekannt vor allem ist **Theophrast** von Eresos auf Lesbos durch seine Darstellung von 30 negativ zu beurteilenden oder lächerlichen Menschentypen (χαρακτῆρες).

IV. DIE SCHULEN DER NACHARISTOTELISCHEN ZEIT

Aufblühen der Schulen. Durch die Gründung der hellenistischen Großreiche ging die Bindung des einzelnen an die Polis verloren. An ihre Stelle trat vorwiegend ein **kosmopolitisches Gefühl,** verbunden mit dem Streben, das **individuelle Dasein** sinnvoll und glücklich zu gestalten. Da ferner mit der Polis auch deren Götter tot waren, suchten viele einen religiös-sittlichen Halt in der Philosophie. Diese Umstände bewirkten, daß das Hauptinteresse sich den **ethischen Problemen** zuwandte. Das philosophische Leben spielte sich fast ausschließlich in Schulen ab, die je ihr eigenes System ausbauten und einander oft heftig befehdeten. Sie allein boten auch, dotiert durch reiche Mitglieder, die nötigen Räume, die inzwischen erforderlich gewordenen Bibliotheken und sonstigen Mittel.

Kennzeichnend für diese Zeit ist auch das Aufblühen zahlreicher **Einzelwissenschaften,** begünstigt durch die oftmals großzügigen Förderungen seitens aufgeschlossener Monarchen. Allen voran gestalteten die Ptolemäer Alexandreia zu einer Stätte umfassender Gelehrsamkeit aus (s. S. **91 f.**). Sitz der Philosophie blieb jedoch Athen, wo die vier großen Schulen heimisch waren. Es waren dies neben der Akademie und dem Peripatos die Stoa und die Schule Epikurs. Am Ende der griechischen Philosophie steht nochmals ein großartiges systematisches Geistesgebäude, der Neuplatonismus.

Die Akademie. Nachdem längere Zeit hindurch in ihr ein etwas öder Betrieb geherrscht hatte, erwachte die Akademie unter **Arkesilaos** (um 275) zu neuem Leben. Durch ihn zog in sie unter Berufung auf den falsch verstandenen Sokratischen Zweifel der Geist der **Skepsis** ein.

Die skeptische Einstellung ließ in der Akademie den Geist der platonischen Frühdialoge neu erwachen. Mit Erfolg wurden stoische Lehren zerpflückt. Arkesilaos erwies sich auch als Meister der Kunst, in utramque partem zu disputieren. Man erinnerte sich an Platons Lehre, von den Dingen der Sinnenwelt gebe es kein reines Wissen, nur eine δόξα. Das führte unter Karneades (um 170) zu einer gründlichen Ausbildung der Wahrscheinlichkeitslehre.

In einer späteren Epoche setzte sich die zuerst von Antiochos von Askalon vertretene Ansicht durch, zwischen der Akademie, dem Peripatos und der Stoa gebe es eine weitgehende Übereinstimmung. Daraus resultierte die Haltung des Eklektizismus. Einer der bekanntesten Akademiker im 1. Jh. n. Chr. ist der vor allem durch seine ethischen Schriften berühmte **Plutarch** von Chaironeia. Im Jahre **529 n. Chr.** mußte die Akademie ihre Tore schließen (s. S. 17).

Der Peripatos. Die Peripatetiker hielten am Werk ihres großen Meisters Aristoteles fest. Sie suchten es jedoch kaum philosophisch weiter auszubauen. Statt dessen widmeten sie sich den Einzelwissenschaften. Seit dem 1. Jh. v. Chr. erschien eine Reihe wertvoller Ausgaben und Kommentare der Schriften des Aristoteles.

Die Stoa. Die Schule der Stoiker hat ebenso wie die der Epikureer keinen Geistesheros, vergleichbar einem Platon oder Aristoteles, an den sie sich hätte anschließen können. Das trägt dazu bei, daß bei der Ausgestaltung und Verteidigung ihrer Lehre der Dogmatismus, das Festhalten an einmal aufgestellten Sätzen, besonders ausgeprägt ist. Andererseits treten beide Schulen, Stoiker wie Epikureer, mit der Anziehungskraft des Neuen in die geistige Welt ein.

Die Stoa, benannt nach der στοὰ ποικίλη auf dem Markte Athens, wurde begründet durch **Zenon** (um 300) von Kition (Zypern). Sein Nachfolger war Kleanthes von Assos (Mysien). Aber erst **Chrysippos** (Mitte des 3. Jh.) von Soloi (Kilikien) legte durch sein umfassendes Schrifttum die Grundlage für das ganze System. Bekannte Stoiker aus späteren Epochen sind Panaitios von Rhodos (s. „Res Romanae" S. 109f.) und Poseidonios (s. S. 92), der lateinisch schreibende Seneca, Epiktet aus Phrygien (1. Jh. n. Chr.) und der römische Kaiser Mark Aurel (s. „Res Romanae" S. 114ff.).

Die **Naturphilosophie** der Stoa vertritt einen materialistischen Monismus (s. S. 103). Alles Wirkliche ist körperhaft. Die **Welt** ist eine Kugel endlicher Ausdehnung. Bei aller Mannigfaltigkeit in den Einzeldingen stellt sie eine organische Einheit dar. Das gestaltende und bewegende Prinzip in ihr ist die **Gottheit.** Sie besteht aus dem feinsten Stoff, ist Feuer oder feuriger Hauch (πνεῦμα). Die Harmonie und Zweckmäßigkeit in der Welt ist ein Ergebnis der göttlichen πρόνοια (Vorsehung). Kleanthes bezeichnet die göttliche Weltvernunft mit dem Namen des Zeus.

Aus dem göttlichen Urfeuer sind die übrigen Elemente mittelbar oder unmittelbar hervorgegangen. Am Ende einer Weltperiode geht durch eine ἐκπύρωσις (**Weltbrand**) alles wieder in das Urfeuer auf, und der ganze Prozeß, dessen Ablauf der εἱμαρμένη (Verhängnis) unterliegt und nach der Notwendigkeit verläuft, kann sich wiederholen. Im einzelnen lehnt sich die Lehre stark an **Heraklit** an.

Die **Seele** des Menschen ist ein Funke des göttlichen Feuers. Gegenüber der allen Menschen gemeinsamen Natur sind die Unterschiede zwischen Völkern und Ständen, Freien und Sklaven bedeutungslos. Alle sind Bürger des einen großen Kosmos. Die wichtigste Kraft innerhalb der Seele ist das ἡγεμονικόν (die herrschende Vernunft).

Im Mittelpunkt der stoischen **Ethik** steht das **Ideal des Weisen.** Er allein hat das Ziel menschlichen Strebens, die εὐδαιμονία, erreicht. Er allein ist frei, reich, königlich, göttergleich. Um weise zu werden, muß man die Tugend besitzen. Sie erreicht man dadurch, daß man naturgemäß lebt (ὁμολογουμένως τῇ φύσει ζῆν), daß man sein Ich harmonisch gestaltet und in Übereinstimmung bringt mit der göttlichen Weltvernunft.

In ihrer strengen Ausbildung kennt die Stoa nur die Unterscheidung zwischen Weisen und solchen, die es nicht sind. Jene handeln recht, diese fehlen (κατορθοῦν – ἁμαρτάνειν). All das, was nicht unmittelbar in Beziehung steht zu Tugend und Weisheit, etwa Gesundheit, Schönheit, Reichtum, wird zunächst für Scheingut erklärt und als bedeutungslos (ἀδιάφορα) abgetan. Doch wurde man bald wirklichkeitsnäher und gab zu, daß es viele nicht gerade Unweise gebe, die sich auf dem Wege zur Weisheit befänden (προκόπτοντες); daß die genannten Scheingüter ihrem Gegenteil vorzuziehen seien; daß auch der Nichtweise in gewissen Bereichen seine Pflichten, das Geziemende (καθήκοντα), durchaus erfüllen könne.

Vier **Kardinaltugenden** werden unterschieden: Einsicht (φρόνησις), Tapferkeit, Besonnenheit, Gerechtigkeit. Da sie im Grunde eine Einheit bilden, kann man sie nur zusammen besitzen. Die durch **eigene Kraft** erworbene Tugend reicht für die Glückseligkeit aus (Autarkie der Tugend); es gibt kein Erlösungsbedürfnis. Den Weisen zeichnet die ἀταραξία (unerschütterliche Gemütsruhe) aus; von Leidenschaften, Begierden, Ängsten und allem, was sonst beunruhigen könnte, ist er völlig frei. Sollte ihm aus irgendwelchen Gründen das Leben nicht mehr lebenswert erscheinen, wird er ihm in aller Gelassenheit durch Selbstmord ein Ende setzen (vgl. Senecas Tod).

Die Schule Epikurs. Epikur (341–270), der Sohn eines athenischen Kolonisten aus Samos, erwarb nach gründlichen philosophischen Studien in Athen einen Garten (κῆπος) und gründete dort seine Schule („Gartenphilosophen"). Von seinen Anhängern wurde der liebenswürdige Mann aufs höchste verehrt. Das epikureische System teilt die Philosophie in drei Bereiche: Kanonik (Erkenntnislehre), Physik (Naturphilosophie), Ethik. Die beiden erstgenannten stehen im Grunde ganz im Dienste der letzteren.

Die **Kanonik** Epikurs ist rein sensualistisch, d. h. sie führt alle Denkfunktionen auf Sinnestätigkeit zurück. Sie behandelt die Richtmaße (κανόνες) für die Erkenntnisse, die Kriterien für die Unterscheidung von wahr und unwahr. Es gibt drei Arten von Kriterien: die Wahrnehmung, die Prolepsis (Erinnerung an oftmaligen gleichen Sinneseindruck), das Gefühl.

Wahrnehmungen entstehen durch das Eindringen von Bildchen (s. S. 104), die sich von den Gegenständen lösen, in die Sinnesorgane. Als die Seele erregende Fakten sind sie immer wahr. Die eigentliche Frage nach wahr oder unwahr stellt sich nur bei der Prüfung einer Meinung, die die denkende Vernunft ausspricht. Wahrnehmungen müssen hier die Entscheidung geben. Die **Prolepsis** taucht bei einem gesprochenen Wort auf und vermag unmittelbare Wahrnehmungen zu ersetzen. Die **Gefühle** (πάϑη) treffen die Unterscheidung zwischen dem, was zu begehren, und dem, was abzulehnen ist. Sie können nur in einer Erkenntnislehre Platz finden, die auf die Ethik ausgerichtet ist.

Die epikureische **Physik** schließt sich eng an die **Atomlehre Demokrits** an. Die Atome und der Raum bestehen seit Ewigkeit. Sie bilden zahllose Welten. Wie keine andere ist auch die unsrige nicht Erzeugnis göttlichen Wirkens. Es gibt auch keine Zwecke und Ziele im Weltprozeß. Jedes Geschehen hat eine natürliche und mechanische Ursache.

Epikur will die Natur nicht so sehr um ihretwillen erkennen. Naturerkenntnis dient in erster Linie ethischen Zwecken; sie soll die Götterfurcht und den Aberglauben bannen. Zwar gibt es **Götter** (s. S. 43); doch greifen sie nicht in den Lauf der Welt ein.

Auch die **Seele** ist körperhaft. Sie besteht aus besonders feinen Atomen. Ihr vernünftiger Teil wird in der Brust lokalisiert, der vernunftlose zieht sich durch den ganzen Leib. Mit dem leiblichen Tod löst sich auch die Seele auf. Jegliche Furcht vor einer Strafe im Jenseits ist unbegründet.

Ethik ist für Epikur die Lehre von dem, was zu wählen bzw. zu meiden ist, um die εὐδαιμονία zu erlangen. Diesen Zustand verleiht die **Lust** (ἡδονή). Sie ist das höchste Gut und Maßstab aller übrigen Güter. Ebenso wichtig wie das positive Lustgefühl ist das Freisein von Schmerzen. Lust und Schmerz können leiblicher und geistiger Natur sein. Letztere sind für das Wohlbefinden wichtiger.

Epikur geht es nicht so sehr um die jeweilige Einzellust, sondern um ein ausgeglichenes lustvolles Gesamtleben. Im einzelnen muß man prüfen, ob die Begier, deren Befriedigung Lust verleiht, natürlich und notwendig ist oder nicht. **Maßhalten** tut not. Bei jeder Begierde ist ferner abzuwägen, ob die mit ihrer Befriedigung verbundene Lust nicht hinter einem möglicherweise auch damit verbundenen oder folgenden Schmerz gradmäßig zurückbleibt.

Um das abwägen zu können, bedarf es der Haupttugend, der vernünftigen **Einsicht,** aus der alle anderen Tugenden entspringen. Der epikureische Weise besitzt sie. In ungestörter Heiterkeit des Gemüts (ἀταραξία) lebt er dem **kultivierten Lebensgenuß.** Das öffentliche Leben meidet er (λάϑε βιώσας = leb' im Verborgenen!); statt dessen pflegt er Freundschaft und Geselligkeit. Unausweichlichen heftigen Schmerzen, etwa bei schwerer Erkrankung, entzieht er sich durch freiwilligen Tod. Epikur hat auf den römischen Dichter Lukrez (s. „Res Romanae“ S. 110ff.) sehr stark eingewirkt.

Der Neuplatonismus. Nicht durch die Akademie, sondern durch den Alexandriner Ammonios Sakkas und vor allem durch dessen Schüler **Plotin** (3. Jh. n. Chr.), der in Rom lehrte, wird Platons Lehre zu einem neuartigen System ausgebaut, das das gesamte philosophische Geistesgut der griechischen Antike sowie Vorstellungen aus der griechischen und aus orientalischen Religionen berücksichtigt, sich dabei aber oft von der platonischen Grundlage entfernt. Der Neuplatonismus ist seit dem 3. Jh. die herrschende geistige Richtung; insbesondere greift er auf die Akademie über. Seine mystischen Lehren sind schwer verständlich und noch nicht genügend erschlossen.

Nach Plotin gibt es in der noetischen Welt drei sich überlagernde sog. Hypostasen. Die höchste, das Überseiende, ist das Eine oder das Gute. Seine Ausstrahlung ist das Seiende, der νοῦς, zu dem das Denken und die Ideen gehören. Aus ihm geht als unterste übersinnliche Hypostase die Seele hervor, über die der Weg zur Sinnenwelt, dem Nichtseienden (τὸ μὴ ὄν) führt.

Die Seele hat die Aufgabe, sich von der Unreinheit alles Sinnlichen zu befreien und eine Verähnlichung mit Gott, dem Urwesen, anzustreben. Am Ende kann ihr in der Ekstase eine Anschauung (ϑεωρία) Gottes und ein Einswerden mit ihm gelingen.

DIE KUNST

Voraussetzungen. Eigenart und Größe der griechischen Kunst haben zunächst in der **Begabung** dieses Volkes selbst ihren Grund. Ein zweiter ist offenbar in der **Landschaft** mit ihren ungewöhnlich reich gegliederten Formen zu sehen: Land und Meer schieben sich in Vorsprüngen und Buchten tief ineinander; andererseits bleiben sie bei dem gebirgigen Charakter des Landes durch meist steile Küsten scharf getrennt. Deutlich gegeneinander abgesetzt bieten sich auch die Formen von Berg und Ebene dar, weil bei den zahlreichen Kammerlandschaften die trennenden Bergriegel sehr oft unvermittelt aus dem Schwemmland der Ebenen aufsteigen. Dabei liegt dieses Land unter einem Himmel, der mit seinem strahlenden **Licht** die Linie zwischen Meer und Küste ebenso scharf zeichnet wie die Konturen von Berg, Fels und Baum, aber auch von Tier und Mensch. Weiter gibt die Natur dem Griechen das geeignete Material: Kalkstein in verschiedenster Farbe und Struktur bis zum reinen, leuchtenden **Marmor**.

Insgesamt förderten diese Faktoren zweifellos in besonderer Weise den **plastischen Sinn** des Griechen. Er offenbart sich vor allem in der Bildhauerei, ähnlich in bestimmten Gliedern und Ornamenten der Architektur, aber auch im sicheren Strich der Vasenbilder.

Außerdem sind **geschichtliche** Voraussetzungen zu beachten: Die von Norden einwandernden Stämme fanden in ihren neuen Siedlungsgebieten eine ausgeprägte, ihnen ganz fremde mediterrane Kultur vor (s. S. 7 f.). Die Auseinandersetzung mit dieser und der Zwang zur Selbstbehauptung förderten ihren Zusammenschluß zu einem Volke und ließen sie dadurch erst so recht ihre eigene Art erkennen.

Aus der großen Fülle dessen, was griechische Kunst geschaffen hat, können hier nur jeweils einige Werke ausgewählt werden, die ihre Epoche und somit die gesamte Entwicklung charakterisieren. Die meisten dieser Werke sind abgebildet durch Zeichnungen im Text (= Abb.) oder auf den Kunsttafeln (= Taf.) im Anhang des Buches. Für die Abbildungen weiterer Werke ist unter Angabe der Bildnummer verwiesen auf den Bildatlas **Die Kunst des Abendlandes,** 1. Teil: Vorderer Orient und Antike, Verlag Braun, Karlsruhe [5]1970 (= Braun).

I. DIE KRETISCH-MYKENISCHE KUNST

Besonders fruchtbar wurde für die eingewanderten Stämme die Berührung mit der kretischen Kultur. Sie hatte sich etwa um die Mitte des 2. Jahrtausends auf **Kreta** entwickelt – nach Minos, dem sagenhaften König der Insel, auch **minoische** Kultur genannt – und von hier aus die Herrensitze der Achaier in Griechenland deutlich beeinflußt.

Die kretischen Paläste. Eine Unzahl von kleinen Gemächern, Magazinen und Kammern sind durch schmale, winklige und unübersichtliche Korridore verbunden. Daneben gibt es nur einige repräsentative Räume und Thronsäle. Prächtige Treppenhäuser führen in die Tiefe und gliedern die ganze Anlage in mehrere Stockwerke, die sich um einen rechteckigen Binnenhof gruppieren. Der ganze Palast geht ohne deutliche Abgrenzung in die Natur über und ist völlig unbefestigt. Ihre Erbauer müssen eine lange Zeit ohne kriegerische Verwicklungen erlebt haben.

Die **Ausstattung** dieser Paläste zeugt von einer hochentwickelten, fast weichlich dekadenten Kultur. Schattige Korridore und Veranden, Gartensäle mit beweglichen Wänden für die verschiedenen Jahreszeiten, ausgedehnte Wasserleitungen und Heizanlagen, gekachelte Bäder und sonstiger hygienischer Aufwand verraten anspruchsvolle Lebensweise und großes technisches Können.

Die **Malerei** bedeckt stuckverkleidete Wände mit leuchtenden Fresken: Szenen mit Blumen und Vögeln, Delphine, Tintenfische und andere Seetiere, wie sie gern auf Vasen dargestellt werden, akrobatische Stierspiele, zuschauende Hofdamen, Jünglinge von fremdartiger Schlankheit bei Opferprozessionen (Braun 84–88).

Auffallendes Kennzeichen der Architektur sind die Säulen, die sich nach unten verjüngen; als Kapitell tragen sie einen kissenartigen Wulst oder einen würfelförmigen Abschluß wie die Säule am Löwentor von Mykene. Als **Kultzeichen** finden sich in der Architektur wie in der Malerei häufig die stilisierten Hörner des Stieres, der den Minoern ein heiliges Tier war, und die Doppelaxt (Labrys). **Labyrinthos** bedeutet also „Haus der Doppelaxt". Für die Griechen jedoch erhielt dieses Wort die Bedeutung einer unüberschaubaren, verwirrenden baulichen Anlage, was ein Blick auf den Grundriß des Palastes von Knossos (Braun, S. 100) verständlich macht. Die Erinnerung an solche Bauwerke und an das Vordringen von Festlandsgriechen nach Kreta hat in der Sage von Theseus, Ariadne und dem Labyrinth des Minotauros Gestalt gewonnen.

Viele Darstellungen deuten auf einen besonderen Rang und Einfluß der Frau. Vermutlich trug die gesamte kretische Kultur mutterrechtliche (matriarchalische) Züge. Ob sie durch Naturkatastrophen oder das Vordringen griechischer Stämme unterging, bleibt ungewiß. Jedenfalls findet diese blühende Kultur bald nach 1400 ein plötzliches Ende.

Die mykenische Kunst. Die Kultur, die sich gleichzeitig auf dem griechischen Festland entwickelte, war von der kretischen nachhaltig beeinflußt. Die eingewanderten Stämme hatten die Urbevölkerung unterworfen und starke Zwingburgen errichtet (s. S. 8). Die Wandmalereien in diesen Burgen und besonders die Erzeugnisse des Kunsthandwerks weisen in Form und Technik große Ähnlichkeit mit den gleichzeitigen Werken der kretischen Palastkultur auf.

Eine **Dolchklinge aus Mykenai** (s. Abb.) zeigt eine meisterhafte Verarbeitung von Edelmetallen: In der Mitte der Bronzeklinge sind aus Goldblech Figuren eingelegt, die eine Löwenjagd darstellen. Die Jäger links und den angreifenden Löwen hat der Künstler mit großer Lebendigkeit festgehalten und die rechts in gestrecktem Lauf fliehenden Tiere geschickt in den spitz auslaufenden Bildstreifen eingefügt. Dieselbe Anschaulichkeit und geschickte Komposition gegensätzlicher Bewegungen finden wir in entsprechenden kretischen Darstellungen.

Man muß annehmen, daß Werke wie diese Klinge als Exportware nach Griechenland kamen oder daß kretische Künstler im Auftrage der achäischen Burgherren solche prächtigen Waffen, Schmuckscheiben, Ringe und Diademe, die goldenen Gesichtsmasken, Trinkschalen und Becher schufen; sicher gilt das für die ersten Jahrhunderte der mykenischen Epoche (Braun 93, 94, 98, 99). Die **Eigenständigkeit** dieser starken, kampfesfrohen Männer zeigt sich trotz der Abhängigkeit von der kretischen Kunst in den neuen Motiven dieser Metallkunst sowie der Fresken und Vasenbilder. Ihre eigene Welt erweist sich am deutlichsten in ihren **Bauten:** mächtige, kaum behauene Steine sind zu fast uneinnehmbaren Mauern aufgetürmt. Die Zugänge zu diesen Herrensitzen werden durch gewaltige Tore, z. B. das Löwentor in Mykenai (Braun 97), gesichert. Mitte der Burg und des damaligen Lebens überhaupt war das **Megaron,** der große Männersaal.

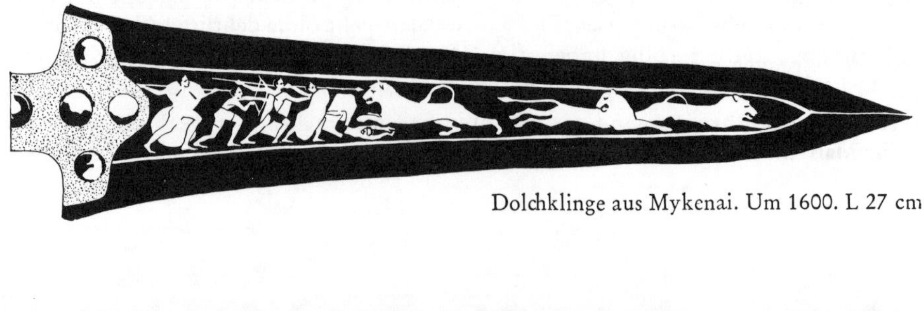

Dolchklinge aus Mykenai. Um 1600. L 27 cm

Die Burg von Tiryns

1 Rampe
2 Haupttor
3 Löwentor
4 Toranlage vor dem äußeren Hof
5 Äußerer Hof
6 Propylon zum Innenhof
7 Altar
8 Megaron mit Herd
9 Nebengemächer
10 Überwölbter Wehrgang
11 Kammern
12 Turm mit Fluchtweg zum kleinen Ausfalltor im Westen
13 Untere Burg

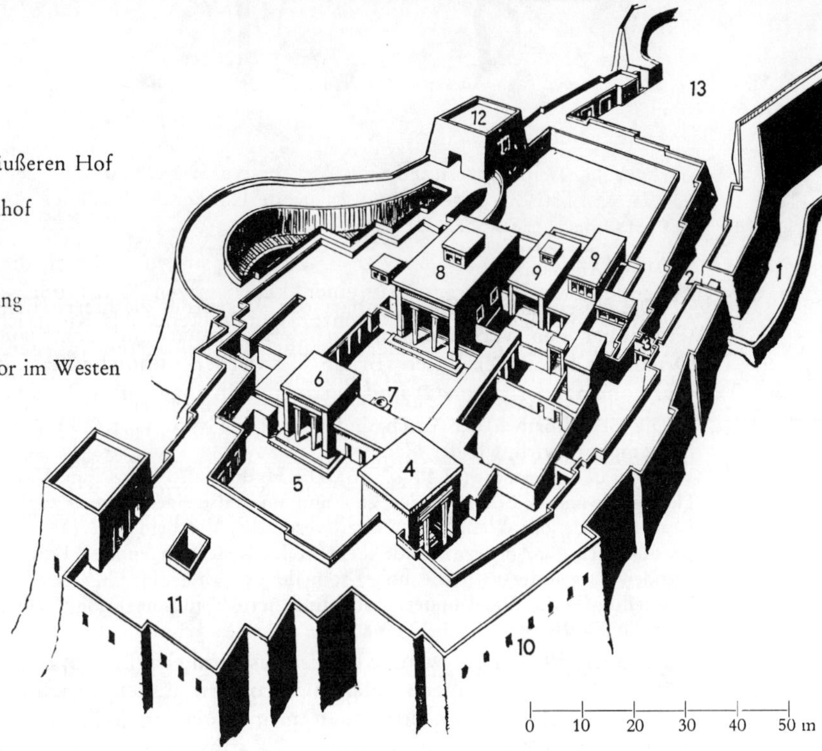

Die **Burg von Tiryns** erhebt sich auf einem niedrigen Felsstock im Schwemmland der Ebene von Argos. In ihre riesigen Mauern, auf deren Krone ein Wagen bequem fahren konnte, sind gewölbte Wehrgänge und Kammern eingelassen. Sie bilden zusammen mit Ecktürmen und einem geheimen Ausfalltor eine geradezu unüberwindliche Befestigung.

Solche Burgen entstanden zunächst wegen der unsicheren Zeiten; jene streitbaren Menschen hatten aber auch ihre eigene Freude am Auftürmen gewaltiger Mauern. Das beweisen auch die Kuppelgräber, die sie für ihre Könige und Fürsten errichteten. Lagenweis vorkragende Steine, deren Unterkanten nachträglich abgeschlagen wurden, ergeben ein sog. Scheingewölbe (Braun 96). Schliemann fand in Mykenai auch **Schachtgräber** mit reichen Beigaben von Waffen, Rüstungen und Totenmasken. Diese Funde sowie Reste der Burgen und Malereien dienen uns heute zur Vervollständigung des Bildes dieser heroischen Zeit, die sich in Homers Ilias widerspiegelt.

II. DER GEOMETRISCHE STIL

Eigenes Kunstschaffen der Griechen. Etwa zwischen 1200 und 750 finden die Griechen in bewußter Absonderung von anderen Völkern ihre eigene Art und ihr Volksbewußtsein. Dieser Übergang vollzieht sich am ungestörtesten in Attika (s. S. 17 f.). Deshalb finden wir gerade hier die hervorragenden Werke der geometrischen Kunst. In ihrer klaren und strengen Schönheit haben wir den Beginn der eigenständigen griechischen Kunst vor uns. Sie schafft sich aus einfachen, natürlichen Formen gewissermaßen alles neu. Aus fremder Anregung und der erlernten Technik entwickelt sie einen besonderen **Sinn für Maß und Ordnung,** für Proportion und Hinordnung der Teile auf das Ganze.

Amphora

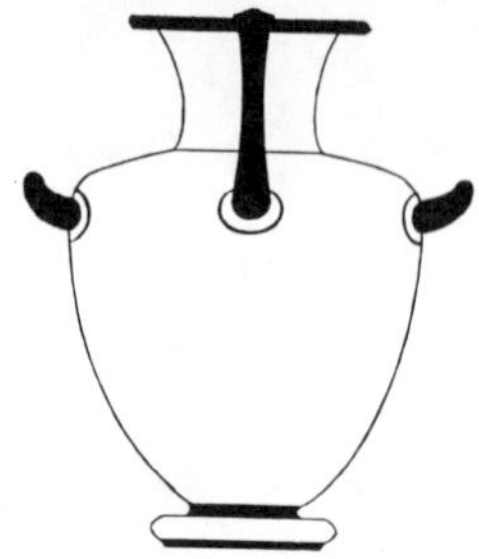

Hydria

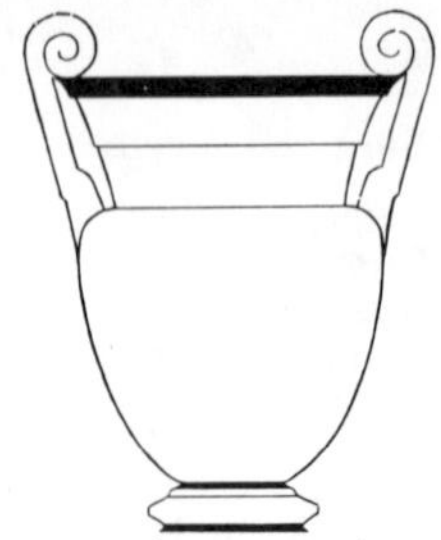

Voluten-Kratér

Die Vasenmalerei. Sie offenbart das Wesen des geometrischen Stils am deutlichsten. Gegenüber den verschwommenen Gefäßformen und dem wuchernden, malerischen Ornament kretischer Vasen (Braun 87) werden nunmehr Hals, Bauch und Fuß wieder klar voneinander abgesetzt und durch ein fein abgestuftes Ornament betont.

Die **Grundformen der Vasen** sind im übrigen vom Verwendungszweck bestimmt (s. Abb.): Die **Amphora** wird, wie der Name sagt, an zwei Henkeln getragen und meist zur Aufbewahrung von Vorräten gebraucht (H 40–80 cm). Die **Hydria,** also Krug zum Wasserholen, hat zwei seitliche Haltegriffe an den Schultern der Vase und am Halse einen Henkel zum Tragen (H ca. 45 cm). Im **Kratér** wurde der Wein mit Wasser vermischt; die beiden Griffe sitzen beim Voluten-Kratér (H 60–75 cm) am oberen Rande, beim Kelch-Kratér im unteren Drittel des Gefäßes. Für Grabspenden verwandte man die hohe, schmale **Lekythos** (H 30–40 cm), auf der man deshalb oft Darstellungen des Todes findet. Leicht und zierlich sind die Trinkgefäße, die **Schale** (⌀ 25–35 cm) oder der **Kantharos** (⌀ 15–20 cm).

Zunächst werden nur wenige Bänder aus parallelen Linien, Dreiecken, Rhomben, Quadraten oder vielfach abgewandelten Mäandern aufgetragen, die schon bald das ganze Gefäß überziehen. Dann erscheinen auch die ersten figürlichen Motive: Tierfriese inmitten der geometrischen Bänder, stark stilisiert und streng symmetrisch eingefügt. Ihnen folgen bald die ersten Darstellungen des Menschen, etwa in der Totenklage auf einer attischen Grab-Amphora (Braun 118).

Ein **attischer Kratér** aus der Mitte des 8. Jh. (Taf. IV) trägt nur am oberen Rande noch einen breiten Mäander und einen einfachen am Fuße. Außer den Sternenrädern in der Henkelzone gibt es nur wenige geometrische Elemente: schmale Bänder aus Zickzack- und Wellenlinien zwischen Geraden. Dafür nehmen die figürlichen Motive zu: im oberen Band eine **Totenklage.** Auf der hohen Kline liegt der Verstorbene, das Bahrtuch schwebt als schwarz-weiß gemusterte Fläche über ihm. Im Bildstreifen darunter wartet ein fahrbereites Zweigespann. In den beiden Ebenen rechts und links von Bahre und Gespann stehen die Reihen der Angehörigen und des Gefolges, die Arme in der Gebärde der Trauer erhoben. Darunter ein Fries von Kampfwagen. Die Lenker tragen Schilde ähnlich den kretischen und halten die Zügel ihrer Pferde. Hier herrscht auffallende Gleichförmigkeit, die bei der Totenklage durch den Verzicht auf die strenge Symmetrie älterer Vasen etwas aufgelockert ist.

Der geometrische Stil besteht also wesentlich aus der rhythmischen Wiederholung gleichförmiger Teile. Mensch und Tier werden nicht anders dargestellt: die Körper sind zusammengesetzt aus scharf abgegrenzten Gliedmaßen; dadurch werden die Gelenke besonders betont. Ähnlich sind die kleinen Ton- oder Bronzefiguren dieser Zeit gearbeitet (Braun 113–115, 119). Eine eigentliche Plastik kennt dieser körperfeindliche Flächenstil noch nicht.

Lekythos

Schale

Kantharos

III. DIE ARCHITEKTUR

Für den Griechen war Architektur fast gleichbedeutend mit Tempelbau, denn nur für die Götter schien ihm eine überzweckmäßige, unvergängliche Bauform angemessen. Für den Tempel werden aber nur wenige Grundformen entwickelt und beibehalten gegenüber dem stärkeren, zeitbedingten Gestaltwandel in anderen Kunstgattungen. Daher wird die Architektur hier als Einheit betrachtet und behandelt.

Der griechische Tempel. Er wird erst verhältnismäßig spät errichtet – der erste um 800 auf der Insel Samos –, zu einer Zeit, in der auch die ersten **Götterbilder** entstehen (s. S. 130).

Hierzu führte nach der strengen und körperfeindlichen geometrischen Kunst vielleicht erst die starke Befruchtung der griechischen Kultur durch den **Orient** und Ägypten. Auch die im 8. Jh. beginnende Kolonisation brachte die Griechen in Berührung mit fremden Völkern, d. h. mit anderen Vorstellungen, reifen Kunstformen und neuen Motiven. Dies alles und nicht zuletzt der Anthropomorphismus der homerischen Götter (s. S. 32) regt den Griechen an zur Darstellung der Götter in einem körperhaften, menschengestaltigen Abbild.

Das Kultbild braucht ein schützendes Haus. Man nimmt dafür die aus dem Norden mitgebrachte Urform des **Megarons,** das zunächst Thronsaal des Königs ist, bis mit dem Schwinden von dessen gottähnlicher Macht mehr und mehr die Gottheit selbst in diesen Raum einzieht (s. S. 9). Es ist ein rechteckiges Haus mit flachem Satteldach. An der Eingangsseite sind die Seitenwände als Zungenmauern (Anten) zu einer schützenden Vorhalle verlängert.

Die **Grundformen des Tempels** entwickeln sich aus diesem Haustyp (s. Abb.).

Werden bei größerer Breite des Megarons zwischen die Zungenmauern zwei Säulen als Stütze gestellt, so ergibt sich die einfachste Form des **Antentempels** (a). Der **Prostylos** stellt eine Säulenreihe in der Breite der Cella vor den Eingang. Durch eine Wiederholung der Vorhalle an der Rückseite erweitern sich diese beiden Formen zum **Doppelantentempel** (b) und zum **Amphiprostylos** (c). Für kleinere Tempel und Schatzhäuser bleibt diese Form bis in die Spätzeit erhalten.

Alle bedeutenden und größeren Tempel aber baut der Grieche in der Form des **Peripteros** (d, e). Er wird geprägt durch einen um den ganzen Bau laufenden Kranz von Säulen (Peristasis). Dieser grundlegende Gestaltwandel ist nicht etwa nur das Fortschreiten von der einfachen zur reicheren Form oder das Ergebnis der historischen Entwicklung. Vielmehr fanden die plastische Begabung des Griechen und sein Suchen nach einer besonderen Form für den Kultbau schon im 7. Jh. diese Lösung. – Der Peripteros ist die größte Leistung der griechischen Architektur; in wenigen Jahrhunderten fand er ohne Veränderung der Grundgestalt im Parthenon (e) seine reichste Form.

Entwicklung des griechischen Tempels

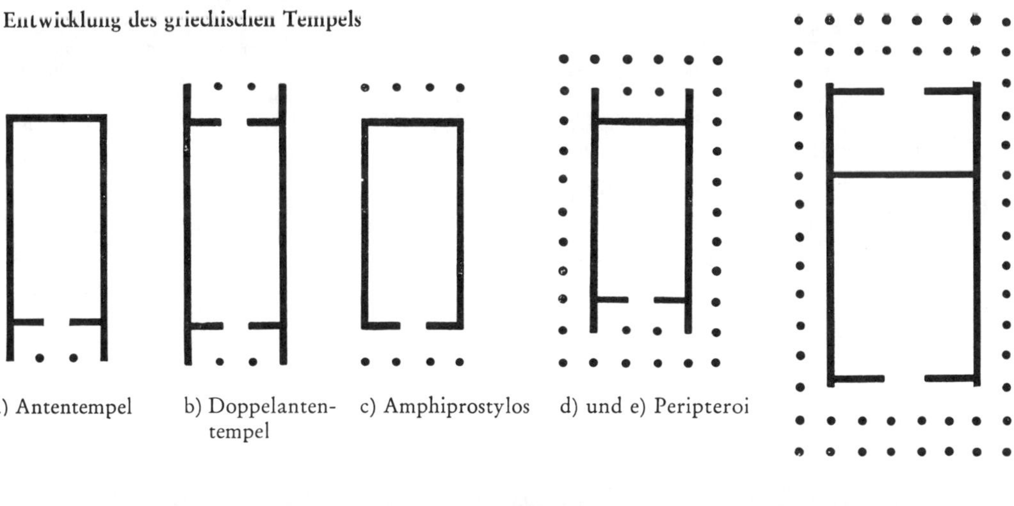

a) Antentempel b) Doppelantentempel c) Amphiprostylos d) und e) Peripteroi

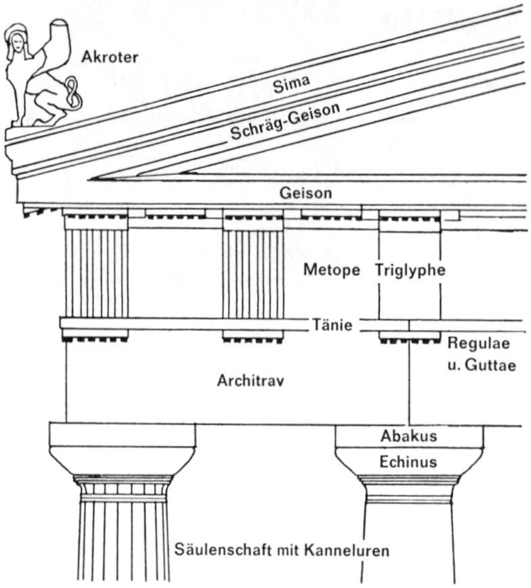

Dorische Ordnung

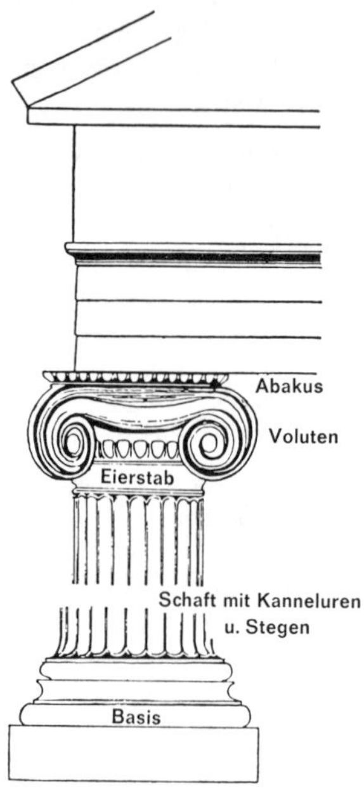

Ionische Ordnung

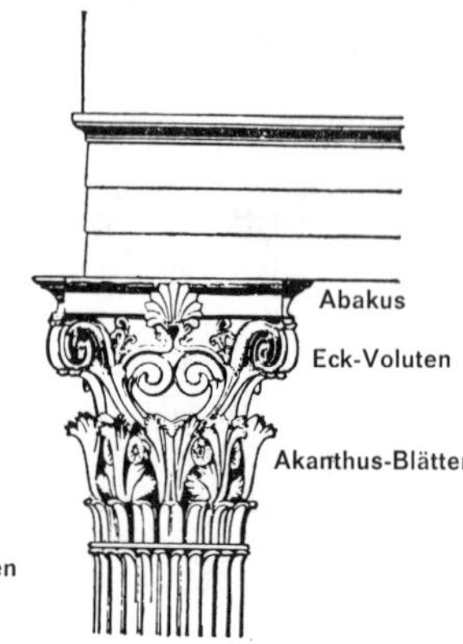

Korinthisches Kapitell

Säulenordnungen

Die Säulenordnungen. Säulen und Gebälk bestanden anfangs aus Holz, die Cellamauern aus Lehmziegeln auf Steinfundament. Erst allmählich ging man zum reinen Steinbau über und schuf dabei jene drei Ordnungen, die man seit der Antike als dorische, ionische und korinthische bezeichnet.

Die **dorische** Ordnung (s. Abb.) läßt die Entstehung aus dem Holzbau am deutlichsten erkennen: wie der Stamm des Baumes steigt die Säule ohne Basis unmittelbar vom Unterbau auf. Sie ist durch **Kanneluren** mit scharfen Graten in der Vertikalen kräftig betont. Im Kapitell, einem einfachen, aber notwendigen Zwischenglied mit dem kissenförmigen **Echinus** (umgekehrter „Seeigel") und dem quadratischen **Abakus**, stemmt sie sich gegen die Last des Gebälks. Dies ist gegliedert in die schweren Balken des **Architravs**, die durch **Triglyphen** getrennten **Metopen** und das kräftig vorspringende Gesims (Geison). Das Profil der Triglyphen und deren Verbindung mit dem vorspringenden Rande des Architravs durch Leisten mit herausragenden Pflöckchen (regulae und guttae) sind Elemente des früheren Holzbaues. An den Schmalseiten schließen waagerechtes und schräges Geison ein flaches **Giebelfeld** ein, willkommener Raum für große Reliefgruppen. Auch die Metopenplatten trugen meist plastischen Schmuck aus Ton und später aus Marmor. Die über dem Giebel als **Traufleiste** (Sima) aufwärts gebogenen Dachziegel enden an den Seiten und am First in reich ornamentierten **Akrotéren.**

Die **ionische Ordnung** (s. Abb.) hat die gleichen Elemente, hebt sich aber von dem strengen dorischen Stil durch reichere Schmuckformen ab. Die Säule ruht auf einer mehrfach gegliederten **Basis;** ihr Schaft trägt tiefere Kanneluren zwischen schmalen Stegen, das Kapitell ist zusammengesetzt aus Eierstab, **Voluten** und dem flachen, profilierten Abakus. So ist die ionische Säule gegenüber der dorischen viel stärker als plastisches Einzelglied betont (s. S. 17). Über dem horizontal abgestuften Architrav liegt ein durchgehender Figurenfries. Palmettenbänder, Eier- und Perlstäbe sind häufige **Ornamente** am Säulenhals und am Gebälk des ionischen Tempels (s. Abb.).

Ionisches Ornament vom Erechtheion

Der **korinthische Stil** verändert demgegenüber nur noch das Kapitell der Säulen (s. Abb. S. 126): aus einem Bündel von **Akanthusblättern** steigen kleinere Ranken als Eckvoluten auf, die eine ausgekehlte Deckplatte tragen. Diese Säulenform tritt erst spät auf, z. B. im 4. Jh. an der Tholos von Epidauros und häufiger noch in der hellenistischen Baukunst wie etwa an dem riesenhaften Olympieion in Athen (s. S. 50).

Griechische Mauertechnik. Neben dem dauerhaften Material der Säulen konnten die früheren Lehmziegelmauern, unansehnlich und von geringer Haltbarkeit, ebenso wenig befriedigen wie die rohen Blöcke mykenischer Bauten. Man errichtete jetzt im gleichen Material wie Säulen und Gebälk die Cellawände aus rechtwinkligen Quadern, andere Mauern auch in vieleckiger (polygonaler) Technik (s. Abb.). Dabei empfindet der plastische Sinn des Griechen den einzelnen Block als selbständiges Glied, das ohne Mörtel, höchstens durch Metallklammern verbunden, mit einem unglaublich feinen Fugenschluß in die Mauer eingepaßt wird. Ähnlich vollkommen ist die Technik beim Aufbau des Säulenschaftes aus einzelnen Trommeln.

Der dorische Peripteraltempel. Von den drei Säulenordnungen setzte sich die dorische für die bedeutendste Bauform, den Peripteros, im ganzen griechischen Festlande durch. Vermutlich entstanden die ersten Tempel in den dorischen Stammlanden; außerdem verkörperte dorische Form auch für ein allgemeines griechisches Empfinden naturhafte, herbe Kraft und straffes Maß.

Mit den einfachen Formen dieses Stils wird nun in einer langen Entwicklung und stetem Bemühen versucht, einmal die beiden Elemente Cellabau und Säulenkranz, besonders aber die tragenden und lastenden Kräfte in ein ideales Verhältnis zu bringen.

Polygonale Mauer in Delphi

Quadermauer des Niketempels (s. Taf. III)

Säulen der sogenannten Basilika
in Paestum (6. Jh.)

Die sog. **Basilika in Paestum** (s. Abb.) aus der Mitte des 6. Jh. zeigt gedrungene, wuchtige Säulen mit deutlich sichtbarer Schwellung des Schaftes (Entasis) und breit ausladenden, gedrückten Kapitellen.

Nach einer weiteren Entwicklung von etwa 100 Jahren ist der **Höhepunkt des dorischen Peripteros** im **Parthenon** (447–438) erreicht. Es ist die Zeit, in der Athen, wo dorisches und ionisches Wesen sich fruchtbar ergänzen, unter Perikles seine größte politische und kulturelle Bedeutung erreicht und auch die übrigen Künste zu höchster Blüte gelangen (s. S. 21, 134 ff.).

Zum Verständnis der großartigen künstlerischen Leistung des Parthenon bedarf es einer gewissen Einsicht in die Einzelheiten dieses Bauwerkes (Taf. III).

Der Grundriß (s. S. 48) zeigt ein ausgeglichenes Verhältnis von Länge und Breite (69,5 zu 30,8 m; 17 zu 8 Säulen). Ähnliches gilt für die Proportion der Säulen (10,4 m Höhe bei 1,9 m unterem Durchmesser). Der Echinus lenkt in gestraffter Kurve die aufstrebende Kraft des Schaftes gegen den Architrav (Taf. III). Die Maße der schweren Horizontalen von Unterbau und Gebälk und die vertikalen Glieder der Säulen und Triglyphen sind sorgfältig aufeinander abgestimmt; beide Richtungen schwingen versöhnt im Giebel aus. Die aufsteigenden und lastenden Kräfte von Fundament, Säulen und Gebälk entsprechen in etwa den analog verteilten drei Gliedern des Gebälks, nämlich dem Architrav, den Triglyphen und dem Geison. So werden die abgewogenen Proportionen des Bauwerkes ergänzt durch eine innere Harmonie der Form.

Die Säulen von Vorhalle und Opisthodom, außer den beiden mittleren am Eingang, sind geringfügig verschoben gegenüber den äußeren Säulen. Diese stehen nicht völlig senkrecht, sondern leicht nach innen geneigt, die stärkeren Ecksäulen neigen sich in der Diagonalen. In der Horizontalen weist der Unterbau des Tempels eine feine Wölbung (Kurvatur) auf (z. B. 10 cm auf den 70 Metern der Langseite), die im Gebälk wiederkehrt. Diese geringfügigen Abweichungen von den starren mathematischen Verhältnissen setzen sorgfältigste Berechnungen voraus. Nur mit solcher intensiven geistigen Durchdringung des Bauwerkes vermochten die Architekten diese gewaltigen Steinmassen so zu ordnen, daß der ganze Tempel wie von Leben erfüllt scheint.

In die mehr statischen Elemente sind als Gegengewicht hervorragende **Werke der Bauplastik** eingefügt: die Metopenfelder, der oben rings um die Cellamauer laufende Panathenäen-Fries und die großen Giebelgruppen. Dies alles ist im edlen Material des pentelischen Marmors ausgeführt und mit einer handwerklichen Vollkommenheit, die auch an entlegenen, von unten kaum sichtbaren Stellen mit größter Sorgfalt arbeitet (s. S. 135 und Taf. III). Diese Arbeiten verkörpern eindrucksvoll, was der Grieche im sachlichen Bereich unter ἀρετή versteht.

Der Parthenon ergab die **kanonische Form** für andere Tempel, z. B. für das Hephaisteion in Athen, den Poseidontempel von Sunion und den Aphaiatempel auf Ägina.

Das Wesen des dorischen Peripteros zeigt er in vollendeter Form: Die Schöpfung der Peristasis verhindert, daß sich das Megaron zu einem gestreckten, die Längsrichtung besonders betonenden Tempel entwickelt wie bei römischen und christlichen Kultbauten. Der Kranz der Säulen hebt sich im großartigen Rhythmus der profilierten, vertikalen Glieder von der ruhigen Fläche der Cellawände ab und verleiht dem Bauwerk die allseitige Geschlossenheit eines plastischen Körpers, ohne sich völlig zu verschließen (s. „Res Romanae" S. 131 f., 137). Die ausgewogenen Proportionen der Einzelglieder und des Gesamtbaues, die organische Verbindung von strenger Tektonik und reiner Schmuckform ergeben die klassische Wirkung dieses Bauwerks. „Die Säulenhalle ist ein Schmuck, ein **Kosmos** im Sinne des Aristoteles, der um der Großartigkeit der Wirkung willen über das Notwendige hinausgeht" (Rodenwaldt).

Ionischer Stil. Nachdem er in Kleinasien bereits monumentale Tempel geschaffen hatte wie z. B. den der Artemis in Ephesos, kommt er in klassischer Zeit auch im griechischen Mutterlande mehr zur Geltung, vorwiegend aber bei kleineren Tempeln. Der **Niketempel** auf der hohen Bastion rechts vor den Propyläen der Akropolis ist das Beispiel eines klar gegliederten, durch seine Maße zierlich wirkenden ionischen Amphiprostylos (Taf. III).

Leicht und gefällig wirkt auch die **Korenhalle** am Erechtheion (Taf. X). Nur der ionische Stil konnte die Säulen durch gebälktragende Mädchenfiguren ersetzen, ein Motiv, das schon um 520 am Schatzhause der Siphnier in Delphi angewendet wurde. Hier ist es in klassischer Form wiederholt und gibt dem ganzen Bauwerk einen Akzent von heiterer, gelöster Anmut.

Profanbauten. Sie finden in der griechischen Architektur keine besondere künstlerische Gestaltung. Amtsgebäude, Versammlungshallen und Märkte werden entweder als reine Zweckbauten errichtet oder man übernimmt für sie die Formen der Tempelarchitektur. Das griechische **Privathaus,** um einen Hof (αὐλή) erbaut, kennt außer dem gelegentlichen Peristyl, dem gedeckten Säulenumgang (s. „Res Romanae" S. 146), nur bescheidene Formen und Maße.

Für das **Theater** fand der Grieche jedoch eine besondere Form, zumal es ursprünglich Kultstätte war.

Für die Dramenaufführungen benötigte man die kreisrunde Orchestra mit dem Altar in der Mitte und dahinter die Skene, in älterer Zeit ein Zelt oder Bretterbau, in dem sich die Schauspieler umkleideten. Die Zuschauer saßen an natürlichen Abhängen, die bisweilen durch einfache Holzgerüste erhöht wurden. Aus den drei Elementen Skene, Orchestra und Zuschauerraum bestehen auch die steinernen Theaterbauten (Taf. I): Vom Rande der **Orchestra** steigt das große Halbrund der Zuschauerränge empor. Radiale Treppen und ein horizontaler Umgang in etwa zwei Drittel der Höhe dienen als Zugänge. Die **Skene** wurde mit der Zeit höher gelegt als die Orchestra, blieb aber ein flaches Gebäude (s. Abb. S. 73). An dessen Vorderseite, dem **Proskenion,** wurden einfache Kulissen zur Andeutung des Schauplatzes angebracht. Durch senkrecht vorspringende Flügelbauten, die **Paraskenien,** traten die Schauspieler auf. Anders als unsere und die römischen Theater fügt sich das griechische in die Natur ein: die große Muschel der Zuschauerreihen bettet sich in den gewachsenen Berghang. Der Blick des Zuschauers schweift ungehindert über das Skenegebäude in die Landschaft. So hatte man z. B. vom Theater in Delphi einen großartigen Blick auf die Wände der Phaidriaden, über die Tempel und Schatzhäuser hinweg auf die Berge jenseits der Pleistosschlucht und auf die blaue Bucht von Itea tief unten (s. S. 54 f.).

IV. PLASTIK UND MALEREI

DIE ARCHAISCHE ZEIT

Nach der Aufgabe fremder Formen hatte der Grieche im geometrischen Stile einen eigenen künstlerischen Ausdruck entwickelt. Dieser fand in der nun folgenden Epoche, etwa von 750 bis 480, erstmalig seine monumentale Form und setzte damit gewissermaßen einen neuen Anfang (ἀρχή) des Kunstschaffens.

Die Plastik. Ihr erster und vornehmster Gegenstand war das **Kultbild.** Das aber bedeutete zugleich Darstellung des Menschen, die sich in der langen Abgeschlossenheit der geometrischen Epoche ja allmählich entwickelt hatte; denn nur in anthropomorpher Weise, also in der Gestalt des Menschen, vermag der Grieche sich seine Götter vorzustellen. Daher bleibt für alle Zukunft die vornehmste Aufgabe der griechischen Kunst das Götter- und Menschenbild.

Der innere Zusammenhang zwischen beiden erklärt es, daß die archaischen **Kuroi,** das erste große Beispiel dieser Plastik, ebenso gut Götter wie Menschen darstellen können und daher häufig Apollines genannt werden. Es sind nackte Jünglingsgestalten von einem festgeprägten Typus wie etwa der sog. **Apollon von Tenea** (Taf. VIII):

Der Körper ist streng frontal und symmetrisch aufgebaut bis auf die Beine, die in kurzer Schrittstellung nach vorn geöffnet sind. Die Hände liegen fest am Oberschenkel. Das stark stilisierte Haar wird durch ein Band zurückgenommen und fällt als perückenartiger Übergang zu den Schultern herab. Die Anatomie des Körpers ist nur angedeutet, an der ganzen Ausrichtung der Figur spürt man die vier Seiten des Steinblocks, aus dem sie gehauen wurde.

Dennoch stehen diese Gestalten mit stolz erhobenem Haupte aufrecht vor uns; selbstbewußt und froh geht ihr Blick in die Welt. In ihrer allseitig ausgebildeten Körperlichkeit sind sie nicht an die Architektur gebunden wie häufig die ägyptischen Standbilder (s. Braun 142). Sie enthalten in dieser **Freiheit** und **Selbständigkeit** einen Wesenszug der griechischen Plastik überhaupt. Er wird in der Klassik seine stärkste Ausprägung finden.

Aus etwa der gleichen Zeit stammt die im Perserschutt der Akropolis gefundene Kore, also Mädchenfigur, nach ihrem dorischen Gewande auch **Peplos-Kore** genannt (Taf. VII). Der schwere Fall des Peplos gibt der Figur im unteren Teile eine säulenartige, strenge Form. Die Symmetrie, in den Haarzöpfen noch kräftig betont, wird durch den vorgestreckten linken Arm, der wohl ein Attribut trug, leicht durchbrochen. Oberkörper, Kopf und Haar zeigen stärkere plastische Durchbildung, besonders die feinen Linien des Gesichtes. Von ihm geht der Ausdruck einer selbstsicheren, heiteren Gelassenheit aus.

Das auch bei den Kuroi zu beobachtende sog. **archaische Lächeln** ist nicht etwa nur ein Mittel zur Belebung der plastischen Form. Es muß vielmehr verstanden werden als Ausdruck des besonderen Lebensgefühls dieser Epoche, die in Attika von der kulturellen Blüte der **Peisistratidenzeit** geprägt war.

Der sog. **Apollon von Piombino** (Taf. VIII) ist ein Beispiel der hohen Erzgießerkunst der archaischen Zeit. Die Figur zeigt noch die Gebundenheit der frontalen Anordnung und der Schrittstellung; dennoch steht sie schon freier vor uns. Im fügsameren Material der Bronze sind Glieder und Gelenke des schlanken Körpers runder und natürlicher geformt, die Arme in einer schönen und lebhaften Geste vom Körper gelöst. Die edlen Bögen der Brauen werden von einem doppelten Lockenkranze überwölbt. Das archaische Lächeln ist verschwunden, ernst wirken trotz der jugendlichen Frische die strengen Linien des Gesichts. Gerade diese herben Formen und die leise beginnende Bewegung von innen her deuten ein neues Formempfinden an, wie es wenige Jahrzehnte später die Plastik Olympias eindrucksvoll verkörpert.

Ringkämpfer – Relief auf einem Statuensockel. Um 510. 81 × 32 cm

Der beginnende monumentale Tempelbau weist jetzt der Plastik innerhalb der Architektur ihren festen Platz als Metope, Fries oder Giebelrelief an. Manche Beispiele dieser frühen **Bauplastik,** besonders der Giebelgruppen, zeigen einen wilden, fast dämonischen Charakter. Vermutlich schrieb man den dargestellten Tieren und Fabelwesen eine Unheil bannende (apotropäische) Wirkung zu.

Das **archaische Relief** sah sich vor die Aufgabe gestellt, Bewegung und plastische Form mit einer rückwärtigen Fläche zu verbinden.

Der **Fries vom Schatzhaus der Siphnier** in Delphi (Taf. VI) stellt eine Szene aus der Gigantomachie dar. Die Löwen vom Kampfwagen des Dionysos fallen einen Giganten an. Vor dem Gespann Apollon und Artemis, die einen fliehenden Gegner verfolgen. Von rechts rücken über die Leiche eines Gefallenen hinweg helm- und schildbewehrte Giganten vor. Dieses aus der ionischen Schule stammende Relief verbindet meisterhaft die Füllung des Reliefgrundes mit der jähen Bewegung des Kampfes.

Hier und in älteren Giebelreliefs haben die Künstler noch Schwierigkeiten bei der Wiedergabe verschiedener Körperachsen, besonders bei der Drehung der Schultern in die Reliefflädie. Einen deutlichen Fortschritt in dieser Richtung zeigt ein **attisches Basis-Relief** (s. Abb.) mit einer Ringkämpfergruppe.

Zwischen ihren Gefährten, von denen der linke mit bewegter Geste dem Kampfe folgt und der rechte mit einem Stabe den Kampfplatz zu begrenzen scheint, ringen zwei Athleten miteinander; aus weiter Ausfallstellung beugen sie ihre Oberkörper vor, die Hände in festem Zugriff verklammert. Hier sind die Bewegungen des männlichen Körpers unmittelbar dem athletischen Kampfe abgesehen. Überhaupt ist das Jünglingsbild der griechischen Plastik nicht denkbar ohne den Anschauungsunterricht des sportlichen Trainings und der Wettkämpfe.

Die Vasenmalerei. In der archaischen Epoche tritt das geometrische Ornament stark zurück und gibt den figürlichen Darstellungen mehr Raum.

Eine **Amphora aus Melos** (Taf. IV) trägt zwei große Bildfelder. Das eine zeigt auf einem von vier geflügelten Pferden gezogenen Wagen zunächst Apollon mit der Lyra, hinter ihm zwei Frauengestalten, vermutlich Musen. Von rechts nähert sich Artemis, die Schwester Apollons. Als Göttin der Jagd trägt sie in der Linken den Bogen und hält mit der Rechten dem Gefährt einen Hirsch entgegen. Oberhalb ein schmaler Fries mit Enten, der den Hals des Gefäßes von dem Blickfeld der Bauchzone absetzt. Auffällig ist, daß alle „leeren" Felder durch Ornamente ausgefüllt werden.

Die Motive dieser Vasen: Greifen, Löwen und Flügelrosse – vergleichbar den frühen Giebelreliefs –, die Tierfriese und vor allem die überladen wirkende Ornamentik (Braun 161–165) verraten deutlich den Einfluß des Orients. So spricht man in der Vasenmalerei vom **orientalisierenden Stile;** er blüht besonders in Korinth. Dagegen tritt in Attika seit der Aufgabe des geometrischen Stils unter den Motiven viel stärker die menschliche Gestalt hervor.

Hier wird zugleich die **schwarzfigurige Malerei** zur höchsten Blüte geführt. Bei ihr werden, wie schon im geometrischen Stil, die Figuren und Ornamente mit schwarzem

Firnis auf den hellen Tongrund aufgetragen. Die Binnenzeichnung wird entweder ausgespart oder mit der Nadel eingeritzt.

Aus den **Signaturen,** die mit dem Beginn des 6. Jh. auftauchen, erfahren wir jetzt erstmalig die Namen der Maler (z. B. 'Εξηκίας ἔγραψεν). Da auch eine klare, vom Zweck bestimmte Form des Gefäßes (s. S. 124) wesentlich ist für ein gelungenes Werk, signiert oft auch der Töpfer, und zwar mit „ἐποίησεν".

Eine **Amphora des Exekias,** des bedeutendsten Malers in der Mitte des 6. Jh., stellt Achill und Aias beim Würfelspiel dar (Taf. IV) und zeigt die Wirkung dieser schwarzfigurigen Technik: In klaren Konturen heben sich die ungemein lebendigen tiefschwarzen Silhouetten von dem hellen Hintergrunde ab. Neben den Flächen mit sparsamer Innenzeichnung stehen wirkungsvoll die mit reichen Mustern versehenen Gewandpartien.

Das Motiv selbst ist mit größter Lebendigkeit wiedergegeben: Die Helden, durch Beischriften gekennzeichnet, stützen sich jeweils auf zwei Lanzen in der Linken und beugen sich weit von ihren Sitzen vor. Mit der rechten Hand deuten beide auf das Ergebnis des letzten Wurfes, das als Ausruf in Buchstaben vor ihrem Munde erscheint: Achill hat „vier" (ΤΕΣΑΡΑ) gewürfelt, während Aias mit „drei" (ΤΡΙΑ) unterlag. So sind sie ganz in ihr Spiel versunken, ihre Waffen und Rüstung aber, griffbereit neben ihnen oder am Körper, erweisen sie als die berühmten Kämpfer, wie Homer sie schildert. Die Darstellung lebt von der anschaulichen Lebendigkeit homerischer Szenen.

Kurz vor 500, noch während der Hochblüte des schwarzfigurigen Stils, entwickelte sich die **rotfigurige Vasenmalerei.** Sie kehrte die bisherige Maltechnik um: nicht mehr die Figuren wurden mit Firnis aufgemalt, sondern das ganze Gefäß mit diesem dunklen Grund überzogen. Dabei ließ man für die Figuren einfach die Tonfläche frei. Auf diesem natürlichen und hellen Malgrund konnte der Künstler nun mit feinen Pinseln die Binnenzeichnung viel flüssiger und leichter auftragen als bei der früheren Ritztechnik.

Das Innenbild einer **Schale des Euphronios** (Taf. V) gehört in die Anfangszeit dieses neuen Stiles. Es zeigt den Jüngling Leagros (Beischrift ΛΕΑΓΡΟΣ ΚΑΛΟΣ) in vornehmer und selbstbewußter Haltung zu Pferde. Der Reiter und die kraftvolle Bewegung des Pferdes mit dem stolz emporgeworfenen Kopfe sind so geschickt in die Kreisfläche komponiert, daß sie von ihr zusammengehalten, aber nicht eingeengt werden. Die Binnenzeichnung ist noch sehr sparsam; in auffälligem Kontrast dazu erinnert das geometrische Muster des Mantels noch stark an die frühere Malweise wie etwa auf der Exekias-Vase.

Der neue Stil setzte sich in kürzester Zeit durch. Von Attika ausgehend, wo er erfunden wurde, beherrschte er die gesamte Vasenkunst der folgenden Zeit.

DIE FRÜHE KLASSIK

Geistige Wurzeln. Der auffällige Wandel in den Formen der Kunst, der sich mit dem Beginn des 5. Jh. bemerkbar macht, ist die Folge von tiefgreifenden geistigen Veränderungen in dieser Zeit. In Athen wird die Peisistratidenherrschaft durch die Demokratie abgelöst. Die Verantwortung an der Führung des Staates verlagert sich nun auf weitere, auch niedere Schichten des Volkes. Die erfolgreich abgewehrte Persergefahr hat den Unterschied zum Orient deutlich werden lassen und gibt den Griechen neues, starkes Selbstbewußtsein.

Die Plastik des herben Stils. Sie offenbart Ernst und zugleich neue Freiheit wie die Dramen des Aischylos und die Oden Pindars oder die Deutung der Welt bei Philosophen wie Heraklit oder Parmenides. Neben den Giebelfiguren des Aphaiatempels von Ägina ist dieser Stil am besten zu erfassen in den **Skulpturen des Zeustempels von Olympia.** Über den inneren Säulen der Schmalseiten sind in je sechs Metopen die Taten des Herakles dargestellt.

Die **Atlas-Metope** (s. Abb.) zeigt rechts den zurückkehrenden Atlas, der die Äpfel der Hesperiden für Herakles geholt hat. Dieser steht mit kraftvoll gespanntem Körper in der Achse der Metope und stemmt sich mit dem Nacken, der durch ein dickes Polster geschützt wird, gegen das schwere Himmelsgewölbe, das er an Stelle des Atlas unterdessen tragen muß. Hinter ihm in hoheitsvoller Haltung Athene, die mit leichter Geste der linken Hand ihrem Schützling beisteht, der sonst die ungeheure Last nicht zu tragen vermöchte.

Klar und streng ist die plastische Form: die Falten im Peplos der Göttin, die Haartracht, bei Herakles und Atlas nur als geschlossene Kappe ausgebildet. Trotz dieser Einfachheit zeigt sich das Neue: die drei Gestalten sind frontal, im Profil und im Halbprofil wiedergegeben und mit dieser Anordnung in die einfachste Beziehung zueinander gebracht. Die verschobenen Körperachsen, die Modellierung von Muskulatur und Gliedern lassen eine neue Bewegung vom Inneren der Plastik her spüren. Selbst der unter dem schweren Gewande nur angedeutete Körper der Athene wird sichtlich belebt durch das leicht vorgestellte Spielbein.

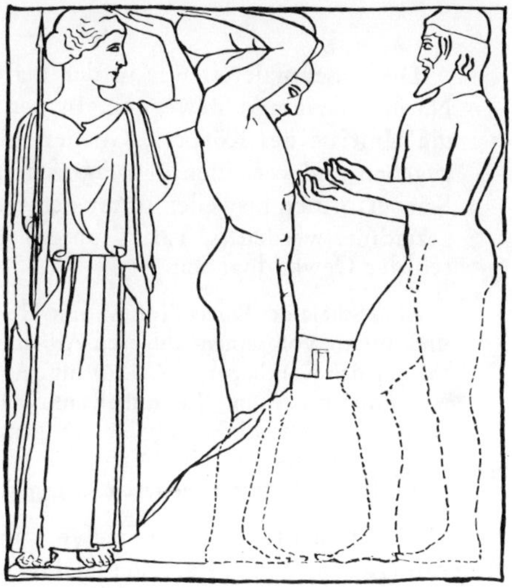

Atlas-Metope vom Zeustempel in Olympia
Um 460. H 1,6 m

Bedeutender sind die Figuren der **Giebelfelder.** Im Ostgiebel sieht man die Vorbereitungen zum Wagenkampf des Pelops und Oinomaos. Zeus, der den Sieg verleiht, steht in der Mitte zwischen den Rivalen mit ihren Viergespannen.

Im **Westgiebel** (s. Abb.) ist der Höhepunkt der Olympia-Plastik erreicht. Dargestellt wird der Kampf der Lapithen mit den Kentauren. Diese Unholde, halb Tier halb Mensch, versuchen bei der Hochzeit des Peirithoos, die Braut und die Frauen zu rauben. Kämpfende Gruppen, in Angriff und Abwehr verschlungen und zu den Seiten immer niedriger werdend, füllen das Giebelfeld bis zu den in den äußersten Winkeln kauernden verängstigten Dienerinnen. In der Mitte, alle überragend, steht der mächtige **Apollon** (Taf. VIII). Seine ausgestreckte Rechte verheißt den Lapithen den Sieg in diesem Kampfe, der zugleich die Überwindung halbtierischer, ungebändigter Wildheit durch Gesittung und Ordnung bedeutet. In großen Flächen ist das Gesicht Apollons modelliert, streng, trotz der zierlichen Korkzieherlocken, die mächtige Haarkappe darüber. Die Linien von Kinn, Mund und Nase, die parallel laufenden Bögen der Augenlider und Brauen zeigen in eindrucksvoller Weise die herbe Formensprache dieses Stils. Der Hoheit und Macht des Gottes verleiht er überzeugende Gestalt.

Die gesamte Kunst dieser Zeit zeigt ernsten und strengen Charakter. Mutige, kraftvolle Taten sind ihre bevorzugten Motive. Die Frauen tragen statt des zierlichen ionischen Chitons wieder den schweren dorischen Peplos; überhaupt hat dorisches Wesen erheblichen Anteil an der Kunst des herben Stils.

Zeustempel von Olympia: Westgiebel. Um 460. L 27 m, H 3,3 m

Die Vasenmalerei. Wie in der Plastik zeigt sich auch hier das Streben nach größerer Natürlichkeit und Bewegung. In der neuen Technik des rotfigurigen Stils werden jetzt die Umrisse des Körpers, Glieder, Muskeln und Gelenke mit sicherem Strich wiedergegeben und verleihen den Figuren ganz neue, plastische Kraft. Sie führt dazu, daß die Körperformen bisweilen unter den Gewändern nicht nur angedeutet, sondern zusätzlich gezeichnet werden (s. Taf. V unten). Die reichste Linienführung zeigen die üppigen Falten der Gewandpartien.

Eine **Schale des Duris** (Taf. V) mit Herakles und Athena macht diese Malweise deutlich. Müde und durstig von seinen schweren Arbeiten sitzt der Held vor seiner göttlichen Beschützerin und hält ihr den Kantharos (s. S. 124) hin. Athena, ohne den strengen Helm, steht ebenso hoheitsvoll wie anmutig vor ihm. Weich fließt um Brust und Schultern die Aigis, hier mehr kostbares Gewand als Rüstung. Die Linke hält ihr Wappentier, die Eule; die Lanze ruht wie zufällig in der Armbeuge. Herakles hat seine Waffe, die schwere Keule, zu Boden gelegt. Das grimmige Maul des Löwenfells steht in fast heiterem Gegensatze zu der friedlichen, gelösten Szene.

Neben den mythischen Stoffen wählen die Maler nun immer häufiger Motive aus dem Alltagsleben. **Szenen aus dem Unterricht** (Taf. V) schildert eine Schale desselben Duris. Mit leichter Hand sind die verschiedensten Haltungen und die Verschränkung der Glieder wiedergegeben, höchst geschickt ist die Anordnung der Figuren und Geräte auf der gekrümmten Fläche.

DIE HOCHKLASSIK

Nach der Vorstufe des herben Stiles entwickelt sich um die Mitte des Jahrhunderts jener reife Stil der griechischen Kunst, den wir auch Klassik im engeren Sinne nennen. Die politische und geistige Freiheit der Pentekontaetie führt die Poliskultur, und mit ihr die Kunst, zur höchsten Blüte. Das gilt in einem besonderen Maße für das Athen des Perikles.

Die klassische Jünglingsfigur. Die starken geistigen Kräfte und die innere Freiheit dieser Zeit drängen nach außen und finden eine neue Form der Darstellung des Menschen.

Der **Jüngling,** den Göttern opfernd, (Taf. IX) steht in gelöster Haltung da. Das vorgesetzte Spielbein verlagert das Körpergewicht auf das rechte, das Standbein. Durch diese Stellung, den sog. **Kontrapost,** wird der Leib in den Hüften leicht abgeknickt und als Ausgleich der Oberkörper in die entgegengesetzte Richtung geneigt. So schwingt die Körperachse in einer sanften doppelten Kurve. In diese Bewegung ist das leicht gesenkte Haupt einbezogen. Gesicht, Haar und das bewegte Spiel der Muskulatur sind mit dem inzwischen erreichten hohen technischen Können der Anatomie des Körpers entsprechend modelliert. Der Blick folgt der Spende, die seine Rechte darbringt. Der Jüngling stellt einen Sieger im sportlichen Agon dar.

In Gestalten wie dieser ist der Typus der klassischen Jünglingsfigur am reinsten verkörpert. Die Festlegung der Gesetze für ihre plastische Form wird dem **Polykletos** aus Argos zugeschrieben. Er bevorzugte den Bronzeguß, weil ihm dieses Material größere Freiheit im Aufbau seiner Standbilder erlaubte als der bruchgefährdete Marmor. Sein Doryphoros (Speerträger), nur in einigen römischen Kopien erhalten (Braun 229), wurde nach griechischer Auffassung zum Kanon (Richtschnur) für die Darstellung des menschlichen Körpers und blieb es bis in die römische Zeit hinein (s. „Res Romanae“ S. 140).

Der Kontrapost gibt dieser Figur eine natürliche Harmonie. Blick und Gebärde bleiben gewissermaßen bei ihr selbst, keine Bewegung greift weit in den Raum. So wirkt der Umriß dieser Gestalt trotz ihres freien Standes geschlossen, sie bedarf keiner Stütze und keiner Verbindung nach außen. Die plastische Form zeugt von genauer Beobachtung der natürlichen Formen des Körpers. Doch sie geht über die Natur hinaus und überhöht diese durch Stilisierung zur Schönheit, zum κάλλος. Darunter versteht der Grieche nicht glatte Gefälligkeit der Oberfläche, sondern das strenge Maß im einzelnen und zugleich vollendete Harmonie im Zusammenspiel aller Teile. Dies gibt der ganzen Gestalt, obwohl sie keinen bestimmten Körper abbildet, ihre **innere Wahrheit**. Sie ist das Ergebnis eines langen Suchens nach dem idealen Abbilde des Menschen (s. S. 112).

In ihm offenbart sich zugleich das **geistige Menschenbild** der Klassik: Die innere Geschlossenheit der Plastik entspricht einem Menschen, der, ganz auf sich gestellt, zunächst nur um seiner selbst willen da ist. Einzelform und Aufbau der Statue spiegeln die natürliche Würde und den Selbstwert des Menschen. Zugleich stehen diese Gestalten ernst und gesammelt vor der Gottheit; sie besitzen die αἰδώς, jene aus der σωφροσύνη erwachsene verhaltene Scheu, die um das Maß alles Menschlichen weiß (vgl. die Tragödie). **Klassik** ist also nicht schöne Harmonie des äußeren Scheins. Das zuchtvolle Maß und die gesammelte Kraft des klassischen Kunstwerkes entspringen einer Lebensform, die die geistigen Spannungen ihrer Umwelt in einer menschlichen Ordnung zu überwinden trachtet (vgl. den Epitaphios des Perikles).

Neben Polyklet war **Myron** berühmt als Bildhauer. Sein Diskuswerfer (Braun 189) besitzt dem Motiv entsprechend nicht die Geschlossenheit der stehenden Figur. Klassisch ist aber auch hier die großartige Einheit der Bewegung und der gesammelten Kraft, dargestellt im „fruchtbaren Moment" des zum letzten Schwunge ausholenden Körpers.

Überhaupt stellen die Jünglingsgestalten der Klassik zum größten Teile Athleten dar. Zu einem solchen gehört der **Knabenkopf mit Siegerbinde** (Taf. IX), bei dem sich die Anmut der Form eindrucksvoll mit jugendlicher αἰδώς verbindet.

Das Götterbild. Ganz anders als die betrachteten Jünglingsfiguren strahlt die Gestalt des **Kasseler Apollon** (Braun 230) Erhabenheit und göttliche Macht aus, obwohl sie nach demselben klassischen Kanon gebaut ist. Aus der inneren Wahrheit der klassischen Figur folgt, daß das Menschenbild nicht zugleich wie in der archaischen Kunst einen Gott darstellen kann. Dessen Bild verlangt äußere und innere Größe und Erhabenheit. Dies μέγεθος besaßen auch die Bildwerke des herben Stiles. Für das Stilempfinden der hohen Klassik muß das beherrschte Maß und die schöne Form hinzukommen. Beides, μέγεθος und κάλλος, besaßen nach der Meinung der Antike die Werke des **Pheidias,** der die berühmtesten Götterbilder der Antike geschaffen hat: die Athene Parthenos und den Zeus von Olympia. Wir kennen aus dürftigen Nachbildungen die Form dieser weit überlebensgroßen Kultbilder; ihre Wirkung auf den antiken Betrachter muß gewaltig gewesen sein, denn Besucher Olympias berichten, der Gott sei ihnen wie leibhaftig gegenwärtig erschienen.

Die Akropolis-Skulpturen. Das reifste erhaltene Werk des Pheidias sind die Skulpturen an den Tempeln der Akropolis, besonders am Parthenon. Wenn auch nicht alle aus seiner Hand stammen, so sind sie doch von seinem Stil geprägt.

Auf dem großen **Parthenon-Fries** ist das ganze athenische Volk im Festzuge der Panathenäen gegenwärtig. Doch sind keine konkreten Einzelpersonen dargestellt, was durchaus nahegelegen hätte, sondern der Mensch in seinem allgemeinen Wesensbilde, im Typus des Knaben, des Jünglings, des Mädchens, der reifen Frau und des würdigen Mannes.

Die beiden **Reiter** (Taf. VII) aus der Kavalkade der jungen Athener stehen in ihrer gelassenen und selbstbewußten Haltung in feinem Gegensatz zu den galoppierenden Pferden. Der vordere Reiter schaut dabei rückwärts, und die entsprechende Drehung von Brust und Schultern ist meisterhaft in die Fläche des Reliefs eingefügt. In die Überhöhung der Naturform bezieht die Klassik auch das Tier ein, wie an den edel geformten Köpfen dieser Pferde zu erkennen ist;

andererseits sind hier die Menschen entgegen den natürlichen Verhältnissen durch besondere Größe hervorgehoben.

Die Handhabung des Meißels erreicht im harten Material des Marmors eine vollendete Linienführung, besonders virtuos bei den Falten und Bäuschen der Gewänder. Dieser fast malerisch wirkende Gewandstil zeigt sich bei den **Koren des Erechtheions** (Taf. X) entsprechend ihrer Einordnung in die Architektur in verhaltener Weise, in höchster Reife jedoch bei der **sandalenlösenden Nike** von der Balustrade des Niketempels (Taf. VII). Die leichte Drehung des ganzen Körpers durch den Griff der rechten Hand zum Fuße ist von gleicher Anmut wie die reichen Falten ihres Gewandes, das wie von Nässe schwer den blühenden Körper umfließt.

Diese Werke und die Figuren der Parthenongiebel (Braun 234) stellen den **Höhepunkt der Klassik** dar. Hier ist eine Formbeherrschung erreicht, die keiner Steigerung mehr fähig scheint. Auch diese großartigen Leistungen stehen in deutlich erkennbarer Beziehung zum Bauwerk und damit zum Kulte. Sie erweisen sich als Auftragskunst im besten Sinne des Wortes.

Das Relief. Seinem Wesen und seinen Motiven entsprechend zeigt es stärkere Bewegung, doch bleibt diese, dem Gesetz der klassischen Kunst entsprechend, maßvoll und ausgeglichen. Die Verbindung zu Gruppen erfolgt mehr von innen her, so daß die Selbständigkeit der klassischen Figur auch hier ihre Bedeutung behält. Der „leere“ Reliefgrund hebt die klaren Konturen der Gestalten noch besonders hervor.

Auf dem **Orpheus-Relief** (Taf. XI) sind die liebenden Gatten durch die Neigung der Gestalten, die Nähe der Häupter und Blicke zu einer stillen Gemeinsamkeit verbunden. Doch während die zarten Gesten ihrer Hände einander zu halten suchen, hat Hermes den rechten Arm Eurydikes umfaßt und kündet rücksichtsvoll, aber unaufschiebbar die Trennung an. Wie eine sanfte Fessel legt sich die schwere Falte seines Mantels über die verschlungenen Arme und schwingt im gerafften Gewandbausch aus Eurydikes Hand zu deren Körper hinüber. Diese Verbindung steht unter einem anderen Gesetz; der Blick des Gottes, des Seelengeleiters, bestätigt es: er geht wie in höherem Auftrage an den beiden Irdischen vorbei in die Ferne. Die Frau in der Mitte steht in einer zweifachen Verbindung und bewirkt so die künstlerische Einheit der drei Gestalten. Sie sind trotz der verhaltenen Gesten von einer intensiven Gefühlsbewegung erfaßt; ihr entspricht die Komposition des Reliefs in vollendeter Weise.

Kennzeichnend für die **Grabstelen,** die jetzt wieder sehr beliebt werden, nachdem sie lange Zeit als übertriebener Aufwand galten, ist folgendes: Die Verstorbenen sind oft in einer sie kennzeichnenden Situation ihres Lebens dargestellt, mit ihren Angehörigen, Gefährten oder Dienern, junge Menschen auch mit ihren geliebten Tieren oder einem Spielzeug (Braun 245, 247). Zeichen des Todes selbst oder der Trauer sind nicht zu entdecken. Man versucht, im Grabstein dem Leben Dauer zu verleihen, ohne der ernsten Wirklichkeit des Todes aus dem Wege zu gehen

Die **Grabstele der Hegeso** (Taf. XI) zeigt eine Frau von Stand, die gelassen auf einem schön geschwungenen Stuhle sitzt und aus dem Kästchen, das ihr die Dienerin hinhält, ein Schmuckstück entnommen hat. Versonnen läßt sie es, wie so oft im Leben, durch ihre Hände gleiten. Der Abstand von Herrin und Dienerin wird nicht nur durch das leere Feld zwischen ihnen, sondern auch durch die ganz verschiedene plastische Durchformung betont. Um ein ausgewogenes Verhältnis der Figuren zur Reliefläche zu erreichen, ist die Dienerin kleiner, als ihrer wirklichen Größe entspräche, wiedergegeben, so daß ihr Haupt die sitzende Frau nur wenig überragt.

Diese Stele wie auch die Reiter vom Parthenonfries zeigen, wie die Klassik bisweilen die Natur dem harmonischen Maß, d. h. dem Gesetze der Kunst, unterwirft.

Das Formgesetz der Klassik ergreift alle Bereiche der Kunst. Daß es auch im kleinsten Format wirksam ist, erweist eine korinthische **Münze** mit dem Bild der Athene (Taf. XII.). Das Gesicht der Göttin ist geprägt von jugendlicher Anmut und zugleich von hohem Ernst, der durch den strengen Helm noch unterstrichen wird (s. auch S. 140).

Die Vasenmalerei. Das geometrische Ornament ist nun fast völlig verdrängt; nur in der Umrahmung tritt es noch gelegentlich auf, aber auch hier nehmen die stilisierten Naturformen zu, z. B. Efeuranken oder Palmettenbänder. Die Figuren selbst erinnern an den Stil der Plastik: selbständig und frei stehen sie vor dem ruhigen, dunklen Hintergrunde, edel und beherrscht in Haltung und Bewegung. Sparsamer ist die plastische Zeichnung der Körper, ebenso die Wiedergabe der Gewänder, die in zwanglosen Falten herabfallen. Immer häufiger werden jetzt auch Szenen aus dem Leben des Menschen dargestellt.

Eine **Vase des Kleophonmalers** (Taf. VI) schildert den Abschied eines zum Feldzuge gerüsteten Kriegers von einer jungen Frau. Diese, mit dem fußlangen Peplos bekleidet, hält in der rechten Hand die Weinkanne, aus der sie gerade dem Manne eingeschenkt hat. Der hebt die Schale zum Abschiedstrunke empor. Sein Blick ist nachdenklich auf die Frau gerichtet, die mit gesenktem Haupte dasteht und die Augen niederschlägt. Beider Haltung ist beherrscht und streng, die seelische Bewegung bleibt ganz nach innen gekehrt. Dennoch ist ihre Begegnung voll starken menschlichen Gefühls, überschattet von Ungewißheit und Gefahr, und darin von allgemeiner, zeitloser Gültigkeit.

Die innere Größe der Szene und die Schönheit der Linienführung hat dieses Vasenbild gemeinsam etwa mit dem Orpheus-Relief wie überhaupt mit den Skulpturen der hohen Klassik.

Obwohl die Wirklichkeit des menschlichen Lebens stärker in die Vasenmalerei einbezogen ist, sind die Motive wie im strengen Stil noch oft dem Mythos entnommen. Gerade in solchen Darstellungen dürfen wir Anlehnungen an die berühmten Tafelbilder der klassischen Zeit sehen, die wir nur aus antiken Beschreibungen kennen.

Diese **große Malerei** auf Tafeln oder als Fresko, d. h. auf feuchten Putz aufgetragen, hatte einen bedeutenden Anteil an der griechischen Kunst. Obwohl von diesen Werken nichts erhalten ist, lassen Technik und Motive der Vasen-Kunst gewisse Rückschlüsse auf die monumentale Malerei zu. Durch Pausanias, Plinius d. Ä. und andere Zeugnisse kennen wir die berühmtesten Maler und deren Werke: Polygnotos von Thasos, der die Stoa Poikile in Athen und die sog. Lesche der Knidier in Delphi ausmalte (s. S. 50; 55), wirkte im 5. Jh., Zeuxis von Herakleia zu Beginn des 4. Jh., Nikias von Athen und Apelles von Kolophon sind Zeitgenossen Alexanders; unter ihnen erreichte die monumentale griechische Malerei ihre höchste Blüte.

V. DIE NACHKLASSISCHE KUNST

Die Grundlagen. Mit der Wende zum 4. Jh. beginnt ein deutlicher, unaufhaltsamer Niedergang der Poliskultur. Viele der bisherigen geistigen, religiösen und politischen Ordnungen verlieren ihre Geltung. Mit dieser Relativierung setzt vielfach ein betontes Eigenleben der Gruppen im Staate und des Individuums ein.

Damit werden die Motive der Kunst sehr vielfältig und gegensätzlich. Ähnliches gilt auch für die Form: Was bei der Klassik eine kraftvolle künstlerische Einheit war, löst sich in einzelne Stiltendenzen auf.

Das Nachwirken der Klassik. Zunächst bleibt die Kunst des 5. Jh. noch beherrschendes Vorbild, aber man betont zeitweise ausschließlich die schöne äußere Form. Diese Richtung verfolgen besonders **Praxiteles** und seine Schule um die Mitte des 4. Jh. Ihre Werke zeigen eine glatte, anmutige Linienführung und Schönheit der Oberfläche, auf der anderen Seite aber eine verspielte Haltung und weiche Form, so daß oft auch männliche Gestalten einen etwas kraftlosen, ja femininen Zug bekommen (Braun 265, 267). Vom athletischen Körperideal der Klassik hat sich diese Plastik bereits weit entfernt.

Einen Rückgriff auf die Klassik zeigt das Werk des **Lysippos**, eines Zeitgenossen des Alexander. Sein **Apoxyomenos** (Taf. IX), der „Schaber", der sich mit dem Schabeisen vom Öl und Sand der Palaistra reinigt, verbindet den klassischen Aufbau des athletischen Körpers mit einer deutlich betonten Tätigkeit; diese wiederum bedingt das weite Ausgreifen der Arme.

Das Porträt. Es erhält durch Lysippos ebenfalls einen neuen Zug von klassischer Idealisierung. In der griechischen Kunst tritt es erst recht spät auf. Der Grieche bevorzugt ja statt des Persönlichen den Typus. So kennt die archaische Kunst überhaupt nur allgemeine Typen des Menschen: den Krieger, den Kuros, die Kore. Eigentliche Individuen stellt erst das späte 5. Jh. dar. Bekannt ist das Porträt des Perikles (Braun 253). Diese Bildnisse enthalten die typischen Merkmale; jeder Grieche kannte die dargestellten Personen, und doch waren es keine „Abbildungen" wie etwa bei den Römern (s. „Res Romanae" S. 135 f.).

Von **Sokrates,** dessen Äußeres sein Schüler Alkibiades in Platons Symposion mit dem eines Silens vergleicht, gibt es entsprechend „realistische" Bildnisse. Im Porträt aus der Zeit des Lysippos (Taf. XII) ist wie bei der klassischen Figur die Wirklichkeit der Natur durch edles Maß und schöne Form verallgemeinert und idealisiert. Das geschieht hier wie auch beim Porträt des **Euripides** (Taf. XII) durch leichte Veränderung der Proportionen des Gesichtes und ebenfalls durch die stilisierte Form von Haar und Bart.

Die Einbeziehung des Raumes. Gegen Ende des 3. Jh. wird eine Stilrichtung deutlich, die zwar den Kanon der klassischen Figur noch zu beachten scheint, deren geschlossene Form aber entschieden aufgibt.

Der Körper einer **Bronzestatuette Poseidons** (Taf. X) ist durchaus nach dem polykletischen Kanon aufgebaut, die Arme aber durchstoßen jenen unsichtbaren Kreis, der die klassische Figur zusammenhält. Der hochgereckte linke Arm umfaßt den Dreizack, der rechte greift weit in den Raum. Das Haupt ist leicht zurückgeworfen, und der Blick geht in die Weite.

Typisch für diese und ähnliche Standbilder ist die Stütze, die der Körper jetzt erhält. Sie ist meistens nicht technisch bedingt; dies nur dann, wenn sich das Gewicht allzu stark seitlich verlagert (Braun 265, 271/72). Solche Beispiele zeigen aber, daß mit der Geschlossenheit der klassischen Statue zugleich auch deren plastische Selb-„ständigkeit" verlorenging. Die neuen Standbilder sind stärker auf eine bestimmte Ansicht gearbeitet; sie werden also vom Ort ihrer Aufstellung und damit überhaupt vom Raume abhängig. Hier bahnt sich eine neue und für die Zukunft entscheidende Tendenz an, die bei den Römern und seitdem in der Kunst Europas fast zur Regel wird.

An der Statuette des Poseidon wird weiter deutlich, daß das **Götterbild** seine erhabene Größe abgelegt hat. So wie hier der Gott mit seinem Attribut sind hellenistische Herrscher mit der Lanze dargestellt, und der Hermes des Praxiteles spielt mit dem Dionysosknäblein eine heitere, idyllische Szene (Braun 265). Solche Vermenschlichung der Götter in einer bestimmten Situation mit den entsprechenden Beigaben wird jetzt allgemein. Auch die Götterdarstellungen auf den Vasenbildern dieser Zeit zeigen diesen Wandel. Statt des klassischen μέγεθος herrschen Pose und äußere Repräsentation.

Der Hang zur stark bewegten Form. Gegenüber der maßvollen Bewegung und der Klarheit der plastischen Form während des Nachwirkens der Klassik zeigt sich als Gegentendenz eine immer stärkere Unruhe. Statt des beherrschten Gefühls wird die seelische Erregung dargestellt. Das ist bereits um die Mitte des 4. Jh. an den Werken des **Skopas** und seiner Schule zu beobachten (Braun 274, 277). Die leidenschaftliche Bewegung erreicht ihren Höhepunkt in dem Überschwang der Formen des **Pergamon-Altars,** dessen Reliefs den Sieg der olympischen Götter über die Giganten darstellen.

Ein **Ausschnitt aus dieser Gigantomachie** (Taf. XI) zeigt die mächtige Gestalt des Zeus, der seinen Blitz in den Oberschenkel des zu Boden gesunkenen Giganten (ganz links) geschleudert hat. Auf der anderen Seite bedroht seine schlangenstarrende Aigis einen weiteren Gegner. Nur die kräftige Gestalt des dritten Giganten (ganz rechts) widersetzt sich noch verbissen. Eine ungeheure Bewegung durchwogt diese Leiber, die in zwei entgegengesetzten Diagonalen auseinanderstreben. Die plastische Durchbildung der muskulösen Körper ist keiner Steigerung mehr fähig; diese Unruhe der Einzelform entspricht der elementaren Bewegung des Ganzen. Mit einem modernen Begriff hat man diesen Stil als „barock" bezeichnet.

Realistischer Spätstil. Etwa mit dem Beginn des 2. Jh. kommt ein betonter Realismus zur Geltung, der in gleicher Weise die Plastik, das Relief und die Vasenmalerei erfaßt. Dieser Tendenz kommt entgegen, daß nicht mehr „der Mensch" in seinem allgemeinen Typus (s. S. 135) dargestellt wird, sondern als Individuum und geprägt von Stand und Beruf, sei er nun Bauer, Händler, Soldat, Athlet oder Marktfrau. Dabei wird auch der häßliche und entstellte sowie der vom Alter gezeichnete Mensch Gegenstand der Kunst.

In dieser Entwicklung steht die Bronzefigur des **Faustkämpfers** von **Apollonios** (Taf. X). Der vom Kampf mitgenommene Athlet hat sich erschöpft niedergesetzt. Rohe Kraft verraten sein massiger Körper wie seine plumpe Haltung und das grobe Gesicht. Seinen Beruf kennzeichnen eindeutig außer den bandagierten Fäusten die zerschlagene Nase und Platzwunden im Gesicht und am Körper.

Daß dieser Typus des rohen, ungebildeten Berufsathleten jetzt Gegenstand der bildenden Kunst sein kann, zeugt von dem tiefgreifenden Wandel im ganzen kulturellen Gefüge dieser Zeit.

Allerdings schafft dieser Realismus gelegentlich auch reizvolle Werke aus einer getreuen Beobachtung der Natur und des Alltags. Der zu einem galoppierenden Pferde gehörige **reitende Knabe,** der weit vornübergebeugt mit seiner kleinen Faust die Zügel hält, ist ein schönes Beispiel dieser Art (Taf. X).

Das Nachwirken der griechischen Kunst. Wie die Kunst der Griechen im Geistigen gewachsen ist und nicht erst als Folge von historisch-politischen Entwicklungen, so stellt auch ihr Nachwirken einen vorwiegend geistigen Prozeß dar. Deshalb ist ihr Einfluß auf die spätere Kunst Europas weder von der politischen Bedeutung des eigenen Volkes noch von der Weltbeherrschung der Römer abhängig. Die griechische Kunst wirkt aus der ihr eigenen Kraft weiter, und die Kunst der Römer hat in mancher Hinsicht ihre Bedeutung darin, daß sie für die griechische eine wesentliche Vermittlerrolle übernommen hat (s. ,,Res Romanae" S. 141). Besonders die augusteische Zeit erkannte die Höhe und Einmaligkeit der griechischen Kunst, vor allem der des 5. Jh., und nahm sie als vorbildlich, als „klassisch" wieder auf. Dieser ersten **Renaissance** folgen in der Entwicklung der europäischen Kunst eine Reihe weiterer Epochen, die sich der griechischen Kunst als dem großen Vorbild bewußt und unmittelbar wieder zuwenden. Am deutlichsten wird das in der von Italien ausgehenden europäischen Renaissance des 15. und 16. Jh., gilt aber entsprechend auch für die Kunst des Barock und des Klassizismus.

Der vielschichtige Einfluß, den die griechische Kunst in diesen Epochen auf die europäische Kunst hatte, kann hier nicht im einzelnen dargelegt werden. Hierfür nur ein Beispiel: die europäische Renaissance-Plastik ist ohne das griechische Vorbild nicht denkbar. Sie entdeckt nämlich die plastischen Gesetze der menschlichen Gestalt nicht selbst, sondern entnimmt sie den wiedergefundenen griechischen Standbildern. Auch in den Epochen nach der Renaissance wirkt die griechische Kunst wie ein Ferment, aus dem gemeinsame Motive, Vorstellungen und Formen der europäischen Kunst erwachsen.

Anders als zur Zeit der Renaissance oder des Klassizismus ist uns heute die griechische Kunst nicht unmittelbares Vorbild zur Nachahmung. Um so mehr sehen wir in ihr neben der Dichtung, Philosophie und Wissenschaft das geistige Bild des Griechentums in seinen einzelnen Epochen verwirklicht und bewundern ihre Werke als erhabene Leistungen im Kulte der Götter und als große Sinnbilder der Welt und des Menschen.

ANHANG

MÜNZEN, MASSE, GEWICHTE; ZEITRECHNUNG

MÜNZEN

Entwicklung. Das griechische Wort κτῆνος (zu κτᾶσθαι ‚erwerben') zeigt in seiner Doppelbedeutung ‚Besitz', ‚Vieh' noch deutlich, daß der Weg zum späteren metallenen Zahlungsmittel über den Tauschhandel, vor allem mit Vieh, ging. Das harte, geprägte Geld ersetzte den umständlichen Naturalienhandel. Es wurde als Träger eines bestimmten Wertes (genormt durch Gewicht und Feingehalt) in Tausch gegeben, verbürgt durch den Garantiestempel (Bild, Aufschrift usw.) des jeweiligen Münzherrn (Staatsverband, Stadt usw.). Deshalb auch die Bezeichnung νόμισμα = gesetzliches Zahlungsmittel.

Erfindung. Die Griechen nannten die Lyder die Erfinder des Geldes. Sicher ist, daß es die Griechen aus dem Osten übernommen haben. Um 690 taucht im griechischen Bereich fast gleichzeitig an mehreren Stellen Geld auf (Milet, Ephesos, Samos, Ägina); in der 2. Hälfte des 7. Jh. finden sich die ersten Münzprägungen in Attika und Böotien.

Form. Die Münzen entwickelten sich aus kleinen Stücken gewogenen Rohmetalls, die zunächst noch ohne Bild und Schrift waren. Kurze Zeit später finden wir (zunächst nur einseitig) wappenartige Bilder eingeprägt. Die Münzen sind in der Regel rund; der Rand war in der früheren Zeit oft rauh, gezackt oder abgeschrägt, kaum abgeschliffen.

Münzbilder. Der Stil der Darstellungen auf den Münzen entspricht im ganzen der Kunstäußerung der jeweiligen Epoche (s. S. 136). Der Sinn des Münzbildes ist es vor allem, Urheber deutlich zu machen. Doch hat sich der Grieche nicht mit einer kunstlosen Darstellung zufriedengegeben, zumal da auch die Schönheit der Münzen eine Empfehlung für die betr. Polis und zugleich ein Mittel zur Förderung der Verbreitung war. Beliebt als Münzbilder waren Darstellungen von Tieren, Fabelwesen, Pflanzen, Geräten und Gefäßen, später auch von Menschen und Göttern, wobei man sich gern auf den Kopf beschränkte. Im 5. Jh. ist der Münztyp, auf dessen Vorderseite ein Götterkopf, auf dessen Rückseite das Götterattribut abgebildet ist, vorherrschend, z. B. in Athen Pallas und Eule. In der hellenistischen Zeit finden sich oft das Bildnis und der Name des Königs auf der Vorderseite und ein ganzgestaltiger Gott auf der Rückseite. Die **Beschriftung** fehlte anfangs völlig; seit dem 6. Jh. wurde der (die) Anfangsbuchstabe(n) der betr. Stadt, später auch des dargestellten Gottes eingeprägt.

Münzbezeichnungen. In den Münznamen drücken sich vielfach noch die Gewichtsbezeichnungen aus; so soll z. B. nach einer (möglichen) antiken Erklärung δράχμη von δράξ ‚eine Handvoll' (sc. Getreide) als Gewichtsmaß stammen. Oft werden die Münzen auch nach ihren Bildern benannt, z. B. hießen die alten Münzen im Volke auch Παρθένιοι – Πάλλαδες (Jungfrauen) oder γλαῦκες (Eulen).

Metall. Die frühesten Münzen sind aus Elektron (Blaßgold), einer Legierung aus (40 –) 70 % Gold und (60 –) 30 % Silber, hergestellt. Später wurden diese Münzen zugunsten von reinen Gold- und Silbermünzen zurückgedrängt. In der Blütezeit waren die Münzen normalerweise Silbermünzen. In der Notzeit 406/5 wurden in Athen die Kleinmünzen zum erstenmal aus Bronze (Kupfer und 6 bis 10 % Zinn) geprägt. In Sparta wurden nur reine Eisenmünzen geprägt (s. S. 16). In der hellenistischen Zeit überwiegen aber auch hier die Silberstücke.

Münzfüße. Fast jede griechische Polis besaß ursprünglich eine eigene Währung. Im 5. Jh. war die athenische Währung, bedingt durch die Vormachtstellung im Handel, am weitesten verbreitet. Der Wert des Geldes wechselte zu allen Zeiten so stark, daß sich eine Beziehung zu unserem heutigen Geldwert nicht leicht herstellen läßt, z. B. kostete z. Z. Solons ein Scheffel Getreide eine Drachme, ein Stier 5 Drachmen. Weitere Beispiele s. S. 23.

Ein Schema der gegenseitigen Wertverhältnisse sieht folgendermaßen aus (vgl. die Gewichtskala):

1 Talent = 60 Minen
1 Mine = 100 Drachmen
1 Drachme = 6 Obolen
1 Obole = 8 Chalkus

Die größte Rechnungseinheit war das Talent, das aber ebenso wie die Mine nicht geprägt wurde. Die einzelnen Geldwerte wurden – ähnlich wie bei uns heute – in ihrem vielfachen oder geteilten Wert geprägt. Die gebräuchlichsten Münzen waren der Stater (= Doppeldrachme), Doppel-, Halb-, Drittel-, Sechstelstater; Drachme mit Di-, Tri-, Tetra-, Okta-, Dekadrachme und der Obolos mit seinen Teilwerten und den Vielfachen.

Die Münzen werden nach ihrem Silberwert berechnet; das Gold hatte den zehn- bis dreizehnfachen Wert.

Persisches Geld. 1 Dareikos (Gold) = 20 Silberdrachmen, 1 Kyzikenos (Gold) = 28 Silberdrachmen, 1 Siglos = 5,61 g Silber. In dieser Währung wurden die Söldner des Kyros bezahlt.

MASSE

Längenmaße

Geschichtliches. Die griechischen Maßeinheiten sind entscheidend beeinflußt von Babylonien (vgl. bes. die 60-Teilung des Talents und die Einteilung des Zifferblattes unserer Uhr) und von Ägypten, wo das Katasterwesen wegen der jährlichen Überschwemmungen und Neuvermessungen der Ländereien im Niltal eine große Bedeutung hatte.

Bezeichnungen. Die Benennungen der Maße gehen von natürlichen Größen aus: Finger (δάκτυλος), Elle (πῆχυς), Fuß (πούς) usw. Wie bei den Münzen ist die genaue Größenordnung in den einzelnen Städten sehr unterschiedlich.

Die wichtigsten attischen Maße sind folgende:

1 δάκτυλος (Daktylos) = 18,5 mm
1 πούς (Fuß) = 296 mm
1 πῆχυς (Elle) = 444 mm
1 ὀργυιά (Klafter) = 1,776 m
1 πλέθρον (Plethron) = 29,6 m
1 στάδιον (Stadion) = 177,6 m
1 δίαυλος (Doppelstrecke) = 355,2 m
1 ἱππικόν (Pferdestrecke) = 710,4 m

Das olympische Stadion mißt ~ 192,25 m, das delphische 184,96 m.

Ein persisches Maß ist die **Parasange**, die nach Herodot 30 Stadien, also etwa 5,5 km beträgt und das durchschnittliche Fünftel eines Heeresmarsches (σταθμός = Halteplatz) ausmacht.

Flächenmaße

1 τετράγωνος πούς (= viereckiger Quadratfuß) ~ 0,087 qm
1 τετράγωνος ἄκαινα (= 100 Quadratfuß) ~ 8,76 qm
1 πλέθρον (= 10 000 Quadratfuß) ~ 876 qm

Hohlmaße

Attisch-solonisches System, entsprechend den Haupterfordernissen der Landwirtschaft unterschiedlich für Flüssiges (Öl, Wein) und Trockenes (Getreide).

Für **Flüssiges:**
κύαθος (Schöpfkelle) = 0,045 l
κοτύλη (kl. Becher) = 0,27 l
χοῦς (Kanne) = 3,24 l
μετρητής (Maß) = 38,88 l

für **Trockenes:** Neben κύαθος und κοτύλη
χοῖνιξ (Schütte) = 1,08 l
ἑκτεύς (Sechstel) des μέδιμνος = 8,64 l
μέδιμνος (Maß, Scheffel) = 51,84 l

GEWICHTE

Auch hier gibt es eine große Vielzahl verschiedener Maßeinheiten; die gebräuchlichsten sind die attischen (Solon).

1 Obolos 0,728 g; 1 Drachme 4,366 g; 1 Mine 436,6 g; 1 Talent 26,196 kg.

ZEITRECHNUNG

Geschichtliches. In Griechenland finden wir kaum vor dem 5. Jh. eine allgemeine Chronologie oder einen eigenen Kalender. Elemente der Zeiteinteilung und der zugrunde liegenden Astronomie übernahmen die Griechen vorzüglich von den Babyloniern und Ägyptern. Die frühesten griechischen Staatsurkunden sind ohne Datierung oder nur mit unvollständigen Zeitangaben abgefaßt. Für Athen selbst setzte sich allmählich die Jahreszählung nach Archonten durch; der ἄρχων ἐπώνυμος gibt dem Jahr den Namen (Sparta dagegen zählt z. B. die Jahre nach Ephoren). Einheitlichkeit zeigte sich aber im griechischen Kalenderwesen trotz verschiedener Versuche nicht. Selbst die Monatsnamen oder der Jahresbeginn waren in den einzelnen Städten sehr unterschiedlich. Eine genaue und feste Jahreszählung ist unbekannt. Thukydides zählt noch in seiner Geschichte des Peloponnesischen Krieges die Jahre vom Anfang des Krieges ab. Frühere Termine drückt er sehr unterschiedlich aus, z. B. „so und soviel Jahre vor dem Ende des Krieges" oder „nach der Zerstörung Trojas", „nach dem Sturz der Peisistratiden" usw., d. h. er half sich aus Mangel an einer festen Datierung damit, daß er ein Ereignis in ein bestimmtes zeitliches Verhältnis zu einem anderen setzte.

Die Zählung nach **Olympiaden,** die einen Zeitraum von vier Jahren umfassen, war erst vom 3. Jh. ab sehr verbreitet. Von 776 v. Chr. an, wo ein gewisser Koroibos den Wettlauf gewann, wurde zurückgerechnet. Bis zum 3. Jh. war es eine Eigenart der griechischen Zeitberechnung, die ἀκμή (Blütezeit) eines Mannes (40. Lebensjahr) festzustellen und sie in der Chronologie zu verwenden.

Das Jahr. Das griechische Jahr war seit alter Zeit in 12 Monate von durchschnittlich 29½ Tagen aufgeteilt. Die halben Tage wurden auf die Monate verteilt, so daß 6 Monate zu 30 Tagen (πλήρεις = volle) und 6 Monate zu 29 Tagen (κοῖλοι = hohle) gerechnet wurden. Das Mondjahr hatte demnach 354 Tage, war also gegenüber dem Sonnenjahr um 11 Tage zu kurz. Der Jahresanfang fiel dadurch nicht immer in die gleiche Jahreszeit, was aber notwendig war, da Feste und Gottesdienste an Jahreszeiten gebunden waren. Durch Einschaltungen suchte man diesen Übelstand zu beseitigen. Gewöhnlich schaltete man daher in Athen in jedem 3. Jahr einen 2. Monat Poseideon ein, um Mond- und Sonnenjahr in Übereinstimmung zu bringen.

Der Monat. Er war in drei Dekaden unterteilt, die üblicherweise etwa folgendermaßen umschrieben wurden:

1. Dekade: ἱσταμένου (ἀρχομένου) μηνός; 2.: μεσοῦντος μηνός; die 3. mit: φθίνοντος (ἀπιόντος) μηνός.

In historischer Zeit hatten die Athener folgende Monatsnamen, die, soweit sie sich erklären lassen, auf den Kult, das Land- oder Jagdleben Bezug nehmen: 1. Hekatombaion (Juli/August), 2. Metageitnion, 3. Boedromion, 4. Pyanopsion, 5. Maimakterion, 6. Poseideon (Schaltmonat), 7. Gamelion, 8. Anthesterion, 9. Elaphebolion, 10. Munichion (vom 4. Jh. ab Demetrion), 11. Thargelion, 12. Skirophorion. Erst spät werden die Monate einfach gezählt. Das Geschäftsjahr wurde in der Regel mit 360 Tagen gerechnet.

Woche, Tage. Die Siebentagewoche übernahmen die Griechen ebenfalls von den Babyloniern. Die Wochentage hatten in klassischer Zeit keine eigenen Namen, sondern wurden einfach numeriert, z. B. Dienstag ἡ τρίτη τῆς ἑβδομάδος. Auch die Tage des Monats wurden nicht durchgezählt. Die Tagesbezeichnungen sind Ordnungszahlen, z. B. πεμπτάς, ἐνδεκάς. Einige Tage wurden besonders bezeichnet; z. B. νουμηνία (Neumond), διχομηνία (Halbmond), ἕνη καὶ νέα (sc. σελήνη) (Monatsende und Neumond). – Die kleinste Zeiteinheit war die Stunde.

Zeitbestimmung. Um den Zeitablauf bestimmen zu können, bedienten sich die Griechen der Wasseruhr (ἡ κλεψύδρα) oder des Schattenzeigers (ὁ γνώμων = der Merker).

LITERATURVERZEICHNIS

Für Schüler besonders geeignete Werke sind durch ein * hervorgehoben.

Abkürzung:

Braun = Die Kunst des Abendlandes, hgg. von K. Martin, 1. Teil: Vorderer Orient und Antike, bearbeitet von A. Gromer, Verlag Braun, Karlsruhe, [5]1970

I. Grundlegende Literatur

Bengtson, H., Griechische Geschichte von den Anfängen bis in die römische Kaiserzeit, München [3]1974

* Berve, H., Griechische Geschichte I–III, 1959/60. Herder-Bücherei 37, 56, 69

* Harder, R., Eigenart der Griechen – Einführung in die griechische Kultur, hrsg. von W. Marg, 1962. Herder-Bücherei 120

* v. d. Heyden, Bildatlas der klassischen Welt. Deutsche Ausgabe hrsg. von H. Stier, Gütersloh 1960

Jaeger, W., Die Theologie der frühen griechischen Denker, Stuttgart 1953

Kirsten-Kraiker, Griechenlandkunde. Ein Führer zu klassischen Stätten, Heidelberg [5]1967

* Kitto, H. D. F., Die Griechen. Von der Wirklichkeit eines geschichtlichen Vorbilds. Aus dem Englischen übertragen von H. v. Hentig, München 1978. Fischer-Bücherei 356

Der kleine Pauly. Lexikon der Antike I–V, Zürich/Stuttgart 1964 – 1975. dtv 5963

Lesky, A., Geschichte der griechischen Literatur, Bern [3]1971

Lexikon der alten Welt, Zürich/Stuttgart 1965

Römisch, E. (Hrsg.), Griechisch in der Schule. Didaktik, Planung, Deutung, Frankfurt 1972

Schadewaldt, W., Hellas und Hesperien. Gesammelte Schriften zur Antike und zur neueren Literatur, hrsg. von E. Zinn, Zürich/Stuttgart I [2]1970

Schmid/Stählin, Geschichte der griechischen Literatur, HdA VII, 1974/5

Snell, B., Die Entdeckung des Geistes. Studien zur Entstehung des europäischen Denkens bei den Griechen, Hamburg [5]1980

* Vogt, E. (Hrsg.), Griechische Literatur. Neues Handbuch der Literaturwissenschaft B. 2, Wiesbaden 1981

II. Literatur zu den einzelnen Kapiteln

zu Kap. 1:

Busolt-Swoboda, Griechische Staatskunde I–II, HdA IV 1, 1963/1972

Gschnitzer, F., Griechische Sozialgeschichte von der mykenischen bis zum Ausgang der klassischen Zeit, Wiesbaden 1981

Jones, A. H. M., Die wirtschaftliche Grundlage der athenischen Demokratie, Die Welt als Geschichte 14 (1954) 10ff.

Kromayer-Veith, Heerwesen und Kriegführung der Griechen und Römer, HdA IV 3, 1963

Larsen, J. A. O., Representative Government in Greek and Roman History, Berkeley and Los Angeles 1955

Meyer, E., Einführung in die antike Staatskunde, Darmstadt [4]1980

Welwei, K. W., Die griechische Polis. Verfassung und Gesellschaft in archaischer und klassischer Zeit, Stuttgart 1983

zu Kap. 2:

Kern, O., Die Religion der Griechen I–III, Berlin [2]1963

Nilsson, M. P., Geschichte der griechischen Religion, HdA V 2, 1967/1974

Otto, W. F., Die Götter Griechenlands. Das Bild des Göttlichen im Spiegel des griechischen Geistes, Frankfurt [7]1983

* ders., Theophania. Der Geist der altgriechischen Religion, Frankfurt [2]1979

* Peterich/Grimal, Götter und Helden, 1978. dtv 1359

* Scheffer, Th. v., Die Kultur der Griechen, Frankfurt 1979

Stengel, P., Die griechischen Kultusaltertümer, H. d. A. V, 3; München [3]1920

Wilamowitz-Moellendorff, U. v., Der Glaube der Hellenen I–II, Darmstadt [3]1976

zu Kap. 3 und 6:
* Andreae, B., Odysseus. Archäologie des europäischen Menschenbildes, Wien 1982
Boardman/Börig/Fuchs/Hirmer, Die griechische Kunst, München 1976
* Das Fischer-Lexikon, Bildende Kunst I, Archäologie, hrsg. von W. H. Schuchardt, 1960
Hege-Rodenwaldt, Griechische Tempel, Berlin ²1951
* Kästner, E., Ölberge, Weinberge. Ein Griechenlandbuch. Mit Federzeichnungen von H. Kaulbach. 1974. Insel Taschenbuch 55
Marinatos/Hirmer, Kreta, Thera und das mykenische Hellas, München ³1976
Matz, Fr., Geschichte der griechischen Kunst, I: Die geometrische und früharchaische Form I–II, Frankfurt 1950
* Platon, N., Kreta. Deutsche Bearbeitung von W. Zschietzschmann, Genf 1968
* Schuchhardt, H.-W., Geschichte der griechischen Kunst, Stuttgart 1971
* Wegner, M., Meisterwerke der Griechen, Basel 1955

zu Kap. 4:
Diller, H. (Hrsg.), Sophokles, Darmstadt 1967
Fränkel, H., Dichtung und Philosophie des frühen Griechentums, München ³1969
v. Fritz, K., Antike und moderne Tragödie, Berlin 1962
Jaeger, W., Paideia. Die Formung des griechischen Menschen, Berlin, Nachdruck 1973
Lesky, A., Die tragische Dichtung des Hellenen, Göttingen ³1972
* Nestle, W., Geschichte der griechischen Literatur, Sammlung Göschen 70, 557
Norden, E., Die antike Kunstprosa, Leipzig/Berlin I ⁷1974
* Propyläen-Geschichte der Literatur. 1. Band: Die Welt der Antike, Berlin/Wien 1981
Reinhardt, K., Sophokles, Bern ⁴1976
ders., Tradition und Geist, hrsg. von C. Becker, Göttingen 1960
ders., Vermächtnis der Antike, hrsg. von C. Becker, Göttingen ²1966
* Schadewaldt, W., Von Homers Welt und Werk, Stuttgart ⁴1966
ders., Die Odysee als Dichtung; in: Dialog Schule – Wissenschaft. Klassische Sprachen und Literatur VI, München 1971
Seeck, G. A. (Hrsg.), Das griechische Drama, Darmstadt 1979
Wilamowitz-Moellendorff, U. v., Die Ilias und Homer, Berlin ³1966
ders., Euripides' Herakles I–III, Darmstadt 1969
ders., Hellenistische Dichtung in der Zeit des Kallimachos I–II, Berlin ³1973

zu Kap. 5:
* Capelle, W., Die Vorsokratiker. Die Fragmente und Quellenberichte ⁸1973, Sammlung Kröner 119
* ders., Die griechische Philosphie ³1971, Sammlung Göschen 857/57a–858/58a
Diels-Kranz, Die Fragmente der Vorsokratiker I–III, Berlin ¹⁷1974; II ¹⁶1972; III ¹⁵1975
Fränkel, H., Dichtung und Philosophie des frühen Griechentums, München ³1969
Gadamer, H.-G. (Hrsg.), Um die Begriffswelt der Vorsokratiker, Darmstadt ²1983
* Kranz, W., Vorsokratische Denker, Berlin/Zürich ⁴1974
Ueberweg, F., Grundriß der Geschichte der Philosophie, I: Die Philosophie des Altertums, hrsg. von K. Praechter, Tübingen ¹³1953
Wilamowitz-Moellendorff, U. v., Platon. Sein Leben und seine Werke, Berlin, I hrsg. von B. Snell ⁵1959; II hrsg. von R. Stark ⁴1969
Windelband-Goedeckemeyer, Geschichte der abendländischen Philosophie im Altertum, HdA V 1.1, 1963
Zeller, E., Die Philosophie der Griechen in ihrer geschichtlichen Entwicklung, Darmstadt I ⁷1963, II–III ⁶1963

REGISTER

Modell von Olympia (nach Schleif) von O. S. 52 f. Bildmitte: Altis (ca. 150×200 m) mit Zeustempel (um 460). Rechts Kronoshügel und ganz vorn westl. Teil des Stadions mit überwölbtem Eingang.

Tafel I

Epidauros: Theater (um 330). S. 51, 129. – ∅ der Orchestra ca. 20 m, des obersten Ranges ca. 120 m, Höhe 22 m.

Athen: Akropolis-Felsen von NW. S. 47 ff. – Im Vordergrund die Agora.

Tafel II

Modell der Akropolis (nach Stevens). S. 47 ff. – Im wesentlichen die Bauten der klassischen Zeit.

Gebälk und Fries vom Parthenon, Westseite. S. 128, 135

Akropolis: Niketempel von O (um 420 vollendet). S. 129

Tafel III

Akropolis: Parthenon von NW. 447–438. S. 128

Attisch-geometrischer Krater (um 750). H 123 cm. S. 124

Amphora des Exekias (um 530). H 61 cm. S. 132

Tafel IV

Amphora aus Melos (um 660). H 95 cm. S. 131

Schale des Euphronios (um 510). ⌀ 43 cm. S. 132

Schale des Duris: Herakles und Athene (um 480). ⌀ 33 cm. S. 134

Tafel V

Außenseite einer Schale des Duris: Knaben beim Unterricht (Lyraspiel, Rezitation von Dichtung; rechts der Pädagoge) (etwa 490–480). ⌀ 29 cm. S. 68, 134

Krug des Kleophonmalers (Ausschnitt): Dionysos mit Thyrsosstab, rechts ein Satyr (um 430). H 46 cm. S. 40 f., 72 u. 137

Mischgefäß des Kleophonmalers (Ausschnitt): Abschied des Kriegers (um 435). H des Ausschnittes ca. 30 cm. S. 137

Tafel VI

Delphi: Schatzhaus der Siphnier. Nordfries mit Gigantenkampf (um 525). H. 64 cm. S. 22, 131

Peplos-Kore von der Akropolis
(zwischen 540 u. 530). H 118 cm. S. 130

Sandalenlösende Nike. Balustrade des
Niketempels (um 410). H 90 cm. S. 136

Tafel VII

Parthenonfries:
Reiter von der
Nordseite (um
440). H 106 cm.
S. 135

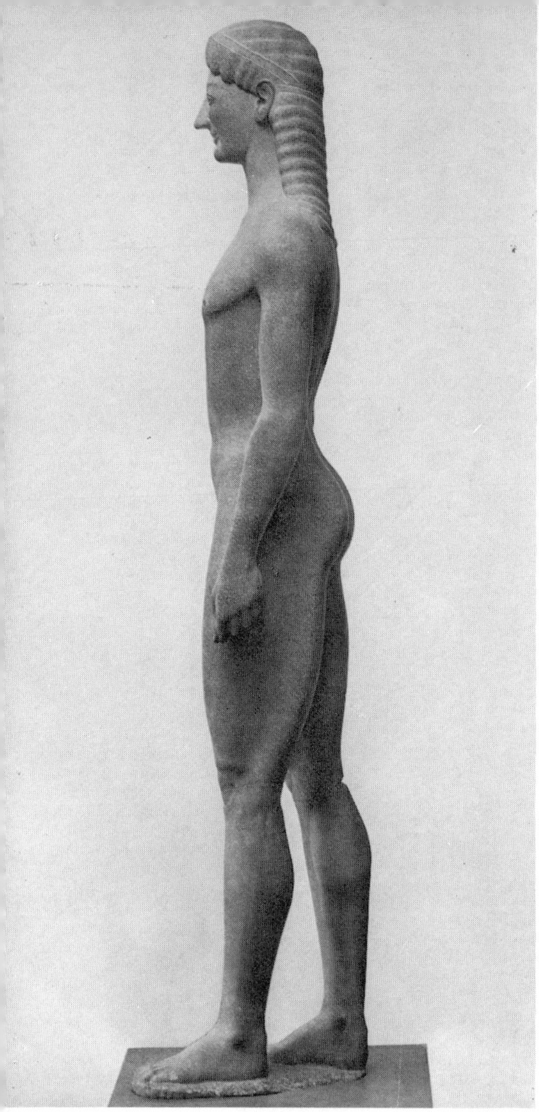

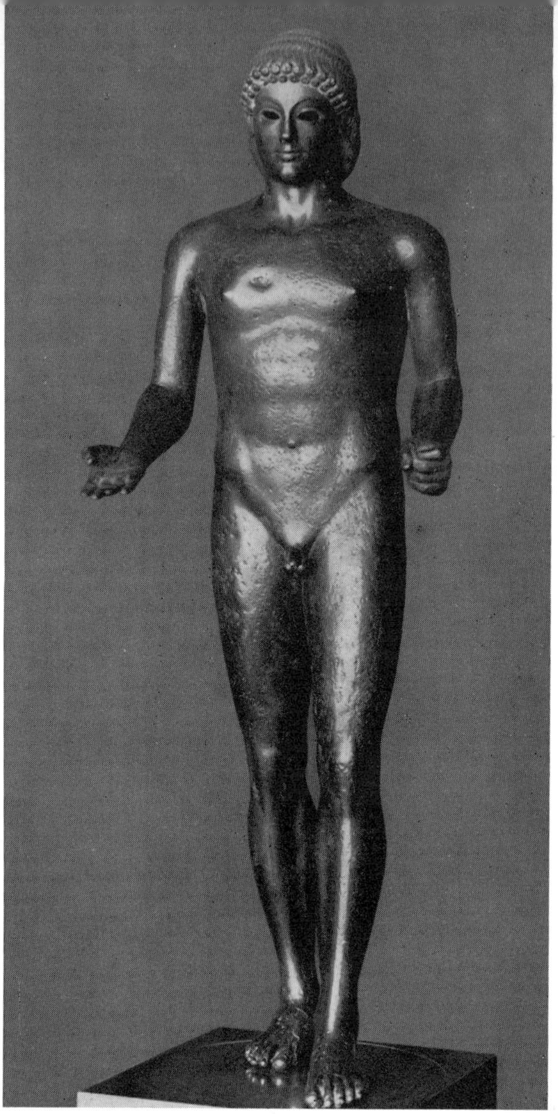

Apollon von Tenea (um 560). H 153 cm. S. 130

Apollon von Piombino (zwischen 500 u. 480), Bronze. H 115 cm. S. 130

Apollon vom Westgiebel des Zeustempels in Olympia (um 460). Höhe der ganzen Figur 310 cm. S. 133

Tafel VIII

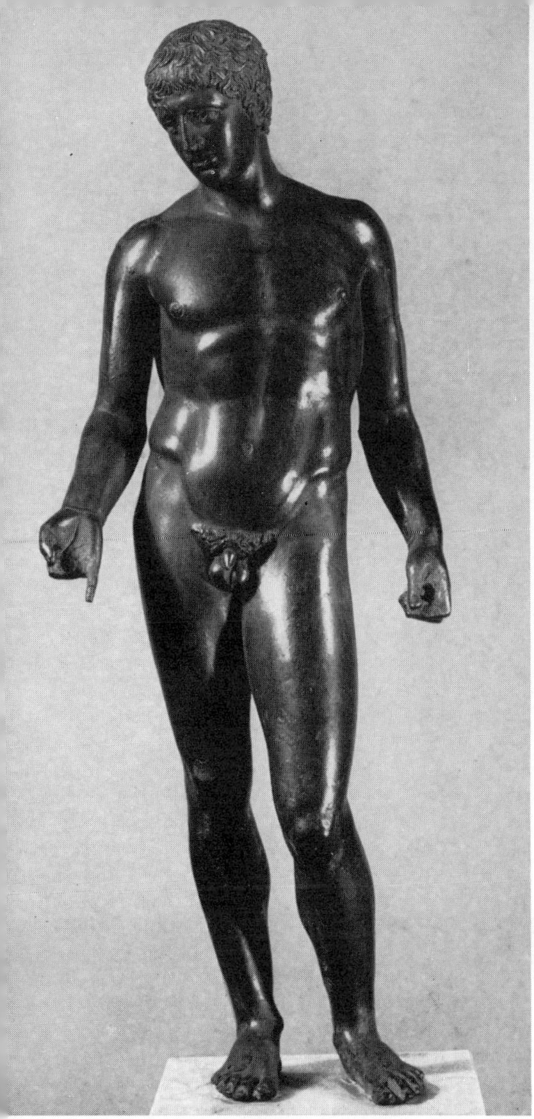

Jüngling, den Göttern opfernd (um 430), Bronze. H 21 cm. S. 134

Schaber des Lysippos (um 325). Röm. Kopie. H 205 cm. S. 137

Knabenkopf mit Siegerbinde (um 430), Bronze. Lebensgroß. S. 135

Tafel IX

Poseidon (um 300), Bronze. H 30 cm. S. 138

Korenhalle des Erechtheions (zwischen 420 u. 410).
H der Koren 237 cm. S. 129, 135, 136

Tafel X Reitender Knabe (um 110), Bronze.
Gesamt-H ca. 120 cm. S. 139

Faustkämpfer d. Apollonios (um 50), Bronze, H 128 cm. S. 139

Grabmal der Hegeso (420/410). H 149 cm. S. 136

Hermes, Eurydike und Orpheus. Röm. Kopie.
Original um 420. H 118 cm. S. 136

Pergamon: Fries vom Zeus-Altar. Zeus im Kampf mit Giganten (um 180). H 230 cm. S. 138 f.

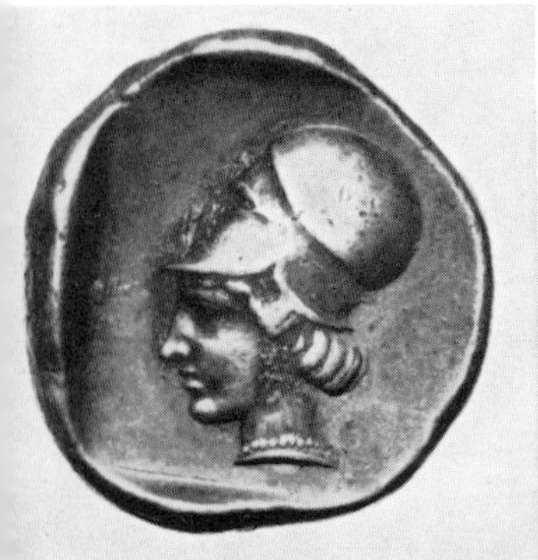

Athene-Münze. Silberstater (um 440). ⌀ 2,1 cm. S. 136

Zeus mit Blitz und Adler, den Zeichen seiner Macht. Tetradrachme (um 470). ⌀ 2,6 cm. S. 31, 35

Münze des Euainetos für Katane: Viergespann (um 410). ⌀ 2,7 cm. S. 39

Tafel XII

Euripides, 485–406. Röm. Kopie nach griech. Bronzeoriginal (um 330). Etwa lebensgroß. S. 138

Sokrates, 469–399 (um 330). Etwa lebensgroß. S. 138

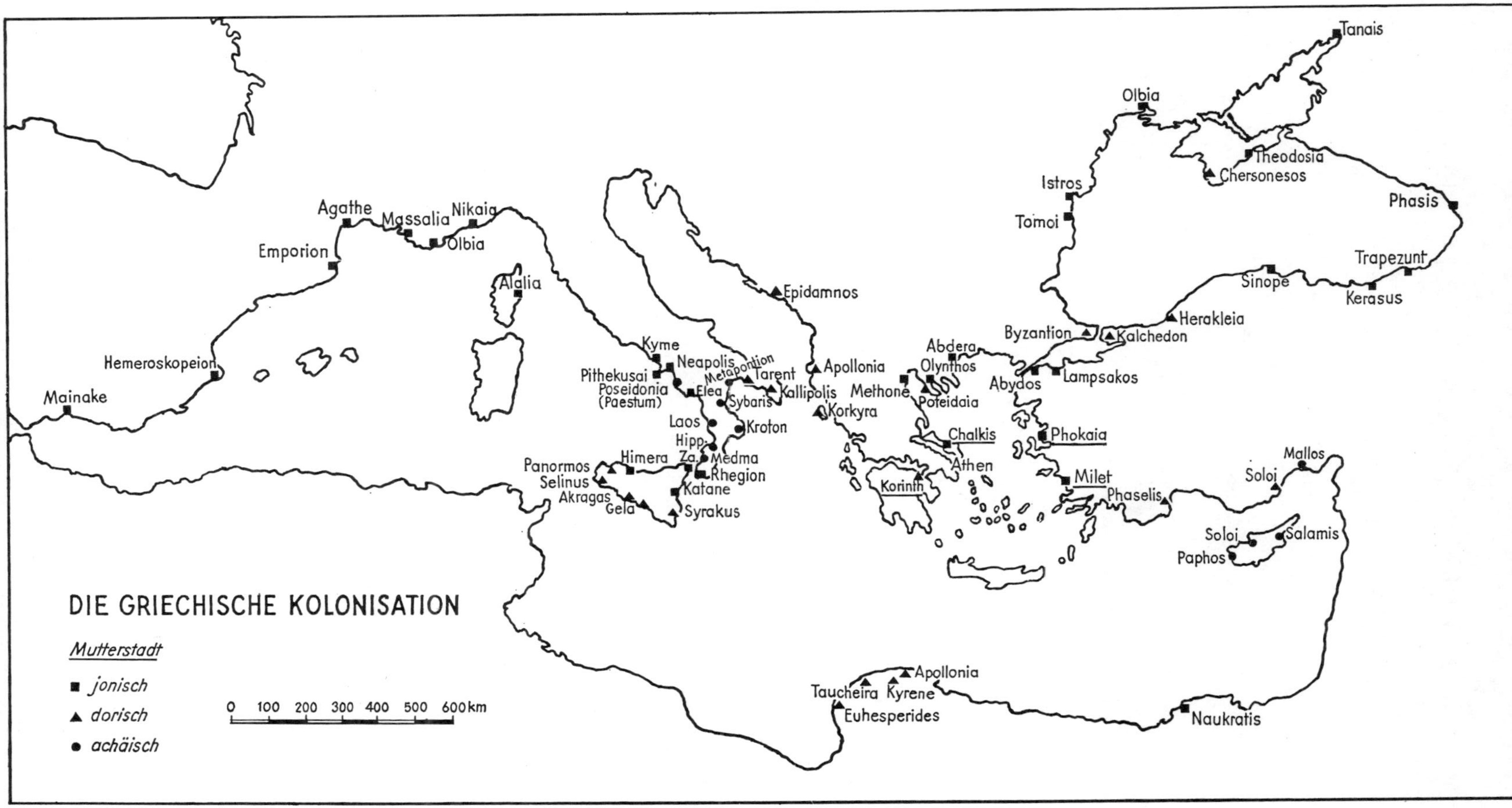
DIE GRIECHISCHE KOLONISATION
Mutterstadt
jonisch
dorisch
achäisch
0 100 200 300 400 500 600 km
Tanais
Olbia
Theodosia
Chersonesos
Istros
Tomoi
Phasis
Trapezunt
Sinope
Kerasus
Herakleia
Byzantion
Kalchedon
Abdera
Olynthos
Abydos
Lampsakos
Methone
Poteidaia
Chalkis
Phokaia
Athen
Korinth
Milet
Phaselis
Mallos
Soloi
Soloi
Salamis
Paphos
Agathe
Massalia
Nikaia
Olbia
Emporion
Alalia
Epidamnos
Apollonia
Kallipolis
Korkyra
Kyme
Neapolis
Metapontion
Tarent
Pithekusai
Poseidonia
(Paestum)
Elea
Sybaris
Laos
Kroton
Hipp.
Za.
Medma
Rhegion
Himera
Panormos
Selinus
Akragas
Gela
Katane
Syrakus
Hemeroskopeion
Mainake
Apollonia
Taucheira
Kyrene
Euhesperides
Naukratis

VERGLEICHENDE ZEITTAFEL

~ 1900 – ~ 1500 Einwanderung idg. Stämme		seit 1600 mykenische Kultur
	15. Jh. Linear-B in Knossos	~ 1400 Ende der minoischen Kultur
ab 1200 Dorische Wanderung	13. Jh. Linear-B auf dem Festland	~ 12. Jh. Ende d. kretisch-myken. Mischkultur
		~ 1100 Mykenai und Tiryns zerstört
seit 1050 Besiedlung der ägäischen Inseln u. der kleinasiat. Küste		
		seit 900 geometrischer Stil
~ 800 Ablösung des Königtums durch die Adelsherrschaft; Entstehung der autonomen Polis; homerischer Glaube (Anthropomorphismus); Apollo als Orakelgott verehrt	nach 800 Ilias	ab 800 Peripteros-Tempel
		776 erste Bezeugung der olympischen Spiele
750–550 griech. Kolonisation in Unteritalien, Sizilien, N-Afrika, Ägypten u. am Schwarzen Meer	nach 750 Odyssee	~ 750–490 Archaische Kunst
Ende 8. Jh. Sparta erobert Messenien		
~ 700 Taktik d. Hoplitenphalanx	~ 700 Hesiod	
Demeterkult aus Eleusis u. Orphik in Athen	Archilochos	
	~ 650 Tyrtaios	
683/2 Einführung d. Archontats	~ 600 Alkaios	
624 Drakon zeichnet d. Recht auf	Sappho	
594/3 Solon Archon; Verfassungsreform: Timokratie	seit 600 ionische Naturphilosophen (Thales, Anaximander)	seit 600 Blüte der schwarzfigurigen Vasenmalerei
561, 546–510 Tyrannis d. Peisistratos u. seiner Söhne		
	~ 550 Theognis	
550–371 Pelop. Bund unter Spartas Führung	534 attische Tragödie staatl. Einrichtung	
508/7 Verfassungsreform des Kleisthenes in Athen; Ostrakismos	525–456 Aischylos	
	520–442 Pindar	~ 530 Beginn der rotfigurigen Malerei
500 (499) – 494 Ionischer Aufstand (Fall Milets)	~ 540 Pythagoras	
	~ 500 Heraklit	~ 490 Beginn der Frühklassik
	Parmenides	
490 Schlacht bei Marathon (Miltiades gegen Dareios)	496–406 Sophokles	
	486 attische Komödie staatl. Einrichtung	
480 Thermopylen; Schlacht bei Salamis (Themistokles – Xerxes)	~ 485–425 Herodot	
	~ 480–406 Euripides	480 Zerstörung der Akropolis (Perserschutt)
	~ 480–380 Gorgias	
479 Siege bei Plataiai u. Mykale	~ 485–415 Protagoras	
479–445 Befestigung Athens u. seiner Häfen	469–399 Sokrates	~ 460 Skulpturen am Zeustempel in Olympia
479–431 Pentekontaetie: Blütezeit Athens	460–395 Thukydides	
	460–370 Hippokrates	
478/7–404 Delisch-attischer Seebund	460–360 Demokrit	
461–429 Perikles bestimmt die athenische Politik	450–388 Aristophanes	~ 450 Beginn der Hochklassik
	~ 450 Empedokles	
449 Kalliasfriede: Ende der Perserkriege	Anaxagoras	447–438 Bau des Parthenon
	444–380 Lysias	~ 440 Akropolisskulpturen
431–404 Pelop. Krieg	436–338 Isokrates	
421 Nikiasfriede: Ende des Archidamischen Krieges	430–350 Xenophon	437–432 Bau der Propyläen
	427–347 Platon	420–410 Korenhalle des Erechtheions
415–413 Sizilische Expedition (Alkibiades)		
414–404 Dekeleischer Krieg; Kapitulation Athens		~ 410 sandalenlösende Nike